Furtwängler · Aufzeichnungen

Wilhelm Furtwängler

Aufzeichnungen
1924–1954

Herausgegeben von
Elisabeth Furtwängler und Günter Birkner

SCHOTT

Bibliografische Information der Deutschen Nationalbibliothek
Die Deutsche Nationalbibliothek verzeichnet diese Publikation in der
Deutschen Nationalbibliografie; detaillierte bibliografische Daten sind
im Internet über http://dnb.d-nb.de abrufbar.

Bestellnummer ED 20646
ISBN 978-3-7957-0663-0

© 1980 F. A. Brockhaus, Wiesbaden
© 1996 Atlantis Musikbuch-Verlag, Zürich und Mainz
© 2009 Schott Music GmbH & Co. KG, Mainz

www.schott-music.com
www.schott-buch.de

Printed in Germany · BSS 47823

Inhalt

Bemerkungen zum Text

Grundlage der vorliegenden Ausgabe sind die Eintragungen Wilhelm Furtwänglers in seinen Taschenkalendern, die nahezu vollständig seit 1924 bis zu seinem Tode im Jahr 1954 erhalten geblieben sind. Auf die Ebene der Zeitgeschichte übertragen, setzen diese Eintragungen also neun Jahre vor dem Ausbruch des Terrors und des Leidens in Deutschland ein und brechen neun Jahre nach seiner Beseitigung ab.

Seit die Existenz dieser Notizen aus den einunddreißig letzten Lebensjahren Furtwänglers bekannt wurde, mögen sich daran Erwartungen geknüpft haben, die sicher bei manchem enttäuscht werden. Mit »Tagebüchern« im üblichen Sinn, wie man sie noch aus neuesten Veröffentlichungen kennt, haben diese Eintragungen wenig oder nichts zu tun. Von einigen Briefentwürfen abgesehen, finden sich keinerlei Bemerkungen zum persönlichen, beruflichen oder gar politischen Tagesgeschehen. Die diesem Bereich nächsten Notizen betreffen Proben- und Aufführungsdaten, Reisetermine, Namen von Instrumentalisten und Sängern im Zusammenhang mit Besetzungslisten für Aufführungen und Programmentwürfe. Für die vorliegende Ausgabe blieben diese Notizen ebenso unberücksichtigt wie gelegentliche Wiederholungen oder einzelne Abschnitte, die noch zu Lebzeiten Furtwänglers in seine zahlreichen Aufsätze oder Zeitungsartikel Aufnahme gefunden hatten oder nach seinem Tod in dem Band »Vermächtnis« (Wiesbaden 1956) veröffentlicht wurden. Nahezu ausschließlich gelten die Aufzeichnungen den Fragen der Musik, vor denen für Furtwängler alles Persönliche zurücktrat. Aber gerade dies ist der Grund dafür, daß seine Gestalt um so klarer vor uns tritt und uns ein Leben sehen läßt, das völlig und makellos im Dienst an seiner Kunst aufgegangen ist.

Ein auch nur kurzer Einblick in die Texte läßt erkennen, daß das Ganze dieser Eintragungen von Furtwängler selbst niemals in der hier vorliegenden Form veröffentlicht worden wäre. Wenige Tage vor seinem Tod äußerte er zu Elisabeth Furtwängler, seiner Gattin: »Schau einmal die Agendenbüchlein durch, ich habe da immer etwas notiert, worüber ich Aufsätze schreiben wollte. Es wird nicht so viel Gescheites drinstehen, aber doch manches, worüber die Menschen nachdenken sollten«, – Ausdruck der unprätentiösen Bescheidenheit, die diesen großen Menschen auszeichnete. Vieles in seinen Bemerkungen ist emotionaler Niederschlag eines Augenblicks, das dann aber immer wieder aufgegriffen und umformuliert wurde. In diesem Prozeß – wir kennen ähnliches aus den Skizzen und verschiedenen Fassungen von Furtwänglers Kompositionen wie auch aus seinen Interpretationen – werden die Gedanken immer konziser, gewinnen klarere Form, werden mitunter so apodiktisch, daß sie zum Widerspruch reizen. Solcher Widerspruch sollte den Aussagen nicht abträglich sein, wenn er von derselben Kraft der Überzeugung und Verantwortung getragen ist, die hinter ihnen steht. Bezeichnend für Furtwängler ist das immer wieder neue In-Frage-Stellen seiner Gedanken, seiner Interpretationen, seiner eigenen Werke, – man kann hinzufügen: auch seiner selbst. Ohne Überheblichkeit war er sich seiner Größe voll bewußt, aber das Bewußtsein dieser Größe ließ ihn demütig werden vor der Verantwortung, die er sich damit aufgetragen sah.

Wenn es einen Begriff gibt, der Furtwänglers Leben und Entscheidungen bestimmte und für uns verständlich macht, dann ist es der der Verantwortung. Er wollte und konnte sich ihr nicht entziehen, weil er sich durch seine Kunst, das heißt vor allem durch die deutsche Musik, mit seinem Volk und dessen wahrstem Geist in einer mystischen, unlösbaren Weise verbunden wußte. Furtwänglers Wissen und wissendes Fühlen vom Wesen seiner Kunst steht hinter seinen Interpretationen wie hinter den im Wort formulierten Aussagen. Nur vor diesem Hintergrund können seine Gedanken verstanden werden. Ironie und geistreiches Wortspiel waren ihm nicht gegeben und ließen ihn hilflos, wo er ihnen oder gar gewolltem Mißverstehen begegnete.

Es ist nicht haltbar zu behaupten, er habe sich den Werken seiner »modernen« Zeitgenossen verschlossen. Die für ihn entscheidende Grenze lag dort, wo das musikalische Schaffen einen bewußten Bruch mit der Vergangenheit vollzog, wo vorgängig intellektuelle theoretische Systeme geschaffen wurden, um danach und mit ihrer Hilfe etwas »Neues« hervorzubringen. Doch hatte dies nichts mit einem Generationenkonflikt zu tun. Das Neue um des Neuen willen, Musik für Musiker und applaudierende Presse hat Furtwängler zeit seines Lebens abgelehnt. Daß er auch an die Werke seiner zum Teil mit ihm befreundeten älteren Zeitgenossen wie Strauss, Pfitzner, Reger, Strawinsky, Hindemith die kritischen Maßstäbe seiner künstlerischen Überzeugung anlegte, war bisher schon bekannt, wird hier aber in manchen Zügen noch deutlicher. Es wäre falsch, aus einer einzelnen zugespitzten Formulierung auf eine generelle Ablehnung des betreffenden Komponisten zu schließen.

Furtwängler war von seinen ersten Anfängen an Komponist und dies bis in seine schöpferischen Interpretationen als Dirigent. Sein Streben galt der Schöpfung, niemals aber dem Ziel, zum alles überragenden Sachwalter und Repräsentanten der deutschen Musik zu werden, wozu ihn das Schicksal ausersehen hatte. Er, für den Kunst nicht manipulierbar war, sah sich mit solcher Manipulation immer wieder konfrontiert, sei es im Hinblick auf die »ältere« Musik – die des 19. Jahrhunderts war darin mit eingeschlossen –, sei es in bezug auf eine »Moderne«, für die alles Ältere auf den Schrotthaufen der Geschichte gehörte. Für ihn war jedes Kunstwerk, welcher Zeit es auch angehören mochte, wirkende Gegenwart, es war eine Forderung, der man sich zu stellen, an der man seinen eigenen Ort zu finden hatte. Dies war für Furtwängler eine im tiefsten Sinne existentielle Frage, existentiell für ihn, in höherem Maße für die Zukunft der Musik.

Wer den hier wiedergegebenen Äußerungen Furtwänglers vorurteilslos entgegentritt, wird erkennen, daß es für ihn nur einen Sinn seines Wirkens gab: die Idee und das Wissen vom reinen Geist und hohen Wesen des Deutschen, das er beispielhaft verkörperte, lebendig zu halten und weiterzugeben.

Günter Birkner

AUFZEICHNUNGEN 1924–1954

1924

Nur zweimal in der Geschichte gab es Kunst mit Ausschaltung des individuellen Kräftemaßes: Antike und Gotik. In beiden Fällen ist das Gesamt-Niveau höher unstreitig als später. Woher das kommt? Wie entstand Homer, das »Nibelungenlied«? Lag es an dem Dunkel, in dem die Kunst lag, am Mangel aller begleitenden Ästhetik? Denn auch in diesen Zeiten war die individuelle Genialität, wie die antike Tragödie zeigt, nicht unbekannt. Erst jetzt versteht man vielleicht jene Abgrundtiefe des Maréesschen Werkes. Es ist das Werk jedes Künstlers, jedes lebendigen Menschen. Wir aber verkaufen Leben und Seelenheil an die graue Theorie, an die Historie! Es gibt nur zwei Arten Kunst, das Schlechte und das Geniale – das Geniale aber ist das Richtige, das Einfache. Daß das Einfache die Frucht des Genialen ist, ist heute unbekannt; als Frucht desselben gilt der Fortschritt. Selbstverständlich hat jeder Künstler seine historische Situation, in die er hineingeboren ist, die Sprache, das Milieu, auf das er schlechthin angewiesen ist. Aber der Sinn der Kunst ist, stets wieder aus dem Individuellen ins Allgemeine zu gehen, von jeder individuellen Situation aufs neue; das ist das Ewige an der Kunst, den einfachen und allen Menschen sofort und immer evident klar, nur dem Historiker ewig verschlossen. Was wurde aus dem Gegensatz von Gotik und Antike für Kapital geschlagen – statt zu begreifen, daß beides dasselbe ist, nur mit umgekehrten Vorzeichen. Richtig sah Spengler die Antike als das Flache, das Faustische als das Tiefe. Aber der Antike

13

fehlt das Faustische nicht und uns, Gott sei Dank, das Flache nicht. Wir wurden fast vollends um alle Beziehung zur lebendigen sinnlichen Kultur gebracht. (Goethes Abneigung gegen das Fernrohr!) Freilich, diese meine Äußerungen werden, sofern sie überhaupt verstanden werden, bekämpft werden. Denn Dreiviertel aller kunstgeschichtlichen Bestrebungen verlieren damit ihren Sinn.

Der Künstler stets geneigt, die Bedeutung der Geschichte zu unterschätzen – der Historiker, die Bedeutung der individuellen Leistung.

*

ÜBER THEATERFRAGEN

Stilisierung bei Wagner im Orchester: Diese selbständig auf der Bühne wiederholen zu wollen, ist Pleonasmus (bestenfalls!). Was heißt stilisieren? Michelangelo und die schöne Form. Arrangement statt Organismus. Musikalischer und unmusikalischer Regisseur.

Herrschertyp. Psychologie des Theatermannes. Bedeutung des Regisseurs wächst mit der Bedeutung des Dekorativen. Dekorativ, das ist von außen, das heißt Unterdrückung des Darstellens.

*

FRANKFURTER ZEITUNG

»Einiges über die heutige Öffentlichkeit.«

Der Künstler innerhalb des Kunstwerkes und der außerhalb. Temperamentdefinition.

Temperament im Sinne des Publikums: »Überfließen« des Persönlichen über das Künstlerische, d. h. »zuviel Dampf«. (Hildebrand, Problem der Form, und »Relief-Vorstellung«.) Die Form, menschlich gesprochen, eine ethische Angelegenheit, insbesondere heute. Man kann sagen, der Künstler ist heute gezwungen zu unkünstlerischem Wirken innerhalb der heutigen Öffentlichkeit. Struktur des Publikums. Wesen des echten Temperaments. Seltenheit desselben, innere Ermüdung und Nervosität heute. Als Beispiel die Darstellung Beethovenscher Sinfonien (Wagner und Beethoven). Wesen des in sich geschlossenen organischen Kunstwerks.

Fortschrittsmanie, das ist Fortschritt in der Maschinerie. Fortschritt, ein Journalisten-Begriff.

*

WAHRSPRUCH FÜR PRODUKTIONEN
Sich stets dem Neuen hingeben, ohne viel zu fragen (Wagner, *Meistersinger* I. Akt) etc.

*

Mittelmäßig ist bei Beethoven gleich: schlecht. Der eigentliche Grund der Übersättigung, die vielen mittelmäßigen Aufführungen.

*

Die Fortschritts-Theorie ist die Notbrücke des werdenden Gemeinschaftsgefühls der heutigen Zeit.

*

Pannwitz: Voller großer und tiefer Gedanken. Der Gesamtstandpunkt gleich dem Nietzsches fadenscheinig. Das Untergrabende ist der aus der leiblosen Geistigkeit stammende maßlose Ehrgeiz, der sich allem Gestalten schlechthin widersetzt.

*

Wolle, was Du kannst und wollen kannst, und sei Dir rückhaltlos klar darüber und: Lebe danach.

Entweder Haltung in Tonica (jedenfalls in Moll) oder Schweben in Dominante mit ausweichen nach Unterdominante. Letzteres nur möglich mit gut fundierter Tonika. Sonst immer Tonikafundament erstreben.

*

MISSA SOLEMNIS

Das Wesentliche des Willensimpulses ist der Akzent; darum die Aufführung im Chor fast unmöglich.

Die Leiden der Seele sind nur durch die Erkenntnis, nur durch den Willen und die Moral zu überwinden. Erkenntnis bringt die Reinigung der Leidenschaft. Askese ist halbe, unvollkommene Erkenntnis.

*

Ich habe mich gewöhnt, zu sehr auf das ausschließlich Motorische hinzukomponieren!

*

Mangelnde Gestaltung und Formgefühl!! Das heißt, man soll nicht eine Angelegenheit der Kraft zu einer der »Epoche« oder »Historie« oder des »Fortschritts« machen und solchergestalt degradieren.

*

MEISTER ECKART *(Vom Gottesreich!)*

Diese Rede ist niemand gesagt, denn der sie nicht schon sein nennt als eigenes Leben oder sie wenigstens besitzt als seines Herzens Sehnsucht.

*

Die Tendenz der Zeit geht auf das Absolute! Das »Absolute« aber ist »Geschwätz«, nur gedacht; jede Tat ist stets relativ beschränkt.

Berührung von Tat und Geschwätz: »Liebestod«.

*

Wer heute nicht zur Selbsterkenntnis getrieben wird, ist dazu nicht geschaffen. Nur Intellektualismus und Naivität haben sie nicht nötig. Der eine, weil er alles zu besitzen glaubt (Hochmut als Surrogat für Besitzlosigkeit), die andere, weil sie dazu noch nicht vorgedrungen ist. Beide sind ohne Selbsterkenntnis das, was sie sind – sie haben sie nicht nötig. Um so mehr sind alle andern heute zur Selbsterkenntnis gezwungen. Wie mit glühenden Eisen wird sie ihnen eingebrannt.

*

Daseinsform und Wirkungsform in der Musik, auch in der Darstellung.

*

GESELLSCHAFT

Unironisch (ironisch ist antisozial) und aktiv. Niemals sich selbst als Objekt betrachten und darüber reden. Stets Sachen oder Arbeiten besprechen (besonders wenn müde). Bei negativen Urteilen nicht verweilen. Nie Rückwirkung (passiv) durch Reden und Urteile anderer zulassen. Immer aktiv und gehalten. Immer im Ernst so sein, wie Du bist.

*

STETS AGGRESSIV!

Vor allem!: Nie über den Eindruck gewollter oder gewesener Maßnahmen reflektieren mit anderen.

1924

TOCH

Schluß an sich gut, im Ganzen etwas lang. Zweiter Teil besser als der erste. Themen glänzend gearbeitet, flüssig, gut gegensätzlich in seiner Weise, aber etwas inhaltslos. Würde es aufführen, wenn gerade nichts Besseres.

*

Allgemeine Ermüdungssymptome. Die musikalische Ars amandi erschöpft sich in allen Perversionen, statt zu fragen, ob es nicht an der Hauptsache, der Liebe, fehlt.

1925

DIE ZWEI METHODEN DER BEZEICHNUNG:
1) Von der Erfassung des Ganzen aus, das Zeichen symbolisch. Klassiker (Brahms – Reger),
2) Realistisch-zuständlich (Mahler – Wagner).

*

Europa, Christus: Sublimierung (Erhöhung) des Triebes.
Indien, Buddha: Überwindung (wahrhafte) des Triebes.
Für uns heute: das Verhältnis zwischen Sublimierung und Überwindung des Triebes ergründen, handhaben. Wo er nicht sublimiert werden kann, muß er überwunden werden. Wird er nicht zeitweise überwunden, kann er nicht zeitweise sublimiert werden. Sublimierung ist Ziel, Überwindung Mittel. (Im Osten so weit, daß sie zur wahrhaften Überwindung wird; diese wurde im Westen niemals erstrebt.)

1927

Die Zeit ist unser Fluch; das Unproduktive sein Urgrund. Das Obenaufliegende wird scharf beleuchtet, das Tiefe dunkel gelassen.

Will heißen, daß dasjenige, was zur Oberfläche gehört, im selben Maße hervorgezogen wird, wie das andere verdeckt, verdrängt.

Dieser Prozeß hat sich in den letzten Jahren in Europa wie in Amerika außerordentlich verstärkt.

Zur Oberfläche gehört das Technische. Die Technik der Instrumentalisten und Orchester wird immer besser. Technik ist vor allem das, was man lernen kann. Auch die Methoden dieses Lernens, das Training, ist sehr viel besser geworden. Man sieht, wie sich hier Kunst und Sport berühren. Mehr noch, beide sind geradezu dasselbe.

Hier hat Amerika immer noch einen Vorsprung vor Europa. Es gibt den größten Instrumental- und Vokal-Technikern die nötige Resonanz. Es hat die technisch besten Orchester.

So war ihm seit Jahrzehnten die Individualität nur Anlaß und Gelegenheit zur technischen Perfektion. Der Solist nur für sein Instrument und dessen Möglichkeiten – nicht umgekehrt –, der Dirigent nur für sein Orchester – nicht umgekehrt, das jeweils beste Orchester zu haben, war der Stolz Amerikas.

Die Kehrseite war, daß hier bald ebenso das Instrument für die Person des Instrumentalisten, das Orchester für die Person des Dirigenten dasein mußten. Technische Höchstleistungen und Personenkult sind unzertrennlich. Nur mit Kunst selber haben beide nichts zu tun.

Es hat den Anschein, als ob die Kunst selber – gerade Amerika scheint das zu zeigen – um so mehr wieder ins Blickfeld tritt, je mehr die Technik sich in ihrem eigentlichen Wesen zeigt.

Das Wesen ist ihre Erlernbarkeit. Diese Erlernbarkeit ist ihr demokratischer Zug. Jeder kann sie erlernen. Die Kunst nicht.

Man kann sagen, was nicht zur Oberfläche gehört, gehört nicht zur Technik. Was nicht zur Technik gehört, wird von ihr negiert. Sie hat viel zu arbeiten – im Gegensatz zur Kunst, die Eingebung, Gnade ist, wo immer sie auftritt. Sie will deshalb herrschen und aus ihrem Bereich alles eliminieren, was ihr nicht zugänglich und verständlich ist.

Zur Technik gehört: außer der technischen Beherrschung des Apparates im engeren Sinne die Technik der historischen Betrachtung und Durchdringung der verschiedenen Stile. Ein Werk der Klassiker, ein Werk Wagners oder Strawinskys nach Seite seiner Tempi, Aufbau, Entwicklung richtig wiederzugeben, so, daß die öffentlichen Hüter der geheiligten Traditionen nichts auszusetzen haben, ist durchaus erlernbar. Genauso wie es erlernbar ist, »abwechslungsreiche und gute Programme« zu machen.

Auch all diese Techniken sind in letzter Zeit sehr gut erlernt, die Methoden dazu verbessert worden.

Das alles kann, wie alle Technik, Mittel der Kunst sein. An sich aber hat es mit Kunst noch gar nichts, mit mehr oder weniger guter Unterhaltung alles zu tun.

Sicher ist aber, daß die Menschen auf die Dauer Kunst

wollen, nicht Technik in irgendeiner Form. Das können sie beim Sport besser haben.

Das freie, echte Hingeben eines ganzen Menschen kann nur der Kunst gelten; alles andere sind stets Teilinteressen.

Daher sind die Künstler, d. h. die Fachleute, selten zuständige Beurteiler künstlerischer Leistungen.

Das ist kein Unglück. Ein Unglück ist es nur, wenn das breitere Publikum, die maßgebende Öffentlichkeit ebenfalls diese Interessen teilt und mitmacht. Dann wird das Ding, was man Kunst nennt, mehr und mehr aus dem öffentlichen Leben verschwinden und einem Wechselbalg Platz machen.

Dieser ganze Prozeß hat sich durch die gewachsene intellektuelle Kontrolle, an die der moderne Mensch sich gewöhnt hat und die für ihn typisch ist, sehr verstärkt. Je mehr die Fähigkeit des Denkens gestiegen ist, desto mehr ist die des Fühlens zurückgegangen. Der Mensch kann nicht ungestraft einseitig werden und Raubbau treiben.

Was ist nun nicht »Technik«? Was ist nicht »erlernbar«? Das zu sagen wäre einfach, wenn es eben »erlernbar« wäre. Es läßt sich nur zeigen, nicht sagen.

Technik ist unfruchtbares Wissen. Also vor allem die notengetreue Darstellung. Diese wie die ganze »klassische Tradition« gehört zum Erlernbaren.

Es ist ein Unterschied, ob man ein Meisterwerk als eine lebende in Naturfarben prangende Pflanze behandelt, sie vor den Hörern wachsen und sich entfalten läßt, oder in getrocknetem Zustand, in Spiritus usw.

Nicht das Sezieren ist zu vermeiden, sondern das Sezieren ohne das beständige Bewußtsein des lebendigen gewachsenen Zusammenhangs.

Das Erlebnis dieses Zusammenhangs ist das eigentliche Kunsterlebnis. Es ist und muß immer einmalig und neu sein, hat mit dem Notenbild so wenig zu tun, wie –

Nicht das Detail an sich bietet Schwierigkeiten dem Verständnis, sondern nur der Punkt, an dem das Detail dem Ganzen eingeordnet werden soll.

Notengetreue Darstellung daher die Parole der Unfruchtbaren, Phantasielosen. Sie entsteht folgendermaßen: erst Subjektivität und dann Aufgabe der Persönlichkeit, Resignation. Und das der beklagenswerte Zustand der heutigen Öffentlichkeit.

Die klassische Kunst, ein Pompeji.

Bruch zwischen klassischer und moderner Musik hierher kommend.

Unterschiede zwischen notengetreu und sinngetreu. Der Sinn muß begriffen werden: Ein Stück will laut gesprochen, das andere leise gesprochen werden. Die Noten machen alles gleich. Ein *sfz* hier anders als dort – die Noten alles gleich. Ein Werk als Bild mit Dürerschem Zuschnitt – Sauberkeit –, das andere Rembrandtsch – Farbe. Die Phantasielosigkeit der Ausführenden sieht überall auf die gleiche Korrektheit und Sauberkeit. Daher die Klassiker, deren Anforderungen allerdings außerordentlich sind, so verloren.

Sogar überall der gleiche schöne Ton. Als ob ein Instrument, ein Orchester nur schön zu klingen habe. So zu klingen hat es, wie es der Schöpfer verlangt.

Tradition schließt sich an an das schon Geltende. Sie ist wie dieses die Tradition der Mittelmäßigkeit.

Dirigieren bedeutet frei Schaffen. Alles andere muß Vorbereitung sein. D a z u sind die guten Orchester da, nicht um ihrer selbst willen, dazu ist überhaupt alles Technik. Die Technik muß ermöglichen, das Rhythmische f r e i zu beherrschen und darüber hinaus den Einfluß auf das Klangliche zu ermöglichen. Eine Technik, die rhythmisch und präzise ist auf Kosten der Freiheit des Atmens, auf Kosten jener 1000 kleinen Züge, die das Leben zum Leben der Musik, zu Musik machen, gewährleistet meinetwegen die Disziplin, aber nicht die Kunst. Die Disziplin dürfte aber doch wohl V o r b e d i n g u n g sein!!

Es gibt Dirigenten, die ihr Leben lang Erzieher bleiben. Es sind das Schulmeister, die Strategen auf dem Exerzierplatz. Das volle Leben stellt andere Anforderungen.

Mit Proben das zu erreichen ist unpraktisch, ja es ist unmöglich. 20 Proben würden nicht genügen, was der rechte Kontakt macht – – –. Aber es gibt immer Leute, die mehr fragen nach Anzahl der Proben als danach, wie es klingt. Sogar i n n e r h a l b der Orchester. Sie wollen imponiert werden; freilich, sie können nicht hören.

*

Wo liegen die schwersten Aufgaben? Unstreitig auf dem klassischen Gebiet. Ist Ihnen nicht aufgefallen, daß erträgliche Aufführungen von Strauss, Strawinsky jedem Anfänger gelingen. Eine Beethoven-Sinfonie kaum einem Meister.

*

[1]*Ja, ich bringe wenige Novitäten mit. Im übrigen scheint es mir, als ob die Forderung der obligaten Novität für jedes Konzert in New York doch allzusehr mit der dortigen Übersättigung zusammenhängt. Sie werden selber bemerkt haben, wie wenig wertvolle Sachen dabei sein können, und was für den Dirigenten wichtiger ist, ist Nach- und Wiederneuschaffen und nicht bloßes Refe-

* Zusammenfassung der Anmerkungen auf Seite 347.

rieren. Das ist nur beim Großen möglich. Je größer das
Werk, desto größer die Aufgabe des Dirigenten – freilich
auch die des – – – Hörers. Es ist ein Irrtum, wenn man
glaubt, daß neue Werke schwerer seien, größere Leistungen usw.

*

Das Ganze sehr befriedigend. Man muß unterscheiden
zwischen der Entwicklung und langsamen Entfaltung
des eigentlich-kunstverständigen Publikums und der
fabelhaften Nervosität der Oberfläche der Weltstadt, die
ein Spielball von tausend außerkünstlerischen Motiven,
Politik usw. ist, sich immer in Extremen bewegt und nie
weiß, was sie will, außer dem einen: Perfektion! Dahinter
steht aber ein vielleicht nicht allzu großes, aber solides
Publikum. Merkwürdig, daß die große Auswahl wesentlich den technischen Ansprüchen zugute kommt, die
höher sind als durchschnittlich in Europa, aber nicht frei
von gelegentlicher Selbstüberschätzung. Die geistigen
Qualitäten wirklich abzuschätzen und einzuschätzen,
wird durch mehrerlei erschwert: 1) Die zu große Vielfäl-
tigkeit des Gebotenen, die zu sehr verglichen, statt begriffen wird. Ein Wettlauf von deutscher und französischer
Musik, z. B. der Begriff des Stils unbekannt. 2) Die Hast
und Überfülle des Musiklebens, das dasjenige von Berlin
noch übertrifft und Konzentration unmöglich macht
und damit alles maßgebende Urteil sehr erschwert. 3) Das
Fehlen einer einheitlichen Fühlweise bei einem zusam-
mengewürfelten Publikum auf Kolonialboden, den man
noch nicht vergißt, wenn auch in dieser Beziehung täg-
lich und stündlich Fortschritte gemacht werden, man
einigt sich auf Technischem.
Enorm ist alles Organisatorische.

Orchester.

Mein Orchester dasjenige, von dem ich restlos befrie
digt bin und das zweifellos zu den besten Orchestern de
Welt gehört. Unterschied des Systems. Das Orcheste
wichtiger als Dirigent – und auch oft als die Musik
Orchester eigentlich Luxus. Angelegenheiten, die mi
denkbar vielem Geld und Zeit für Proben ausgestatte
sind. Für den Künstler, der die Proben nutzen kann, ha
das viele Vorteile, so wie wir allen Grund haben, ir
Amerika das zu sehen, das für uns vorbildlich ist. So
wenig daher die übliche Unterschätzung amerikanischer
unter ganz anderen Verhältnissen entstandener Musik
kultur hier bei uns berechtigt ist, so wenig freilich kanr
der naiven Selbstüberschätzung der Amerikaner das
Wort geredet werden. Wir hätten beiderseits aller
Grund, voneinander zu lernen. Der Überlegenheit im
Künstlerisch-Geistigen bei uns steht auf amerikanischer
Seite eine unbedingte Überlegenheit in allem Organi
satorischen gegenüber. Es hat aber keinen Sinn, wenr
beide Länder das »Wie herrlich weit wir's gebrach
haben« sich beständig vormachen, da wir so nicht weiter
kommen.

Die amerikanische Beschränkung auf das Technische
hat ähnliche Folgen wie die Beschränkung des moderner
Denkens auf das Wissenschaftliche. Tendenz nach de
»endgültigen« Methode. Durch das unpersönliche Sach
denken werden die persönlichen und produktiven Werte
ausgeschaltet.

Versuch der metaphysischen Ordnung vom Künstler
aus. Philosophen in neuerer Zeit nicht universal genug
Man fragt sich, ob es nötig ist – nur weil diese Univer
salität der Menschen fehlt –, daß alle Bildung ausein
anderbricht. Hier einige Bemerkungen zu den künst

lerisch wahrnehmbaren Grundtypen: 1) das Transzendente (Bach), 2) die Person, der Heros, der Übermensch (Beethoven), 3) der Trieb (Wagner). Alles ins Unpersönliche. Mischung usw. – die natürlich nur dürftige Theorie bleiben muß, immerhin als richtender Leitpunkt in dem Chaos der Meinungen von heute gelten mag. Besonders in dem – recht deutsch – lächerlichen Kampf der Anhänger der Großen untereinander und dem Kampf der Gemeinheit gegen das Große überhaupt, der sich heute mit dem andern in sonderbarer Weise mischt, ein Schauspiel, das auch für den, der seit langem gewohnt ist, die Psychologie der Meinungen zu durchschauen und die Belanglosigkeit alles Literatentums – auch Nietzsches in diesem Punkt ein schmerzlicher Anblick.

*

z. T. Wagner immer Trieb, auch wo er sich dem Heros nähert (Siegfrieds Angelpunkt das Fürchten) oder dem Religiösen (Parsifal, Tannhäuser – die Keuschheit).

*

Ich weiß, daß wahre Größe ebenso selten ist wie wahre Universalität. Eines hängt freilich am andern. So häufig Größe und Universalität zwischen den Menschen ist, so außerordentlich selten ist sie realiter, d. h. in einzelnen Personen.

Struktur der Meinungen zeigt überall die Erbärmlichkeit und Ärmlichkeit menschlichen Denkens.
1) Arbeitshypothese
2) Massenwahn, Politik
3) Persönliches (Nietzsche, Hugo Wolf)
4) Fanatismus in individuellem Interesse
5) Gemeinheit, d. i. Wissenschaft des Zuschauerbegriffs usw.

27

Kenner (etwa Bernard Shaw) werden mir zugeben, daß die beispiellose Borniertheit, der Fanatismus usw. heute schmerzlicher und widerlicher sind als im finstersten Mittelalter.

*

Fortschritt so wenig verändert, wie der menschliche Organismus sich verändert. Eine Sinfonie von Haydn wird stets lebendig bleiben, denn sie ist ein Organismus, und wir sind Organismen! Sie ist Blut von unserem Blut, Fleisch von unserem Fleisch. Maschinenmusik ist eine Theorie, meinetwegen eine Politik, weiter nichts.

Fortschritt der Künste, Teil der modernen Theorien, an den sich deshalb die Politik am liebsten anschließt. Anders das N e u e, das mit jedem neuen Werk *(Meistersinger)* gegeben wird. Gerade diese *Meistersinger* sind das Beispiel, daß Fortschritt nicht mit dem Mittel zusammenhängt.

F o r t s c h r i t t. *Tristan,* größtes Beispiel bisher, hier auch Durchbruch der Moralität. Ist es nun der Fortschritt, der ihn hervorgebracht? Wagner ist später, *Meistersinger, Parsifal,* durchschnittlich gewesen usw. Die Verkörperung der *Tristan*-Welt (teils in Lyrismen, teils in kampfhaften Erregungen die ungeheure Tragik) der adäquate Ausdruck, daher das Leben des Tristan über die Sensation hinaus. Fortschritt ist Politik und Politik ist verdummend. Wenn irgendwo, so ist sie in der Kunst, der Wiederholung des Schöpfungsaktes der Natur, fehl am Platz.

*

GEMEINSCHAFT
Die Forderung nach der Gemeinschaft als Grundlage der Kunst liegt tiefer als die Fortschrittsmeierei. Sie entstammt jedenfalls einer Erkenntnis – leider nur einer

Erkenntnis post festum. Wenn Wagner im *Tristan* – – –
Tristan Welt usw. –; er befand sich seinem Gott, alt-
modisch geredet, gegenüber. Er fühlte sich als Individuum, fühlte aber die Gemeinschaft der ganzen modernen Welt um sich. Dies gab ihm die Kraft und seinem
Werk die Bedeutung. Heute ist es vielfach so, daß der
einzelne seine Isoliertheit nicht mit Stolz empfindet, als
Individualität (Goethes Persönlichkeit), sondern als
Fluch. Er sucht die Maschinenmusik.

*

PROGRAMM

Zuerst Praktisches. Schönheitsfehler, z. B. Bruckners
Neunte Sinfonie und Liszt würde beanstandet, nicht aber
Bruckners und Beethovens *Fünfte* Sinfonie zusammen.
Besonders letzteres ist falsch. Es kommt auf das Nach-
einander an, wobei die Pause noch eine Rolle spielt.

So wie also die Zusammenstellung an sich nach intellektuellen Maßstäben Unsinn ist, so ebenso die historischen Programme oder andere von außen hereinge-
tragene Gesichtspunkte. Maßgebend lediglich, wie
weit das einzelne Werk zu seinem Recht kommt. Tatsache, daß ein modernes Werk sehr wohl nach einem
klassischen stehen kann, selten aber umgekehrt. (Die
tieferen Gründe stehen hier nicht zur Erörterung.) Wenn
ich ein Werk von Strawinsky nach einem Mozart bringe
– unmittelbar danach dann ein Konzert von Bach,
bringt das sowohl Strawinsky als Bach in falsche Lage –,
so wird keinem Gnade angetan. Allgemeine Theorien,
Gesichtspunkte für Programme sind heute billig, liegen
auf der Straße.

Noch weitere äußere Gesichtspunkte spielen eine
Rolle. Als Leiter der Berliner Philharmonischen Kon-

zerte stehe ich im Leben von heute. Es ist klar, daß da
Wirken der Heutigen besondere Rücksicht verdient, sc
weit, daß bei der Auswahl von neuen Werken nicht die
selbe Unbedingtheit walten darf wie bei der der Werk(
der Vergangenheit. Das sind Rücksichten auf die Men
schen, die dahinterstehen. Der Typus des Adlers, de
nicht fliegen kann, ist leider heute nicht so selten. Er ver
dient wahrhaftes Mitgefühl, wenn auch gemischt mi
dem des Ärgers. Was heimlich noch größer ist angesicht:
des Spatzen, der nur vorüberfliegen kann, sich wie ei
Adler gebärdet. Da sind Rücksichten auf die Allgemein
heit, die so weit gehen, daß es notwendig werden kann
ein Werk nur deshalb zu bringen, um es zur Diskussior
zu stellen und zu erweisen, daß es nicht das ist, was au:
ihm gemacht wird. Daß das Ad absurdum-führen in den
von mir gemeinten Sinn die denkbar beste Aufführun;
ebenso verlangt wie das größte Kunstwerk, ist selbstver
ständlich. Es ist daher Unsinn zu glauben, daß ich für all(
die Werke, die ich mache, mich einsetze. Das kann vor
keinem modernen Dirigenten verlangt werden, das is
auch nicht der Beruf des Verwalters eines moderner
Instituts. Deshalb ist seine Persönlichkeit doch nich
genötigt, sich zu verleugnen, zu nivellieren. Im Ganzer
seiner Wirksamkeit liegt von selber der richtige Nach
druck. Freilich, wenn er der nervösen Tagespolitik heuti
ger Großstädte nachgibt – – –.

*

Der Fortschritt wird immer mehr zur Theorie. Er entfern
sich immer mehr vom Zentrum, dem »Menschen«. Da
her die sonderbare Tatsache, daß seit einiger Zeit, in
Gegensatz zu früher, die fortschrittlichsten Werke die
unfruchtbarsten werden. Da die Öffentlichkeit von de

Politik total verdorben [ist], d. h. immer noch Politik
treibt, statt Urteil, so läuft sie dem Fortschritt nach, statt
der Kunst.

*

DIE BERUFSETHIK DES DIRIGENTEN
Nicht technisches Können, sondern seelische Haltung ist
echte Berufsethik. (Arzt, Priester. Alles im Dienst des
Magischen, der magischen Bewirkung.)

*

Wir sind heute so weit, daß wir allmählich das L e b e n in
seinen tiefen Formen erkennen; wie weit sind wir nun? –
Wir sitzen und schauen zu.

Wissenschaft heißt: das Charisma in Lehrgut verwandeln.

*

Bloßlegen der Seele – alte Kunst.
Intellektuelle Unangreifbarkeit – neue Kunst.

*

Kunst, Fortsetzung des Schöpfungsaktes der Natur.
Immer größere Kontrolle. Naturalismus usw. – bis im
Expressionismus die Erkenntnis von der andern Seite
wieder durchbricht, der G e m e i n s c h a f t. Aus »Gemeinschaft« und »Schöpfung« gemischt entsteht »Organismus«.

*

Fortschritt ist Politik. Alles, was nicht fortschrittlich ist,
ist reaktionär. Da die wirkliche Welt aber unpolitisch ist,
ist sie auch reaktionär. Ja, die Natur ist reaktionär. Alle
wirkliche »Vitalität« ist reaktionär.

Fläche – redselig.
Tiefe – ohne Worte, weil organisch gebunden.

*

In der Reproduktion gewahren wir einen ebensolchen
Abstieg wie in der Produktion. Warum: Die Bezeich-
nungen der Komponisten – sozusagen Sicherungen
gegen die Welt, die quasi automatisch funktionieren –
werden immer bewußter, immer unverstandener.

*

Wenn jemand, weil er in seinem eigenen Leben keinen
Heroismus findet, ihn überhaupt leugnet, so ist das seine
eigene Dürftigkeit. Die Kunst stammt nicht aus dem
»Leben«, sondern aus der Natur, der »Vitalität«. Im übrigen ist auch im andern Leben so viel Heroismus zu
finden – gemeiniglich –, wie eben einer herausholt.

*

PSYCHOLOGIE VON HINTEN

²E. Newman hat – ich kenne die Bücher nicht – offenbar
es unternommen, endlich den Schleier von der Person
Wagners und Beethovens zu reißen. Adolf Weismann
hat darüber in der *Vossischen Zeitung* berichtet und von
seiner Seite noch verbunden mit den Meinungen der
Gegenwart über die großen Musiker. Die ganze Frage ist
insofern nicht ohne Interesse, als sie den Zusammenhang
von Musik und Leben, die seit Nietzsche Problem geworden ist, aufwirft. Die Psychoanalyse ist eine große
wissenschaftliche Entdeckung – aber leider nur in der
Hand der allerfeinsten Köpfe. In der der übrigen wird sie
eine Dummheit von teilweise grotesken Ausmaßen,
hauptsächlich deshalb, weil sie stets von der Hauptsache

abzieht und es allzu leicht macht, durch angebliche
Hintergründe zu erklären, was gar nicht »erklärt«, sondern vor allem erkannt werden will.

Weil Beethoven Syphilis gehabt haben soll, deshalb
sein »Moralismus«.

Nun ist die Psychoanalyse freilich nicht geeignet,
Menschen von mythischer Größe wie Beethoven und
Wagner zu erklären, zumal sie in dem heutigen Stande
nur geeignet ist, den Durchschnittsregungen der Durch-
schnittsmenschen, nicht aber denen, die einen tieferen
Gemeinschaftswillen aussprechen, zu folgen. Sie
bleibt an der Oberfläche und kann also nur sagen, wieweit Wagner und Beethoven auch Menschen waren.
Daß sie das waren, wissen wir ohnehin, denn wir wissen
z. B., daß sie gegessen und getrunken haben wie andere
Menschen.

Wagner hat kein Recht zu Egoismus gehabt, weil er
etwas zu verteidigen hatte, das tatsächlich in Jahrhunder-
ten nur dieser eine geben konnte. Und *Mein Leben,* gewiß
keine angenehme Lektüre, wird ihm statt seiner Frau in
die Schuhe geschoben. Die Psychoanalyse hat die Eigenschaft, sich auch gegen die zu wenden, die sich ihrer bedienen. Vor allem von deren Zwecken weiß sie zu
erzählen, und es gibt Leute, die – – –.

*

AUFSÄTZE 1927
1) Komponisten – Meinungen!!
2) Maschine, Seele, Kunst.
3) Literarisierung der Musik (Verhältnis von Theorie
   und Wirklichkeit).
4) Zukunftsmusik!
   a) Fortschritt

b) Gemeinschaft
5) Neue Programme
6) Dirigententum
7) Universalität (Goethe).

*

Der Ausspruch Wagners über die *Pastorale* trifft das Richtige. Die *Pastorale* ist ein größtenteils religiöses Werk, der Ausdruck von Beethovens Naturfrömmigkeit. Kaum jemals ist es einem Künstler beschieden gewesen, die Darstellung der Einheit und Harmonie von Menschenseele und Allnatur so zu treffen. Um so verwunderlicher, daß man lange Zeit diese Sinfonie, die man für bürgerlich hielt, für das schwächste Werk Beethovens erklärte.

*

DIRIGENTEN-ELEND!
Es sollte eine Kunst sein und ist eine Schaustellung, eine Komödie.

1928

Ich habe davon abgesehen, zu der mehr als unsach-
lichen Haltung, die Ihr Referent Alexander Berrsche
seit vielen Jahren gegen mich einnimmt, jemals Stellung
zu nehmen. Es würde zu weit führen, seine theoretisch
stets ebenso richtigen, wie sachlich-praktisch falschen
Äußerungen zu widerlegen. Wenn er diesmal aber behauptet, daß ich im *Andante* der C-Dur-Sinfonie von
Schubert rüstige Viertel schlage (zweimal wird darauf
hingewiesen), während ich in Wirklichkeit niemals
etwas anderes als *Vierachtel* schlage und das Tempo
dieses Satzes im Durchschnitt langsamer nehme als
andere Dirigenten, so kann man hier nur fragen, ob bewußte Fälschung oder geradezu maßloser Dilettantismus
vorliegt. Ich lehne es ab, mich dem Urteil eines solchen
Kritikers weiter auszusetzen, und bitte Sie, mir zu erklären, daß er in Zukunft meine Konzerte nicht mehr
besprechen wird. Sollten Sie diese Erklärung nicht abgeben, werde ich mit öffentlicher Begründung nicht
mehr nach München kommen, da ich nicht einsehe,
warum man sich als Künstler, neben allem andern, auch
noch ausgesprochenen Fälschungen des Tatbestandes
aussetzen soll.

*

KITSCH

Kitsch ist die Angst des intellektuellen Halbmenschen
vor der ganzen Hingabe – ob er etwa angeführt sei. Der
Begriff des Kitsches entstand mit den falschen Werten –

mit der Sentimentalität usw. Er war die Reaktion des modernen Menschen gegen – – –, die notwendig war. Stutzig muß es einen machen, daß unter Kitsch heute nicht nur Raffael und Praxiteles, sondern auch Michelangelo und Beethoven gerechnet werden. Mit dem Wort einer belanglosen Übertreibung ist das nicht erklärt, und wir sehen, daß hier ein Problem verborgen liegt, das Problem, das in des ungeheuren Hochmuts Verblendung [durch] die heutigen Intellektuellen einseitig als eine Krisis der Produktion betrachtet wird, wobei es ebenso die Krisis des Betrachtens ist, die hier im Spiele ist.

Der moderne Kunsthistoriker kommt aus Griechenland, mit sichtlicher Genugtuung (auch das gehört zum Bilde) sagt er: Olympia – Kitsch. Nun waren Generationen, die die wunderbare sinnliche Kultur des Praxiteles zu schätzen wußten. Der Berliner geht weiter, er verallgemeinert, es gibt Leute, die ganz Wien und Paris als Kitsch erklären, und solche, die Verdi, Chopin, Beethoven und Michelangelo ebenso darunterstellen (daß manches Zeitgenössische aus Enthusiasmus geschluckt und erst hernach als Kitsch erkannt wird, darüber geht man schonend hinweg). Wenn man die Herren auf Ehre und Gewissen fragt, müssen sie auch zugeben, daß der natürliche Coitus Kitsch ist, erst bei den Variationen fängt das wirkliche Leben an (eben wie Romeo und Julia, Fausts Gretchen usw.). Aber Spaß beiseite: Man sieht, hier ist ein Problem verborgen. Und zwar eines der entscheidenden modernen Probleme. Man analysiert im Zeitalter der Psychoanalyse alles und jedes – warum nur nicht sich selbst? Der moderne Nietzsche fehlt noch, der nicht nur durch Psychologie das Bestehende einreißt, sondern die Psychologie des Einreißenden selber gibt; dann erst würde offenbar werden, wie wenig die Umwertung aller Werte ein Problem dieser Werte, wie vielmehr ein Problem des Umwerters ist. Dazu gehört freilich mehr als wissenschaftliche Methode, es gehört die Gabe, Werte fühlen, Werte setzen zu können, die entscheidende Gabe der wirklichen Größe.

Das Wort Kitsch ist jungen Datums. In meiner Jugend, vor etwa 30 Jahren, fing man an zu erkennen, daß Raffael Kitsch sei – es war ja auch höchste Zeit – (einige meinten dasselbe von Mozart, das hat sich indessen gegeben). Dabei nahm man *Zarathustra* oder *Heldenleben* von Strauss oder Tschaikowsky, die man heute für Kitsch erklärt, damals blutig ernst. Im übrigen haben nun freilich die Meinungen der Menschen, zumal die Modeanschauungen der Intellektuellen lange nicht so viel Interesse, wie ihre Träger oder Verkünder gemeiniglich denken. Es handelt sich für uns nur um das Problem selber.

Aus der Antike – nehmen wir etwa die Literatur – gibt es viel Schwaches, aber wenig Kitsch. Das Gefühl war noch nicht Mode – so auch nicht das falsche Gefühl. Auch in der ersten christlichen Ära bis in die Hochrenaissance hinein (in der Geschichte der Musik bis in die Zeit Beethovens) ist Kitsch kaum anzutreffen. Erst mit dem Abbau der religiösen Bindungen, dem Leerlaufen und dem Mißbrauch der Form, mit einem Worte, mit der Entstehung der S e n t i m e n t a l i t ä t entsteht der Kitsch. Das Wort enthält die A b w e h r des falschen Gefühls, des gemachten, berechneten, daher übertriebenen und trotz allem Schönen Kraftlosen, des Surrogates. Mit der Schaffung des Wortes Kitsch beginnt das Sich-wehren der Zeit gegen die falschen Werte (daher das Zusammenfallen mit der Wirkung des letzten Nietzsche). Das ist die positive Seite; und es war Zeit; die falschen Werte, die triefende gemachte Sentimentalität ergoß sich in ungeheuren Wogen über die Zeit, das Echte hatte das Nachsehen. Der Begriff Kitsch war also ein Wertbegriff, eine Reaktion des höheren, reinen, unmittelbaren Menschen gegen den Durchschnitt. Nun lag ihm aber immerhin zu Grunde, daß man etwas, was man erlebt hat, dem man sich einmal hingegeben hat, ablehnt, d. h., es nun nicht mehr erleben, nicht mehr auf sich einwirken läßt. Wenn dies spontan geschieht, so wie etwa der menschliche Körper ein Gift spontan von sich stößt, so ist es in Ordnung. Wie aber, wenn infolge des eigentümlichen intellektuellen Trainings, zu dem der Geist der Zeit jeden Menschen von heute (zumal in Deutschland und Frankreich) zwingt, das Ganze ein intellektueller Prozeß, sozusagen eine Methode wird. Daß alles, was einen geschlossenen, lediglich auf das Gesamt-Gefühl des Menschen eingestellten Eindruck macht, eben deshalb abgelehnt wird als Kitsch. Daß es die Hingabe überhaupt ist, die verpönt wird! Manche allzumenschlichen Eigenschaften drängen zudem noch auf diese Entwicklung. So die zumal in Großstädten hochgezüchtete Besserwisserei, die unweigerliche Tendenz des (durch den Zusammenhang mit den tieferen Mächten des Lebens nicht mehr beschwerten) Intellektes, sich immer mehr urteilend zu verhalten: Das Urteilen und das sich damit über die andern und das zu Beurteilende Erhoben-Fühlen, der scheinbare Machtrausch, der sich daraus ergibt (der in Wirklichkeit aus lauter negativen Faktoren besteht), damit verbunden der Mangel an der schon vom alten Goethe in den Mittelpunkt jeder Erziehung gestellten Ehrfurcht. Ein Mangel, der nicht nur Anmaßung und Frechheit, sondern ebenso Irrealität, Unkenntnis der Wirklichkeit ist, obwohl er gerade das Gegenteil zu sein glaubt. Man kann davon heute auf Schritt und Tritt oft groteske Beispiele erleben. Solche, die zur ungebrochenen Hingabe nicht mehr fähig sind, fangen nun an, alles das aufzusuchen, wo solche Ehrfurcht nicht nötig ist. Die neue Sachlichkeit, die ausgesprochen kunstgewerbliche Richtung eines Teiles der neuesten Produktion hängt damit ebenso zusammen, wie die Bevorzugung der Zeiten und Kunstepochen, zu denen uns der eigentliche Zugang fehlt, da wir deren Vorbedingungen (besonders religiöser Art) nicht teilen. Über alles das läßt sich gut reden und gut dicke Bücher schreiben, über die wirkliche große Kunst leider nicht. Wir definieren nun: War der Begriff zuerst ein notwendiger Ausdruck der Reaktion gegen das Falsche, ein Ausdruck echter und lebendiger Wertung (der er im einzelnen individuellen Falle natürlich auch heute noch sein kann), so ist er doch heute der charakteristische Ausdruck desjenigen geworden, der, aus Mißtrauen, angeführt zu werden, sich nicht hinzugeben wagt. Es ist der dürre, der Kontrolle seines Verstandes nie entrinnen könnende moderne »Kenner«, dem die größten Dinge, Beethoven, Brahms usw., zu Kitsch werden; dem das Besserwissen zur Lebenslust, zur zweiten Natur, zur Notwendigkeit geworden ist, auch vor allem vor sich selbst. Er will stets klüger sein mit dem Kopf, als sein Herz ist. Man erkennt allenfalls die Hammerklaviersonate an (weil man sie nicht kennt), aber alles, was einfacheren, harmonischen, sinnlichen Bezirken angehört, ist verpönt. Natürlich muß der Hermes des Praxiteles fallen. Nur merkwürdig, daß dann, wenn es um die Sensualität geht, alle Wertungen, ja alles W e r t v e r - m ö g e n aufhören und man auf den ärgsten K i t s c h hereinfällt. Aber das ist keineswegs merkwürdig, denn gerade die Unsicherheit, die immer aus mangelnder Fülle des Lebens und Prävalieren des Intellektes entsteht und das eigentliche Signum unserer Zeit geworden ist, ist der Schöpfer des modernen Kitsch-Begriffes mit seinen Ausartungen.

*

KRISIS DES URTEILS

Der einflußreiche Kritiker einer führenden Großstadttageszeitung schreibt: Die Fünfte Sinfonie von Beethoven beginnt für uns brüchig zu werden usw. (ich wähle einen milden Fall, in Deutschland las man's schon ganz anders). Was heißt das »beginnt für uns«? Um was handelt es sich da, um die Fünfte Sinfonie oder um »uns«? Und wer sind die »uns«? Aber gerade daran scheint nach dem so charakteristischen und naiven Ausspruch des betreffenden Herrn gar kein Zweifel. Es kommt ihm nicht im Traum in den Sinn, daß die Sache auch umgekehrt liegen könnte, und es an uns liegt, wenn die Fünfte Sinfonie anfängt, »brüchig zu werden«. Wenn ein Kopf und ein Buch zusammenstoßen, ist es nicht nur das Buch, das hohl klingt, sagt Lichtenberg.

Ich hatte nun viel eher das Gefühl, daß, wenn er Beethoven so leicht preisgibt, es vielleicht auch mit seiner Bewunderung nicht so sehr weit her sein könne. Und wirklich mußte ich bei Gelegenheit verschiedener Aufführungen desselben Werkes bemerken, daß ein Urteil über eine zulängliche oder gar gute Aufführung und die Fähigkeit, diese von einer schlechten zu unterscheiden, ihm nicht gegeben war.

Es ist das ein Schulbeispiel nicht nur für die beispiellose Einbildung, die unter dem Mangel der Fülle des Lebens und der Fülle der Verantwortung im modernen Menschen entstehen kann, sondern für den Gang der Mode überhaupt.

(Ich bemerke hier ausdrücklich, daß ich nicht etwa von den ernsten Bemühungen um und gegen Beethoven, etwa z. B. den Arbeiten von Halm und Kurth usw., rede; auch deren Position hat ihre Schwäche, aber sie liegt woanders und soll hier nicht berührt werden.)

Wenn man soweit kam, Tschaikowsky abzulehnen, so war das ein Akt der Aufrichtigkeit, des Willens zur Gesundung. Wenn man ihm aber den ganzen Wagner und Brahms ohne weiteres nachwirft, so nennt man das, »das Kind mit dem Bade ausschütten«; es ist eine kindische Lächerlichkeit.

*

Für die Welt liegt zunächst eine ungeheure Überhebung darin, wenn einer erklärt, wegen der Sinfonien von Beethoven da zu sein und nicht wegen des Gewandhauses.

*

Die Haltung der Marées, Hildebrand etc. (funktionelles Zuschauen) hat viel Gemeinsames mit den Strömungen der modernen Wissenschaft und Hygiene. Nicht von innen, sondern von außen, durch »Kenntnis der richtigen Funktionen«, sucht man das gestörte Ganze wieder zu erreichen. Der Sinn des Hängens an echter und vollendeter Kunst.

1929

Die gewaltigen Unterschiede, die sich bei verschiedenen Dirigenten in bezug auf Gewicht und Kraft des Musizierens überhaupt wahrnehmen lassen, sind zu sehr Erfahrungstatsache, als ob man sich davor verschließen könnte, auch wenn man noch so sehr den löblichen Wunsch hätte, nicht in den Fehler der Überschätzung des Dirigenten zu verfallen. Um alles dies zu verstehen, wollen wir uns zunächst einmal fragen, was der Dirigent eigentlich zu tun hat.

Tatsache ist, daß die Wirksamkeit des Dirigenten, obwohl offen vor aller Augen, die verborgenste und sozusagen geheimnisvollste unter allen Arten musikalischen Reproduzierens ist. Nicht in dem Sinne geheimnisvoll, als ob hier Suggestion, d. h. irrationale Faktoren mehr beteiligt seien wie etwa beim Sänger oder Pianisten, sondern in dem Sinne, daß das Verhältnis zu seinem Instrument, dem Orchester, die Art, wie er dasselbe handhabt und meistert, ein übertragenes, mittelbares und dadurch komplizierteres ist. Man weiß etwa, dieser Sänger hat die und die Stimme, dieser Geiger den und den Ton. Auch beim Pianisten spricht man von einem individuellen Anschlag, obwohl er nicht im selben Maße mit seinem Instrument verwachsen ist wie der Geiger mit seiner eigenen Stradivarius, die er überall mitnimmt, oder gar der Sänger mit seiner Stimme, die er mit in die Wiege bekommt. In Wirklichkeit hat aber jeder wirkliche Dirigent genauso seinen Ton, seinen Anschlag, seine Stimme wie die oben Genannten, und zwar nicht nur mit »seinem« Orchester – obwohl er ihn hier am meisten ausbilden kann –, sondern mit jedem Orchester. Ja, es macht so recht die Bedeutung des wirklichen Dirigenten aus, in welchem Maße er schon beim ersten Niederschlag – sei es, mit welchem Orchester es sei – dem Orchester seinen Ton, seine Intentionen aufprägen kann.

Wenn immer wieder Proben in der Art, daß die Hörer den Dirigenten nicht kennen und dann nach der Darbietung seinen Namen raten sollen, mit negativem Erfolg gemacht werden, so bedeutet das nichts gegen das Gesagte, als daß die wirklich originalen Dirigenten, d. h. die, die dem Orchester ihre Absichten wirklich völlig mitteilen können, ohne auf halbem Wege stehen zu bleiben, sehr selten sind – viel seltener, als die Allgemeinheit meint und glauben möchte.

Nebenbei darf in solchen Fällen auch nach der Kompetenz der Urteilenden, selbst wenn dieselben Mitglieder der »Presse« sind, gefragt werden; denn die Urteilsfähigkeit in musikalischen Dingen ist im allgemeinen viel mehr begrenzt und spezialisiert, als man glaubt. Der eine versteht etwas von Gesang und ist einem Pianisten oder Geiger ratlos gegenüber, der andere versteht etwas von Komposition und ist der reproduktiven Tätigkeit des Dirigenten gegenüber hilflos. Aber der Kritiker muß von Amts wegen alles verstehen. (Hier gilt wohl: Wem Gott ein Amt gab, dem gab er auch den Verstand?) Übrigens fielen solche Proben bei Geigern und Pianisten meines Wissens häufig ebenfalls negativ aus.

Die Bedeutung des Technischen in der Kunst – in früheren, dem Irrationalen mehr zugewandten Zeiten häufig unterschätzt – wird heute eher überschätzt. Demnach müßte auch mehr Einsicht in die Bedingungen des Technischen erwartet werden. Das ist bezüglich des

Dirigenten nicht der Fall; ein gewisses Schema des Dirigierens, ein akademischer Begriff, wie man Dirigieren soll, hat sich allerdings auch hier in letzter Zeit wie beim Geiger, Pianisten – übrigens nicht zum Vorteil der Musik – herausgebildet. Es ist aber auffallend, daß gerade wirkliche Dirigenten, ein Toscanini, ein Bruno Walter, diesem »Schema« recht wenig entsprechen. Tatsache ist, daß diese Dirigenten es vermögen, jedem Orchester ihren eigenen Klang sofort aufzuprägen, während beim schulmäßig richtigen Dirigenten alle Orchester gleichklingen. Selbst Musiker behelfen sich in diesen Fällen mit dem Schlagwort von der Suggestion, was an Stelle unklaren Denkens zur Hand ist. Nicht, als ob ich die Bedeutung der Suggestion, der Persönlichkeit als zentrierten Komplex nicht richtig einsetzte; aber hier, in diesem Falle, handelt es sich um technische Fragen, um die Art, wie mittels gewisser Bewegungen mechanisch ein gewisser Klang auf das Orchester übertragen wird. Es handelt sich allerdings nicht um das Mechanisch-Technische, um Selbstzweck-Sinn gewisser Zeittheorien (die selbst von der Komposition Besitz ergriffen haben), sondern um den Punkt, wo das Technische zum Mittler des Seelischen wird, wo also, um bei unserem Objekt zu bleiben, nicht der Schlag den Klang, die künstlerische Intuition, sondern diese den Schlag bildet.

Erörterungen über das technische Problem des Dirigierens würden hier zu weit führen. Die verhältnismäßig junge Kunst des Dirigierens ist auch selber zu wenig gefestigt, als daß sie theoretisch einigermaßen hätte erfaßt werden können. Was bisher darüber geschrieben wurde, ist, soweit es sich nicht mit Interpretationsfragen befaßt (Wagner, Weingartner), außerordentlich primitiv. Diese Interpretationsfragen sind nun freilich vom Problem des

Dirigenten nicht zu trennen, und da müssen wir, um die ganze Entwicklung des Dirigierens respektive reproduzierenden Musizierens in der letzten Zeit uns überhaupt klarzumachen, etwas weiter ausholen. Seit Bestehen einer abendländischen Musik als Kunst, und insbesondere seit der Loslösung der Musik vom Kultus im 17. Jahrhundert, wurde jede Zeit durch die produktiven Genien gebildet, gestellt, geführt, die sie hervorbrachte. In früheren Zeiten sprach sich das darin aus, daß »produktiv« und »reproduktiv« kaum zu trennen waren. Bach und Händel waren als Organisten berühmt, bei Beethoven, ja selbst bei Mendelssohn und Liszt war die freie Phantasie eines ihrer wesentlichsten Ausdrucksmittel. Der schöpferische Genius bildete, bewußt und unbewußt, den Stil der Reproduktion der Zeit. Das Händelsche Oratorium, das Haydnsche Streichquartett, die Mozartsche Oper, die Beethovensche Sinfonie – jedes bedeutet eine Welt für sich, durch jedes wurde das Fühlen und Musizieren einer oder auch mehrerer Generationen geführt und ihm Gestalt gegeben. Chopins Klavier-, Brahms' Kammermusik, Verdis Gesang, Wagners, später Straussens Orchester – um nur etwas zu nennen –, diese Schöpfer bildeten den Stil ihrer Zeit, und das Heer der Reproduktiven, der Pianisten, Instrumentalisten, Sänger, Dirigenten, hatte nichts zu tun als ihnen zu folgen, ihren Intentionen zur Wirklichkeit zu verhelfen, sich von ihnen führen zu lassen. Die Vergangenheit existierte für diese Generationen nur, soweit sie mit der Gegenwart zusammenhing, was freilich, da alles ein und dieselbe kontinuierliche Entwicklung hatte, der Fall war. Heute, wo das nicht mehr der Fall ist, wo die Gegenwart größtenteils der Vergangenheit bewußt den Fehdehandschuh hinwirft – weder in ihrem eigenen noch im allgemeinen Interesse –, wo die neue Musik erfunden wurde, wo es früher nur schlechte und gute gab, liegt die Sache anders. Wie hoch man auch die Versuche der heutigen Produktiven, zu einem Ausdruck ihrer selbst zu gelangen, einschätzen mag, wie notwendig ihre im Vergleich mit früheren Zeiten oft undankbare Aufgabe auch ist: daß sie mit ihrem Stil des Musizierens nicht mehr den Stil von heute beherrschen und bilden, ist eine nicht zu leugnende Tatsache. Alle Förderung durch das Gewissen der Öffentlichkeit kann nicht den elementaren Mangel des Anteils des Publikums ausgleichen; die Vergangenheit in ihren bedeutendsten Erscheinungen erhält eine wachsende Macht. Die Entstehung des historischen Sinnes kann ebensogut als Schwäche des Organisch-Produktiven wie als Stärke und Erweiterung des Blickes und Horizontes gesehen werden. Die Folge aber nun ist, daß die Menge der Reproduktiven nicht mehr wie früher durch die Produktiven geführt und geleitet wird. Und das gerade in dem Moment, wie die Aufgabe des Reproduktiven durch die größere Bedeutung der Vergangenheit sich vergrößert und erschwert hat. Die wachsende Bedeutung, die man daher dem Reproduktiven, insbesondere dem Dirigenten beimißt, ist hierdurch vollauf erklärt. Auf seinen Schultern liegt eine Last von Verantwortung wie niemals früher; denn nicht mehr der große Schöpfer bildet den Zeitstil, sondern er hat den Stil der einzelnen Werke aus sich, d. h., aus diesen artfremden Werken heraus zu bilden. Nicht er wird von der Zeit getragen, sondern muß zum größten Teil die Zeit mittragen. Hierdurch entsteht eine ganze Kette neuer Probleme. Aus dieser Situation erklärt sich zur Genüge: Wie wichtig der Dirigent ist, auch, wie selten er heute ist. Ja, dies beides hängt notwendig miteinander zusammen.

Es erklären sich auch die Auswüchse: die maßlose Eitelkeit, die zahllosen krampfhaften Versuche, durch Schar-
latanerie zu wirken. Es erklärt sich aber noch vieles
andere. Wo die Produktion als Brennpunkt des lebendigen Musiklebens der Zeit dieselbe nicht mehr ein-
deutig und verpflichtend widerstrahlt, gelangen Dinge
zur Wichtigkeit, die sie sonst nie gehabt hätten. Also hier
ist die Quelle des lächerlichen Personen-Kultus von
heute, der »genialen« Dirigenten, die als Pultübermen-
schen daherkommen, entweder »besessen« oder »sug-
gestiv« oder sachlich, entweder als Tierbändiger und
Dompteure oder als männliche Kokotte, die jedenfalls
sich und dem Publikum unendlich wichtig vorkommen.
Hier ist auch die Quelle des Kultus der Orchester im
amerikanischen Stil, des Kultus des Instrumentes überhaupt in seiner materiellen Wesenheit, wie es der technischen Einstellung von heute entspricht. Wenn das
»Instrument« nicht mehr um der Musik willen da ist, ist
sofort die Musik um des »Instrumentes« willen da. Auch
hier gilt das Wort: entweder Hammer oder Amboß sein.
Und damit ist das gesamte Verhältnis umgedreht. Und
nun entsteht jenes Ideal des technisch »korrekten« Musizierens, das uns von Amerika als vorbildlich präsentiert
wird. Dies prägt sich beim Orchesterspiel in einer gleich-
mäßigen gepflegten Klangschönheit, die niemals gewisse
Grenzen überschreitet und eine Art objektives Ideal der
Klangschönheit des Instrumentes als solchem darstellt.
Ob nun aber die Intention des Komponisten dahin geht,
so »schön« zu klingen, – – –. Nun zeigt es sich im Gegenteil, daß etwa die rhythmisch-motorische Kraft ebenso
wie die klangliche Keuschheit Beethovens durch ein
solches Orchester und solche Dirigenten von Grund auf
verfälscht, ja die ganze Kunst Beethovens ebenso wie

Mozarts und Haydns Kunst völlig überflüssig wird. Sie
fristet ihr Dasein wie so vieles heute, nur aus Recht-
haberei der Schulmeister, als klassischer Popanz. Vom
Dirigenten aus stammt der Anspruch möglichst gleich-
mäßiger Durchsichtigkeit und Klarheit. Das hat nun zur
Folge, daß dieselbe »sorgsame« Detailarbeit auf Werke
verschiedensten Stils ausgedehnt wird, die sie in sehr ver-
schiedenem Maße erfordern. Um etwa ein Bild zu ge-
brauchen, so wird das Schwarz-weiß eines Rembrandt,
der breite malerische Wurf eines Rubens ebenso der sub-
tilen Detailbehandlung Dürers unterworfen wie Werke
dieses Stils, wodurch natürlich eine absolute Fälschung
des Eindrucks hervorgerufen wird.

Die Öffentlichkeit ist dabei durchaus die Leidtragen-
de, das muß betont werden. Den Vorteil der Fälschung
hat der Dirigent, das Orchester usw., denn jedes Werk –
das gebrauchte Bild von Rembrandt und Dürer mag das
am besten erläutern – wirkt am besten in seinem eigenen
Stil. Wenn Dirigenten heute erklären, daß sie da wären,
um die Schichten des Werkes erst zu entdecken, so ist das
eine lächerliche Anmaßung. Es ist nämlich eine die
äußerste produktive Kraft des Menschen in Anspruch
nehmende Aufgabe, den Anforderungen eines Werkes,
etwa einer Beethovenschen Sinfonie, gerecht zu werden.

Wir haben in Deutschland in der Musik, im Konzert
die größte Tradition zu wahren, die je ein Volk besaß.
Wir haben mehr zu tun, als uns auf lächerliche Sport-
Wettkämpfe einzulassen.

*

ÜBER BACH UND DIE
INTERPRETATION ALTER MUSIK ÜBERHAUPT
Je weniger man Bach kennt, je weniger natürlich-gewach-
senes Verhältnis zu Bachs Musik besteht, desto mehr

wird über ihn geschrieben. Die guten Ratschläge, wie ihm
und seinen Werken, deren Aufführungen usw. nachzuhelfen, wachsen wie Pilze aus der Erde.

Über das eigentliche »Problem«, das darin verborgen
liegt, daß er heute zwar – wie ähnlich auch bei Beethoven
schon – unendlich viel mehr eine autoritative als eine
Lebensmacht ist. Denn es ist klar, daß nicht so viel über
ihn gedacht, geschrieben würde, wenn das, was sich mit
seinem Namen, seiner Gestalt verbindet, nicht irgendwie
eine Wirklichkeit in unserem heutigen Leben wäre.
Während es andererseits ebenso klar ist, daß ein natürliches, ungebrochenes und wirkliches Verhältnis zu
ihm nicht Allgemeingut einer Zeit ist, die soviel Blödsinn
über ihn schreibt und denkt, die ihn im weit überwiegen-
den Prozentsatz ihrer Aufführungen so unzulänglich
wiedergibt etc. Was die Aufführungsfrage betrifft, so fällt
die Naivität, ja Primitivität all dessen, was unsere Zeitgenossen dazu zu sagen haben, besonders ins Auge. Da
ist der alte Streit um die Besetzungsfrage. Daß die Frage,
ob man 16 oder 4 erste Geigen, ob man einen Chor von
30 oder von 300 Personen beschäftigt, lediglich eine
Frage des Raumes ist, in dem die Aufführung stattfindet
(die Frage, ob kammermusikalisch oder nicht), scheint
immer noch nicht klar zu sein. Daß die Akustik in der
Thomaskirche – wie überhaupt in jeder Kirche – eine
andere ist als in der Philharmonie, daß daher nicht nur
die Besetzung eine andere sein muß, sondern auch die
Dynamik verschieden gehandhabt werden muß, scheint
unbekannt. Daß die Kirche mit ihrer eigentümlichen,
viel mehr auf lineare Wirkungen angewiesenen Akustik dynamische Belebung und damit Belebung des Ein-
zelvortrags viel weniger verträgt als etwa der Konzertsaal,
der den Klang in schonungsloser Klarheit enthüllt,

scheint unbekannt, obwohl es bekannt sein dürfte, daß
Bach seine Passionen etc. unmittelbar für den praktischen Vortrag in der Thomaskirche bezeichnet hat.
Wobei bezüglich der Bezeichnungsfrage noch besonders
anzumerken ist – und das geht vor allem die an, die
behaupten, der Darstellende dürfe nur die Zeichen ausführen, die Bach vorgeschrieben habe, müsse sich sonst
völlig jeden Gefühls und jeder aktiven Stellungnahme
enthalten –: Erstens sind alle Vortragszeichen *f*, *p* Sym-
bole, Hinweise. So wenig wie der Hinweis auf die Tatsache, daß Deutschland und Frankreich Staaten sind,
über das Wesen des Unterschiedes zwischen Deutschen
und Franzosen etwas aussagt, so wenig die Tatsache, daß
in jedem Stück *f* und *p* steht, vom Wesen dieses jeweiligen *f* und *p* aussagt. Dies ist vielmehr immer in jedem
neuen Fall ein anderes, andersartiges. Aber darüber hinaus ist Tatsache, daß wir am wenigsten von den Dingen
erreichen, die uns selbstverständlich sind. Daraus, daß
bei Bach keine Vortragszeichen stehen, zu schließen, daß
man auf individuellen Vortrag zu verzichten habe, ist
daher gerade das Verkehrteste, was man tun kann. Eben
weil der individuelle Vortrag in einer für heutige Zeiten
unendlich viel freieren und produktiveren Weise
vorausgesetzt wurde, hat Bach mit besonderen An-
weisungen dazu so gespart. Und zu glauben, daß es bei
Bach, weil er es nicht vorgeschrieben habe, kein *espressivo*
gibt, ist schon ein Grad von Naivität, wie sie nur ein
kunstfremder Intellektueller fertigbringen kann. Man
redet da von Romantisierung Bachs, wobei aller Haß
gegen die Romantik, die endlich überwunden werden
müsse, ausgesprochen wird. Wenn man statt um Partei-
phrasen sich mehr um diese Dinge kümmerte, so müßte
man wissen, daß es nicht angeht, Romantik und *espressivo*

– was man sich nur darunter vorstellt – in einen Topf zu
werfen. Man mache sich einmal klar, was das Charakteristische der sogenannten Romantik eigentlich ist, das
Neue, das mit ihr in die Welt kam. Es sind das zwei
Elemente: Erstens das Sensuelle, das etwa bei Weber und
Schubert beginnt und bei Wagner eine geradezu sensuelle Betonung erhält und das alle romantische Musik
mehr oder weniger erfüllt. Dann das Persönlich-Nervöse,
das, streng genommen, auch erst nach Beethoven in die
Musik kommt.

Der Rhythmus in seiner Gegensätzlichkeit war noch
nicht erwacht. Außer den aus der Gesamtstruktur hervor-
gehenden durchaus natürlichen Schluß*ritardandi* sind
Tempo-Nuancen unzulässig. Aber zunächst ist seine
Musik genauso viel Ausdrucksmusik wie jede andere,
die in erster Linie Musik ist. D. h., das Ausdrucksmäßige
und das Musikmäßige decken sich, bedingen sich, erfüllen sich. Dies ist der Grund, warum die einen ihn den
Objektivsten, die andern ihn den Subjektivsten nennen
(was beides auf ein Werk wie die Passion z. B. voll zu-
trifft). Müßige Theorien müßiger Hörer müßiger Zeiten
wie die Spieltheorie von heute sind lächerlich. Die Kunst
war nie etwas anderes als Ausdruck und Spiel zugleich
– – –. So muß bei einer Aufführung etwa der Passion
beiden Rechnung getragen werden. Dies ist lediglich deshalb so schwer, weil – bei der Aufführung genauso wie
bei der Schöpfung selbst – nur dem schärfsten und hell-
sten Musiker es gelingt, das Ausdrucksmäßige alles zu
Musik zu machen, nichts neben ihr herlaufen zu lassen,
und ebenso nur dem komplettesten, mit lebendigsten
Seelenkräften begabten Menschen es gelingt, die Musik
überall zu dem ihr adäquaten Ausdruck zu machen. Das
Mittel, um das sich unsere Zeit vornehmlich und unab-

lässig bemüht, den allein seligmachenden Aufführungsstil zu finden, aber in einer allgemeinverständlichen und
allgemeingültigen Form – so daß man es sozusagen
schwarz auf weiß nach Hause tragen kann –, ist noch
nicht gefunden. Es ist auch nicht zu finden, solange
Kunst etwas Lebendiges ist; denn so lange wird auch das
Reproduktive nicht ausgeschaltet werden können als
produktiver Faktor. Man mag das bedauern, es ist aber so;
mit dem Leben läßt sich nicht spaßen, und die versöh-
nende und allmenschliche Milde Bachs ebenso wie die
tragisch-heroische Größe Beethovens läßt sich nicht einmal für denjenigen, der ihre Werke nur zu reproduzieren
hat, machen oder anempfinden. Wer sie nicht ursprünglich in sich hat, wird sie nicht wiederstrahlen können,
trotz allen Musikertums.

Das Schicksal der Romantik war, daß die Ausdruck-
tendenzen das Formvermögen überwuchsen. Das
Schicksal von heute – oder besser die Tendenz von heute
als Reaktion gegen die Romantik, die in Wirklichkeit in
veränderter heimlicher Form auch heute noch allem und
jedem zugrunde liegt – ist das Überwachsen des For-
malen auf Kosten des Ausdrucksmäßigen. Wir wissen
nicht, daß das ganze Problem, hie Form, hie Ausdruck,
lediglich der Ausdruck der Impotenz der Zeit ist. Ausdruck und Form können die mannigfaltigsten und
wunderbarsten Bindungen eingehen – wie es ja auch tatsächlich der Fall war – in unzähligen Variationen, nie
aber sich gegenseitig in ihrem notwendigen Aufeinander-
Angewiesensein zum Problem werden. Wenn das geschieht, ist bereits der Wurm der Vernichtung im Holze.

Romantik als Form-Unvermögen ist auch unsere
Krankheit, oder besser, die Romantik, die wir überwinden wollen, ist die eine Erscheinungsform des Form-

Unvermögens; die andere ist der spielerische Formalismus, bei dem es nichts verschlägt, daß er, um seine Blöße zu decken, sich selbst mit Theorien panzert.

*

Aufsatz: Die Rolle der großen Kunst.

*

Wir haben die größten Genien der Musikgeschichte. Wir haben es – durch merkwürdige Verhältnisse – fertiggebracht, daß wir heute die Existenz dieser Genien verteidigen müssen. Die Ungeistigkeit, die Kleinlichkeit unseres geistigen Niveaus ist, in uns völlig unbewußt, mit der Zeit unüberbietbar groß geworden. Ob der Mensch als kompletter Mittelpunkt noch möglich [ist], darum dreht sich alles. Damit ist alles zum politischen Geschwätz dümmster letzter Ordnung geworden. Die Saat der Impotenz der letzten Jahrzehnte geht auf. Wir hörten und sahen es mit an, wir wunderten uns, wie die Sinfonien Beethovens, die Dramen Schillers lächerlich versentimentalisiert wurden. Die Folgen blieben nicht aus. Die völlige Konfusion, das absolut hoffnungslose Chaos ist hereingebrochen.

*

Wiedergabe alter Werke – ich meine hiermit nicht die Wiedergabe solcher Werke, die uns nichts mehr angehen, nur historischen Wert haben, sondern solche, die zwar unmittelbar der Gegenwart entrückt, doch noch unser sind. Da die Gegenwart zum großen Schaffen nicht fähig, so sind das alle großen Werke. Daher ist die Frage, wie wir sie uns lebendig erhalten, entscheidend für unser Musikleben.

DAS MODERNE ORCHESTER –
EIN AKTUELLES PROBLEM

Die ersten Konzertorchester Deutschlands kommen erst aus dem Anfang des 20. Jahrhunderts. Die Hauptkonzertinstitute, der Gürzenich, das Gewandhaus usw., arbeiten noch mit den Theaterorchestern. Der Gegensatz von Konzert- und Theatermusizieren war noch nicht erfunden, oder vielmehr lag alles dies, wie schließlich noch während des gesamten 19. Jahrhunderts, im wohltätigen Dunkel der Unbewußtheit. Erst die letzten Jahrzehnte haben auch hier, wie überall, jenen ungeheuren Fortschritt – als der er uns jedenfalls zunächst erscheint – gebracht, jenen plötzlichen Ruck in die Helle des Bewußtseins. Der Grund war, daß die Kraft der unbewußten Bindungen, die alles Musizieren bis zur Zeit des jüngeren Strauss hin in ihrer Gewalt hielt, nachließ. Nun erscheinen auf einmal von überall her die Probleme, die man vorher nicht gesehen hatte, weil man sie – obwohl ohne es zu wissen – gemeistert hatte.

Die Reproduktion wurde als jüngere Schwester der Produktion von jener geführt. Ihr wurden die Wege gewiesen. Die Abhängigkeit war stets mehr oder weniger unbewußt, aber nicht weniger stark. Die Zeit hatte ihren Stil, von dem aus sie die Stile auch der Vergangenheit sah und erfaßte, und dieser Stil war, da er allmenschlich war und den Menschen als Zentrum hatte, sogar noch zur Zeit Wagners trotz aller romantischen Begrenzungen und Schwächen imstande, das Wesentliche anderer Stile mit nachtwandlerischer Sicherheit zu treffen und zu umfassen. Die Erfindung des Dirigenten, d. h. das erste bewußte Betonen des Reproduktiven, bedeutete das Nachlassen dieser Kraft. Man kann historisch gesprochen vom Auftreten des Dirigenten den Niedergang der

Reproduktionskunst datieren. D. h. nun aber nicht, daß
der Dirigent entbehrlich sei. Im Gegenteil, sein Auftreten
zeigte seine Notwendigkeit; und daß er seine Aufgabe
nur in Ausnahmefällen erfüllen konnte, lag in der Natur
der Sache. Man kann eine Notwendigkeit nicht durch
gedachte Postulate etc. wegdisputieren. – – –

*

TECHNIK

Früher die Technik etwas Positives, weil nur parallel mit
dem, was sie auszudrücken hat. Seitdem sie Selbstzweck,
seitdem sie l e r n b a r geworden ist, was – wohlgemerkt –
früher nicht der Fall war, seitdem hat sie sich immer mehr
von ihrem Sinn entfernt. Hindemith darin Fortsetzer
von Strauss. Das eigentlich zeitgemäße Problem ist daher, wie ist sie wieder an den Inhalt zu binden. Hier
Brahms wegweisend. Und nun zeigt es sich, daß es noch
eine andere Technik gibt, von der die heutige Welt nichts
mehr ahnt, die unendlich schwerer ist. Der Unterschied
dieser zwei Begriffe Technik enthält alles Wesentliche,
was die heutige Welt wissen müßte und nicht weiß.

*

Der Rückgang der Heldenverehrung im Allgemeinen
und nach allen Richtungen hin hängt mit dem Aufhören
der gemeinsamen Liebesziele, dem Zerfallen der Massenseele, Nation usw. zusammen. Man ist i m m e r Held f ü r
e t w a s, und wenn es selbst nur Mut und adlige Gesinnung sind, die ihrerseits wieder eine höhere Gemeinschaft schaffen.

*

Zwei parallele Tendenzen, die erst zusammen die Wirklichkeit ausmachen: 1) das Zunehmen des bewußten

Auf-die-Wirkung-gehens und -sprechens, das Rechnen mit dem Zuschauen aus dem »Ich« heraus, dem Wirkungswillen des Individuums, – 2) dasselbe aus der Sache heraus, nämlich der Vereinfachung und Konzentrierung. Nur bei vollkommen komplexem Zustand (Bach), wo überall Kompliziertheit und Einfachheit zugleich ist, und nichts vereinfacht werden braucht, sind Wirkungsunbewußtheit und individuelle Wirklichkeit zugleich beisammen. Jegliche Entwicklung und Abstraktion aber drängt auf Konzentration, Vereinfachung. Damit entsteht Beethoven.

*

AUFSATZ! 1928

1) Das moderne Orchester – ein aktuelles Problem.
2) Der moderne Dirigent – ein aktuelles Problem.

*

Reproduktion hat sich von der Führung der Produktion freigemacht. Hindemith und Strauss haben gewiß ihren Aufführungsstil, aber diesen auf andere Werke zu übertragen, wie es von gewisser tendenziöser Seite geschieht, zeigt nur, daß sie die zentrale Stellung wie die früheren nicht mehr besitzen. Die Änderung liegt im Zeitbild überhaupt. Die Bedeutung der Vergangenheit ist größer geworden als früher. Wir sind auf der Suche nach der Echtheit. Die Konsequenzen dessen führen hier zu weit. Das Entscheidende ist, daß das Produktive nicht mehr kontrolliert (unbewußt), dadurch das Wachsen der Bedeutung des Reproduktiven. Von der Musik aus gesehen wird sowohl Dirigent wie Orchester überschätzt – und doch ist der Grundinstinkt richtig. Was überschätzt wird, ist das Technische – – –. Das Orchester als Ausdruck der Seele ist nie gering zu schätzen – aber die Maßstäbe sind durch eine instinktlose Öffentlichkeit, Sensation, Wirkungswille usw. völlig verrückt.

Kurz: Entwicklung des Orchesters bis zu den amerikanischen Luxus-Orchestern, die dem amerikanischen Selbstgefühl jedenfalls insofern entsprechen, als sie die teuersten sind. Die Vorteile – die Nachteile: verschiedene Nationalitäten (z. B. der Klang der Wiener). Wo nicht durch die Hand des Dirigenten ihm Charakter gegeben wird, haben sie alle etwas von einer Schönheitskonkurrenz. Nur bleibt das Bedenken zunächst: Sind alle Werke geeignet, in so schön klingenden Orchestern gespielt zu werden? Der Rückgang Beethovens etc. hängt damit zusammen (motorisch). Sinnlicher Glanz gehört nicht überall hin. Alles dies könnte durch die Dirigenten ausgeglichen werden, wird aber noch im Gegenteil verstärkt, weil auch deren Tendenz mit der der Orchester parallel läuft; dann: ist das Studieren (5 Proben wöchentlich) nötig, was sind seine geistigen Folgen? Es ist nun nichts gegen Genauigkeit zu sagen, aber das Wichtigste des Musizierens, die Intuition des Momentes, wird dadurch fast ausgeschaltet. Auch das könnte durch die Dirigenten ausgeglichen werden, aber wird im Gegenteil verstärkt. Wir müssen uns in Deutschland – und wir sind die einzigen, die in puncto Konzertmusik mitreden können, denn die ganze Sinfonik ist deutsch – darüber klar sein, wo das Zentrum der Musik liegt. Wir haben Verantwortlicheres zu tun, als die jahrelange Streitfrage, ob das Bostoner oder Philadelphia-Orchester besser sei, ernster zu nehmen, als sie ist.

*

Bei der Schöpfung des modernen Konzertorchesters sind zwei Dinge Pate gestanden: die von der Kontrolle der

Produktion befreite, zum Selbstzweck gewordene Reproduktion, und die lernbare Technik im »modernen«
Sinne.

*

Es ist aber mit den Orchestern wie mit den Dirigenten:
Dadurch, daß wir ihre Überschätztheit, ihre Überflüssig-
keit, ja Schädlichkeit für die Musik in diesem Sinne feststellen, machen wir nichts besser. Es gilt, sie selber zu
dem zu machen, was sie sein könnten, es gilt, die amerikanischen Versuchungen zu vermeiden. Man ist sich
heute darüber noch nicht klar, geht im Gegenteil auf den
Leim.

*

Es handelt sich nicht in erster Linie darum, die Unterschiede der Stile kennenzulernen. Denn das kann man –
scheinbar – auch von außen. Sondern zunächst einen
Stil wirklich aus sich selbst heraus. Dann werden auch die
andern von selbst begriffen. Und alle Stile von einem aus
mit Gewalt zu sehen, ist nicht so schlimm, als alle von
außen.

Das einzige Orchester, das der Methode nach mit dem,
was die heutigen amerikanischen Luxusorchester darstellen, zu vergleichen ist, ist das Concertgebouw-Orche-
ster in Amsterdam. Die übrigen Orchester, in Deutschland und Frankreich, in Italien und England, waren Ge-
brauchsorchester. Sie waren nicht um ihrer selbst willen
da, sondern einerseits um der Vergangenheit willen, an
die diese Länder ungleich inniger gekettet sind – welch
andere Rolle spielen Bach, Mozart, Beethoven in
Deutschland als etwa in Amerika –, und andererseits um
der Schöpfer willen. Strauss und Hindemith, Debussy
und Strawinsky beschrieben hier die Kurve musikalischen Geschehens, nicht Orchester und Virtuosen.

Gänzlich mit den eigenen Angelegenheiten beschäftigt,
hat man in Deutschland nicht begriffen, was in Amerika
vorging, und sieht heute mit Erstaunen, daß dort so wie
in Holland usw. Orchester entstanden sind, wie wir sie
nicht besitzen. (Einzig das Berliner Philharmonische
Orchester, als das hervorragendste der reinen Konzert-
Orchester Deutschlands, kann sich bezüglich der
Arbeitsbedingungen einigermaßen mit den amerikanischen messen, und auch nur in den unter meiner Leitung
stehenden Konzerten, da es sonst als Mietorchester unter
vollständig anderen Voraussetzungen steht.) Und so
wenig wir, von unserem Standpunkt aus, geneigt sind,
dem Orchester als solchem – überhaupt der Reproduktion als solcher – einen entscheidenden Wert beizulegen,
so wenig können wir uns doch der Erkenntnis der sportlichen Vollendung dieser neugeschaffenen Instrumente
verschließen. Das liegt übrigens im ganzen Charakter der
Zeit. Die Leidenschaft, die Dinge unter sportlichen
Gesichtspunkten zu betrachten, sie nach Maßgabe der
technischen Vollendung des Ablaufs ihrer Funktionen,
d. h. um ihrer selbst willen zu schätzen, hat zusammen
mit dem dazugehörigen Rekord- und Weltmeister-
Niveau von Deutschland ebenso Besitz ergriffen. In
Amerika ist die Frage nach der Güte der Aufführung
etwa einer Beethovenschen Sinfonie gegenüber der, ob
das Philadelphia Orchester oder das von Boston besser
sei, völlig sekundär (schon deshalb, weil das ja Geschmackssache sei). So weit ist es bei uns noch nicht;
indessen können und wollen wir uns nicht dem immerhin eigentümlichen Wert, der hier geschaffen, verschließen; ja, es ist so, wie die Dinge heute liegen, eine der
Schicksalsfragen, wie das deutsche Musikleben mit diesem Problem fertig wird.

Wo und wie weit die amerikanische Methode der unsern überlegen ist, wurde mir sofort klar, als ich als Leiter des New Yorker Philharmonischen Orchesters nach Amerika ging. Man kann es sich dort infolge des Geldes, das dahintersteht (und das durchaus von privater Seite aufgebracht wird), erlauben, aus der ganzen Welt die besten Kräfte zusammen zu engagieren. So bezieht man die Geiger vorzugsweise aus Österreich und Böhmen, die Holzbläser aus Frankreich, die Blechbläser aus Deutschland usw. Die technische Virtuosität, die Leichtigkeit, Eleganz und natürliche Klangschönheit eines solchen Orchesters sind außerordentlich.

Zu diesem Apparat, der schon als Material das beste darstellt, das für Geld in der Welt zu haben ist, engagiert man die besten Dirigenten (oder die man dafür hält) als die urteilsreichsten und gewiegtesten Fachleute, um diesen kostbaren Apparat zu handhaben, auf die Höhe seiner Leistungsfähigkeit zu bringen und zu erhalten. Denn daß es der einzelne Musiker, bei aller enormen – relativen – Wichtigkeit, die er besitzt, nicht tut, daß vielmehr Orchesterkunst Ensemblekunst ist, weiß man drüben ebenso gut, ja besser als bei uns. Man gibt diesen Dirigenten deshalb Zeit in einem Maße, wie sie innerhalb unseres Musikbetriebs gänzlich außer jeder Möglichkeit steht. So sind hier wirklich Bedingungen zu Höchstleistungen geschaffen; dessen ist sich die amerikanische Öffentlichkeit auch nicht ohne Selbstgefühl bewußt.

Je mehr wir die Berechtigung dieses Selbstgefühls vollauf anerkennen wollen, desto mehr müssen wir aber auch die großen Schattenseiten dieser Vorzüge ins Auge fassen. Und das um so mehr, als man in Amerika selbst, infolge des mit der ganzen Einstellung verbundenen engeren Blickpunkts, dazu nicht im selben Maße imstande ist und naturgemäß sein kann.

Da ist zunächst die Zusammensetzung der Orchester aus Angehörigen aller Herren Länder. Gewiß sind die französischen Holzbläser unvergleichlich, gewiß sind die österreichischen Geiger wärmer als die anderer Nationen, die deutschen Blechbläser sicherer, majestätischer. Wie aber passen sie zusammen? Es erinnert das an den Künstler, der, um eine Venus zu schaffen, von den verschiedensten Modellen die schönste Nase, die schönsten Augen, Arme, Beine usw. zusammensetzte in der Meinung, so mit Sicherheit die schönste Figur zusammenzubringen. Vielleicht einen synthetischen Stein, der dem Nichtkenner in die Augen sticht; aber ob ein echter Diamant auf solche Weise entstehen kann?

Noch wichtiger als der angegebene Klangcharakter aber ist der Unterschied der Fühlweise der verschiedenen Nationen. Ein italienisches, ein französisches, ein deutsches Orchester haben nicht nur ihren eigentümlichen Klang, sondern ihre eigentümliche Art des triebhaftlebendigen Musizierens, wo das Fühlen des einzelnen zum Fühlen der Masse wie von selbst zusammenschwingt. Dieses gemeinsame Fühlen ist von der größten Wichtigkeit beim Vortrag jeder Melodie, ja jedes Taktes, und sein Fühlen kann durch einen zielbewußten Dirigenten immer nur bis zu einem gewissen Grade ausgeglichen werden. Es ist ein Imponderabile gerade für jene feinsten Schwingungen des Vortrags, die, weil spontan, notwendig durch Proben und noch so langen Drill nicht erreicht werden können, und die von einem lebendigen Vortrag nicht zu trennen sind. Ein Orchester von so einheitlichem Klangcharakter, in a l l e n seinen Gruppen, so von Natur einheitlicher Fühlweise, solcher Rundung und

Homogenität des *Tutti*-Klanges aus sich selbst heraus, nicht durch äußerlich-künstliche Abrundung, wie z. B. die Wiener Philharmoniker, sucht man in Amerika vergebens.

Wie verschieden diese Fühlweisen sind, kann man unschwer erkennen, wenn man etwa mit einem italienischen Orchester eine Sinfonie von Brahms, mit einem französischen *Die Meistersinger,* mit einem deutschen den *Troubadour* spielt. Man sollte nun freilich meinen, daß diese Unterschiede durch die Dirigenten ausgeglichen werden könnten und müßten – ja, daß dies vielleicht eine der Haupt-Aufgaben des Dirigenten zu sein hätte. Ich werde an anderer Stelle ausführen, warum dies nicht geschieht, warum im Gegenteil die Kosten dieses Übelstandes durchaus das Publikum, respektive die Musik selber zu zahlen hat.

Die verhängnisvollste Folge des Mangels einheitlicher Fühlweise ist die Einengung und Begrenzung des improvisatorischen Elements beim Musizieren überhaupt. Je weniger der einzelne Musiker selbsttätig-einheitlich mitarbeitet, desto mehr müssen die vom Dirigenten intendierten agogischen, dynamischen Nuancen usw. entweder ganz unterbleiben oder auf gleichsam rein mechanischem Wege, d. h. durch viele Proben, durch endlosen Drill erreicht werden. Gerade das Wichtigste und Beste aber, nämlich jene unmerkbare Variabilität des Tempos, der Farben kann auf mechanischem Wege und durch Proben überhaupt nicht erreicht werden. Der Dirigent steht schließlich häufig vor dem Entweder-Oder des Übertreiben-müssens oder des gänzlichen Unterlassens seiner Absichten in dieser Beziehung. Entweder ohne natürliche Gliederung im Takt herunter oder einstudierte absichtliche »Nuancen« – ein Zustand,

der denn auch in hohem Maße der heutigen Wirklichkeit
entspricht.

Oft solchergestalt der große Zeitaufwand für die
Probenarbeit schon aus Gründen der Zusammensetzung
des Orchesters in viel höherem Maße eine fatale Notwendigkeit als bei einem Orchester von natur-einheit-
licher Fühlweise; so liegt in seiner Übertreibung, in dem
Zuviel des Probierens die Gefahr des völligen Abtötens
des improvisatorischen Elements, eine Gefahr, die für
den Dirigenten mindestens ebenso verhängnisvoll ist wie
für das Orchester. Die Möglichkeit, ad infinitum zu pro-
bieren, die z. T. als besonderer Vorzug dargestellt wird,
verringert notwendig die Sensibilität und damit Qualität
der Technik des Dirigenten – über den an anderer Stelle
gesprochen werden soll – ebenso wie die psychische
Sensibilität des Orchesters, das an ein typisch-ungenial-
handwerkliches Arbeiten gewöhnt wird. Selbst gewisse
als »technisch« anzusprechende Qualitäten, wie gutes
Vom-Blatt-lesen etc., werden durch Mangel an Übung
mehr oder weniger eingebüßt. Die größere technische
Korrektheit und Kontrolle, die erreicht wird, ersetzt nicht
den Mangel an Inspiration, hat aber die allerverhängnis-
vollsten Folgen für das gesamte Musizieren. Die übermäßige technische Kontrolle, d. h. die gleichmäßig
durchgeführte technische Vollendung aller Einzelheiten, die als solche einen ganz andern Aspekt bieten,
als sie von ihren Schöpfern, die sie als vom Ganzen aus
dachten, gemeint waren, verhindert die geistige Bindung
derselben zum Ganzen, der natürlich-produktive Weg,
auf dem die Einzelheiten durch das Ganze gesehen und
gedeutet werden, wird umgedreht. Das Improvisatorische geht seinem Wesen, ja seinem bloßen Begriffe
nach verloren. Das Improvisatorische, das nicht etwa ein

bloßes Akzidenz, eine Eigenschaft, die man haben kann oder nicht, darstellt, sondern schlechthin den Urquell alles großen, schöpferischen, notwendigen Musizierens.

*

Der Sinn des Orchesters als Kunstmittel ist, daß dieser Körper, der aus 90–100 verschiedenen Menschen, verschiedenen Köpfen und Händen besteht, zu einem Instrument wird, aus dem eine Seele, ein Fühlen, eine Intuition bis in die kleinsten Einzelheiten dem Hörer sich mitteilt. Je mehr es das tut, desto mehr verliert es die Eitelkeit des Selbst-etwas-sein-wollens, desto mehr ist es Mittler, Vermittler, Gefäß und Durchgangspunkt des Göttlichen, das durch die großen Meister spricht.

Hier berührt sich die scheinbar spezielle Frage nach der modernen Orchesterkunst mit der nach den allgemeinsten oder entschiedensten Grundlagen unseres gesamten Musizierens überhaupt. Und gerade von der endgültigen Stellungnahme Deutschlands wird hier die Entscheidung abhängen. Denn Deutschland – diese Feststellung ist rein historisch-objektiv und hat mit Nationalismus irgendwelcher Art nichts zu tun – ist der eigentliche Schöpfer der reinen Instrumentalmusik großen Stils, eine wirkliche Sinfonie ist von Nicht-Deutschen überhaupt nie geschrieben worden. (Halbsinfoniker, wie Berlioz, César Franck, Tschaikowsky, stehen in allem Wesentlichen gänzlich unter deutschem Einfluß.)

*

Eine gelangweilte, genießerische Gesellschaft, die sich Orchester hält, wie man sich schöne Hunde hält, als Sport – soweit sind wir noch nicht. Wir haben noch eine Vergangenheit, die uns wert ist, wir haben noch eine

Gegenwart, die ringt. Der orchestrale *l'art pour l'art*-Standpunkt kann erst der unsere werden, wenn die Vergangenheit als wirkliche Macht des Lebens tot ist, wenn die Gegenwart aufgehört hat zu ringen.

*

DER DIRIGENT

Und erst dann wird der Dirigent ganz die Stellung einnehmen, die er – nicht verdient. Die Geltung, die Suche nach dem bedeutenden Dirigenten ist speziell in der letzten Zeit, die durch die enorm vergrößerte Kommunikation und den entsprechend wachsenden Einfluß der Presse und der Hauptstädte gekennzeichnet wird, gewaltig gewachsen. Es ist in den kleineren Städten eine geradezu zwangsläufige Abhängigkeit entstanden von den Meinungen, die in den großen gemacht werden, oft sehr zum Schaden der wirklichen Verhältnisse, da man dort nicht weiß, wie sehr der Kurs der Hauptstädte von Parteien und künstlicher Meinungsmache aller Art beeinflußt wird. Personenkultus in schlechtestem Sinn wird großgezogen, um das, was durch die Verschiedenheit der Dirigenten und ihres Könnens gelernt und erzielt werden könnte, die Entwicklung des eigenen Ohres und Urteils, wird geradezu verhindert durch den großgezüchteten kritiklosen Autoritätenglauben. Dem Dirigenten wird eine entscheidende Bedeutung beigemessen, die er im allgemeinen tatsächlich nicht hat. Damit hängt zusammen, daß das Äußere enorm überschätzt wird – nicht wie es klingt, erscheint wichtig, sondern wie er sich räuspert, und wie er spuckt, wie er dasteht, was seine Hände machen. Nicht wie er den immanenten Sinn eines Stückes verwirklicht, wie er das in ihm ruhende Leben zum Gemeinschaftserlebnis erweckt, sondern wie er es auffaßt wird betrachtet und bemerkt, wobei die Verschiedenheit der Auffassungen als interessant, der Grad ihrer Kraft und Wahrhaftigkeit aber als Nebensache betrachtet wird. Die gesamte Grundlage, auf der die Tätigkeit des Dirigenten und auch sein Name, sein Ruhm erwächst, ist, wie man sieht, in hohem Grade morsch und unwahr, und es ist kein Wunder, daß illegitime Größen, ja eklatante Scharlatane in diesem Beruf ganz gut auf ihre Kosten kommen.

Es ist nun freilich falsch, den Beruf als solchen dafür verantwortlich zu machen, das Kind mit dem Bade auszuschütten und von heute ab zu behaupten, daß der Dirigent unwichtig und belanglos sei. Darin ist der Instinkt der Allgemeinheit richtig, daß der Dirigent bei einer Aufführung das Zünglein an der Waage ist; daß er, nur er, es in der Gewalt hat, ein Stück im ganzen ihm innewohnenden Glanze erscheinen zu lassen, oder es von Grund auf zu ruinieren.

1930

SKIZZEN

Zweckäußerung – hier etwa, wie die Vorlage zu über. . ., das Werk zu nehmen, oder allzu unverantwortliche Temperamentsausbrüche. Ich bin der Meinung, daß ich Beethoven nicht aus dem Leben, von dem wir nichts wissen, oder gar aus der Handschrift, sondern besser aus seinen Werken kenne.

*

Abbruch der Tradition in der Komposition zunächst isolierte Tatsache. Mit der Zeit wird es offenbar, daß eine Veränderung des Musizierens erfolgt, erfolgen mußte. Die Fähigkeit, die Vergangenheit zu interpretieren, ging verloren. Experimente.

*

NOTENGETREUE DARSTELLUNG

Notengetreue Darstellung – insofern als eine Darstellung nicht von dem durch das Notenbild niedergelegten Willen der Meister abweichen dürfte – ist eigentlich eine selbstverständliche Voraussetzung, so selbstverständlich, daß alle weiteren Erörterungen sich erübrigen. Interessant ist nicht dieser Begriff, der an sich nicht einmal ein Begriff genannt werden kann, sondern die Tatsache, daß er zu einem Programm werden konnte. Dies ist nur historisch verständlich, und zwar als Reaktion auf eine Manier der Darstellung, die am Ende des 19. Jahrhunderts üblich war und schon von Weingartner als Roboter-

67

Dirigieren bezeichnet wurde. Warum nun der Roboter-Dirigent, der Roboter-Pianist (unter dem wir heute übrigens noch viel mehr leiden als unter dem Dirigenten) erst am Ende des 19. Jahrhunderts erschienen sind und nicht etwa zu Beethovens und Chopins Zeiten, obwohl die Anforderungen der damaligen Musik keine anderen waren in Beziehung auf Freiheit der Darstellung als im Jahr 1901, ist das Eigentliche, Interessante. Es zeigt sich, daß das, was wir mit dem Begriff Roboter-Dirigent bezeichnen, nun in die Zeit fällt, in der die Musik einen selbständigen Vortragsstil hervorzubringen langsam unfähig wurde, in der der Zeitstil sich in die Stilempfindlichkeit der Zeit verwandelte, in der Darstellung und Musik auseinandertreten und damit die Darstellung einerseits zum Problem, andererseits zur selbständigen »Aufgabe« wurde. Sie mußte nun eine Verantwortung tragen, die früher der Schöpfer getragen hatte. Damit ist eine Last auf ihre Schultern gelegt, die sie deshalb nicht tragen kann, weil nicht alle Interpreten Genies sind und weil nun auf einmal von Interpreten Genie verlangt wurde. Nicht etwa von der Öffentlichkeit, sondern ganz instinktiv vom Publikum, wie sich all das Gesagte als unbewußter Prozeß vollzog.

*

AUFSÄTZE:

1) Orchester
2) Dirigenten
3) Krise des Musiklebens und -erlebens (d. i.: keine Zeit und keine Konzentration, keine Möglichkeit, die Form zu erleben).
4) Stil und Leben.
   Früher umriß der Stil das Leben, heute würde er es

beschränken. Ein Katholik von 1500 ist etwas anderes als ein Renegat von heute. Heute ist es so, daß wir am wenigsten Stil haben, wenn wir uns einen Stil zulegen. Stil ist Uniform, nicht Kleid.

5) Kompliziertheit, Einfachheit, Begreifbarkeit in der Musik, Fermente des Fortschritts.

*

³TOSCANINI IN DEUTSCHLAND
Ein Beitrag zur wahren Situation
des deutschen Musizierens im Jahr 1930

Toscanini als Dirigent hat in Deutschland, dem Lande der Orchester und Dirigenten, einen Erfolg gehabt, wie kaum jemals ein anderer ausländischer Künstler. Es verlohnt sich, den Gründen dieses Erfolges nachzugehen, ihn auf seine Echtheit, Nachhaltigkeit, Bedeutsamkeit zu prüfen.

Die Einmütigkeit des Erfolges bei der Presse war auffallend, denn innerhalb der Musikpresse haben sich in Deutschland – wie auch auf andern Gebieten – die politischen Gegensätze sehr verschärft, ist Einheitlichkeit über eine rein künstlerische Erscheinung daher heute viel seltener zu beobachten. Freilich ist damit auch das verhältnismäßige Vorherrschen unsachlicher Gesichtspunkte gegeben. Ohne damit den Erfolg Toscaninis charakterisieren oder herabsetzen zu wollen, muß doch gesagt werden, daß er der Linkspresse gegenüber den großen Vorzug hat, kein Deutscher zu sein – was sich speziell in der Berliner Presse stets sehr auswirkt. Andererseits ist er aber auch kein Jude, was ihn wiederum auf der andern Seite in München empfiehlt. Daß im übrigen die Ausländerei gerade im Musikalischen in Deutschland stets eine übermäßige Rolle gespielt hat, muß auch der überzeugteste Internationalist zugeben. Zur Zeit, als Rossini nach Wien kam, war man in Deutschland nicht nur im Zenit einer wahrhaft großen bodenständigen Musikkultur, sondern man hatte auch unter sich Leute wie Beethoven, Schubert, Weber usw. herumlaufen. Sie existierten für die Deutschen nicht mehr, als der italienische Meister erschien. Und das nicht nur für ein leicht entzündliches, leicht beeinflußbares Oberflächen-Publikum, sondern auch für die Besten des Landes, wie Goethe, Schopenhauer usw. – soweit sie nichts von Musik verstanden. Liegt der Vergleich zu unserm gegenwärtigen Fall Toscaninis nicht nahe? Doch dies alles nur nebenbei, denn all das hat nichts Eigentliches mit der Sache zu tun, auf die es hier ausschließlich ankommt. Wie sind die wirklichen Qualitäten Toscaninis. Hier bleibt uns nichts übrig als genaue sachgetreue Analyse. Daß eine solche in der deutschen Presse so verschwindend selten zu finden war, war verständlich. Erstens ist es nicht so leicht, auch für den erfahrensten Kritiker nicht, die wirklichen Qualitäten eines Dirigenten auf den ersten Anhieb zu übersehen, insbesondere nicht, wenn er mit einem fremden Orchester kommt. Und dann spielt im Falle Toscaninis das Vorurteil, die Erwartung eine große Rolle. Man konnte eigentlich stets das lesen, was man schon vorher wußte: die enorme Exaktheit des Orchesters, obwohl gerade diese in Wirklichkeit keineswegs die Stärke der Berliner Konzerte Toscaninis bildete – die notengetreue Darstellung, obwohl wir in Deutschland viel notengetreuere Darstellungen der *Eroica* gehabt haben (womit übrigens in meinen Augen nichts gegen Toscanini gesagt ist, da die notengetreue Darstellung, ein rechtes Schulmeisterideal, in Wirklichkeit weder neu noch ein Ideal ist).

Ich selber habe Toscanini in Mailand und Zürich, in New York wie in Berlin gehört, und zwar nicht nur ein-, zweimal, auch bei zahlreichen Proben, und habe daher Möglichkeiten des Urteils, wie sie ein deutscher Kritiker nur deutschen Dirigenten gegenüber, die er immer wieder vor Augen hat, haben kann.

Ich lege meinen Erörterungen nur eine genaue Darstellung der beiden Berliner Konzerte zugrunde, bei deren Nachprüfung ich natürlich auf das Gedächtnis des Hörers appellieren muß.

Das erste begann mit der Sinfonie von Haydn *Die Uhr.* Das einleitende *Adagio* erweckt sofort Spannung; die für Haydn ungewöhnlich ruhige Temponahme, die starre Durchführung, die langgestreckten *Crescendi* gaben dem Ganzen etwas Ernstes, das es in Beethovensche Sphäre zu rücken schien – immerhin, es war etwas. Freilich, auf die psychische Zusammengehörigkeit und Stileinheit mit dem darauffolgenden *Allegro* mußte man verzichten, aber man konnte immerhin annehmen, daß die forsche, fast heftige Art, wie das erste *Tutti* angefaßt war, ein Versuch war, diese Stileinheit herzustellen, der Größe der Einleitung ein nach Seite der Größe hin interpretiertes *Allegro* an die Seite zu stellen. Das zeigte sich freilich als ein Irrtum, denn es trat schon im Verlauf des *Allegros* deutlich zutage, was dann später sich immer wiederholte, daß das *Tutti* eben das übliche Toscaninische *Tutti* ist, worauf die Sonatenform beruht, und von ihm offenbar nicht der leiseste Versuch einer wirklichen musikalisch-psychologischen Bindung der Gegensätze gemacht wird. Dem *Tutti* an sich war freilich die Qualität großer elastisch-rhythmischer Prägung zuzusprechen, das, was mit Präzision an sich nichts zu tun hat, was aber der Durchschnittshörer Präzision, Genauigkeit nennt. Es ist ein gewisser militaristisch-exakter Geist des Musizierens, der übrigens nicht Toscaninis Eigentum ist, sondern in Amerika heute gang und gäbe, wie man sogar an den von drüben kommenden Instrumentalisten, auch den Größten, beobachten kann. Wesentlich eindrucksvoller, jedenfalls als die *Tuttis,* erschienen im ersten Satz der Haydnschen Sinfonie die zarteren *cantabile*-Partien, die trotz der leichten Verlangsamung des Tempos und dem dadurch bewirkten immerhin etwas bewußt wirkenden Auftrage eine Hauptqualität des Toscaninischen Orchesterklanges, seine schwebende Schlankheit und süße Leichtigkeit in allen *cantabile*-Partien, aufs Schönste hervortreten ließen. War so der erste Satz eine Mischung von Schönem und Wenigerschönem, so muß ich sagen, daß schon im Verlauf des *Andantes* mein Interesse merklich nachließ. Den durch den wundervollen Fagottisten des Orchesters entzückend geblasenen Einleitungstakten, die der Sinfonie ihren Beinamen verschafft haben, entsprach der Vortrag der Melodie in den Geigen keineswegs. Auf der Grundlage des mechanisch hämmernden Rhythmus der Begleitfigur hätte hier eine freiatmende, schwebende Melodie zu erblühen, in ihrer eigentümlich preziösen Lieblichkeit eine unsterbliche Eingebung Haydns. Nichts davon: Auch oben wird der eiserne Rhythmus eisern durchgeführt, das Ganze wirkt steif und seelenlos (es gibt die Sinfonie übrigens auch auf der Platte, so daß sich jeder davon leicht nochmal überzeugen kann). Eine solche Stelle möchte ich z. B. von Bruno Walter hören.

Ich will es dem Leser ersparen, weiter die Sinfonie durchzugehen, da in dem Angedeuteten schon die charakteristischen Merkmale zutage getreten waren, die sich im Verlaufe der andern Sätze nur immer wiederholten. Der Gesamteindruck blieb deshalb zwiespältig, weil das Wesen der Haydnschen Musik und ihres Stiles, jene unnachahmliche Mischung von heiterer Lieblichkeit und gestraffter Energie, die Haydn zu einem der größten Meister macht, die je geschaffen haben, nicht erfüllt wurde, so daß die einzeln hervortretenden Qualitäten der Darstellung sich eher im Wege waren, als sich ergänzten und gegenseitig unterstützten.

Höher gespannt waren von vornherein die Erwartungen bei Debussys *La mer;* man durfte erwarten, daß hier der Italiener dem Franzosen, der Romane dem Romanen ein besonders verständnisvoller Geburtshelfer sein würde. Die Leute, die *La mer* wenig oder gar nicht kennen – es wird in Berlin im Gegensatz zu New York sehr selten gespielt –, mochten auch nach der Aufführung dieser Meinung sein und die mangelnde Wirkung des Werkes auf den Komponisten schieben. In Wirklichkeit war kaum bei einem Stück, das Toscanini bot, die Enttäuschung größer. Seine gerade, durchaus primitiv-ungeistige Art ging an der sensiblen Debussyschen Tonsprache so konsequent und dabei naiv ahnungslos vorbei, daß man sich nur wundern konnte, warum er das Werk überhaupt brachte und seine relativ geringe Resonanz in Frankreich sehr wohl verstand. Auf Einzelheiten dieses dem Großteil der Leser ohnehin unbekannten Stückes einzugehen, will ich unterlassen und den Verlauf des weiteren Abends summarischer behandeln. Der zweite Teil brachte ein Stück von Donizetti, bei dem man sich nur wundern konnte, daß Toscanini als Italiener gerade dieses auch für italienische Verhältnisse ungewöhnlich dürftige Werk des sonst verdienten Komponisten den Berlinern vorsetzte. Das darauffolgende Scherzo aus dem *Sommernachtstraum,* von jeher ein berühmtes Glanz-

stück des Orchesters, zeigte als besonders auffallende
Qualität die hervorragende *Spiccato*-Technik der Strei-
cher, die in dieser Art in Deutschland allerdings schwer-
lich ein Seitenstück haben dürfte. Es zeigte eben auch
gewisse Mängel des Gesamtzusammenspiels, auf die wir
später in anderem Zusammenhang nochmal eingehen
werden. Die das Konzert beschließende *Leonoren-Ouver-
türe* brachte Toscanini zum erstenmal vor eine im deutschen Sinne ganz vollgewichtige Aufgabe. Hier ist sein
Versagen selbst Leuten aufgefallen, deren Vorurteile
jeden Anflug von Kritik im Keime erstickten. Auch hier
will ich nur die wenigen bezeichnenden Momente her-
vorheben, Momente, die sich überall im Verlauf der Darstellung wiederholten, daher als charakteristische Merkmale seiner Interpretations-Weise angesehen werden
müssen. Daß eine so charakteristische Biegung wie die
Modulation nach Es-Dur im neunten Takt der Einleitung zum Florestan-Thema hin, völlig eindruckslos
blieb, weil »streng im Tempo« ohne das geringste Wissen
um ihr Wesen darüber hinweggespielt wurde, nur nebenbei. Die funktionelle Bedeutung der Modulationen auf
lange Sicht hin, die in der absoluten Musik, zumal Beethovens, so eine andere Rolle spielen, scheinen seinem
naiven Opernmusiksinn völlig unbekannt. Aber auch
sonst fehlt jeder kleinste Ansatz zu einer seelisch-psycho-
logischen Durchdringung als rein-musikalische. Dafür
besonders aufschlußreich war der Einsatz des *Allegro*-
Themas. Statt dasselbe, wie es von Beethoven gewollt
und gedacht ist, aus dem langanhaltenden *h* der Einleitung hervorwachsen zu lassen, sowohl in der Tonstärke –
B[eethoven] schreibt *pp* vor – als in der Art des Tempos
und des Wesens des Themas, dem hier durchaus noch
etwas Verhaltenes anhaften muß, beginnt er plötzlich,

unmotiviert, in fröhlichem *mf*, reichlich schnell, als gälte es das *Allegro* einer Haydnschen Sinfonie. Er macht aber auch später diese Ohrfeige, die er dem fühlenden und wissenden Hörer erteilt, keineswegs dadurch gut, daß er auf dem Höhepunkt das *Crescendo* bei der *ff*-Wiederholung des Themas in übler Opernmanier merklich zurückhält – wo hat Beethoven das vorgeschrieben –, während er später bei der Stelle

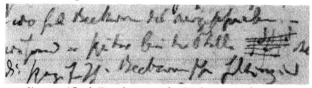

etc. die spezifisch Beethovensche Haltung und gespannte Ruhe, die über der ganzen Partie liegt, gar nicht zu ahnen scheint und mit einer plötzlichen, völlig unmotivierten Beschleunigung sich darüber hinweghilft usw. Ich sehe davon ab, die Zahl der Mißverständnisse, die sich innerhalb des Stückes in dichter Reihe ablösten, weiter aufzuzählen. Das letzte Wort über seine Beethoven-Interpretation ist nicht zu sagen, ohne die am folgenden Tage gespielte *Eroica* mit einzubeziehen.

Bei dieser ist zu sagen, daß sie zu den Werken der ausgehenden Jugendepoche Beethovens gehört, die die Gegensätze noch nicht so unmittelbar aufeinanderprallen läßt und ausnutzt, wie der spätere Beethoven, sondern in mehr epischer Weise sich alles in einem breiten Nacheinander entfalten läßt. Wenn man sie in einigermaßen vernünftigen Tempi, d. h. nicht zu schnell, einfach ohne besondere Mätzchen herunterspielt, so ist sie immerhin schon bis zu gewissem Grad vorhanden – wie sie ja auch bei vielen Dirigenten noch anzuhören ist, bei denen die viel schwerere Fünfte oder gar Neunte Sinfonie unmöglich ist. Die Willensnatur Toscaninis, die (den eigentlichen Schlüssel zu seinem Welterfolg bildet und) ihn charakterisiert, geht hier eine Synthese ein mit gewissen ähnlichen Zügen bei Beethoven, die gerade in der *Eroica,* zumal deren erstem Satz, zum Ausdruck kommen. Dies fühlt das Publikum zweifellos, und es kommt ein Eindruck zustande, der auch dadurch nicht entwertet werden kann, daß er mit der Kunst als solcher nur sehr teilweise zusammenhängt. Das kann uns aber nicht hindern, die Forderungen des Kunstwerks als solchem obenan zu stellen. Diesem zu genügen, ist Toscanini viel weniger gelungen. Gerade hier wurde in der so leicht suggerierbaren Presse viel geredet von notengetreuer Auffassung. Gerade das aber war die Aufführung Toscaninis nicht. Man sagt, daß die starke Verlangsamung des Gesangsthemas des zweiten Satzes auf eine Tradition, die durch Beethovens Freund Wegeler überliefert wurde, zurückgeht. Toscanini verbreitert zweifellos viel zu sehr, was sich am Schluß rächt. Denn bei den Takten

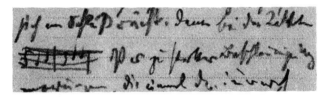

ist er zu starker Beschleunigung gezwungen, die einmal den immer noch verhaltenen gespannten Charakter der Stelle völlig verkennt, andererseits aber den Ursprung dieser Figur, die in den vorhergehenden Takten die Begleitfigur der Bläsermelodie ist, völlig außer acht läßt und zerstört. Zweifellos hat er die Herkunft dieser Stelle nie begriffen. Dadurch aber – und das ist der Grund, warum

wir auf diesen Punkt näher eingehen, der für uns als ein
Beispiel für viele gelten mag, denn derselbe Prozeß,
respektiv dasselbe Mißverständnis erfolgte noch viel-
mals während der Sinfonie – zeigt er seine Fremdheit
und naive Ahnungslosigkeit gegenüber einer der Haupt-
forderungen der eigentlichen sinfonischen Musik, der
Forderung des organischen W e r d e n s, des lebendig-
organischen Herauswachsens jeder melodischen, rhyth-
mischen, harmonischen Bildung aus dem V o r h e r g e -
h e n d e n. Was gerade bei dem ersten Satz der *Eroica* von
neuem auffiel, waren die lärmenden, undifferenziert
elastisch-energischen *Tuttis,* die ganz unvermittelt neben
die meist mit leichter Verlegenheit und einem Anhauch
von Sentimentalität gespielten kantablen Partien traten.
Außer diesen beiden Gegensätzen aber war – – nichts.
Alles das, was den eigentlichen Inhalt der Beethovenschen Musik ausmacht, nämlich was o r g a n i s c h ist, wie
es von einem zum andern k o m m t usw., existiert für
Toscanini nicht. Es hat dies, wie wir später sehen werden,
auch technische Gründe. Aber wir erinnern uns in diesem Moment, daß er bis ins höhere Alter niemals etwas
anderes als italienischer Opernkapellmeister gewesen ist,
der stets in den Formen italienischer Opernmusik denkt,
dem das *Tutti* einerseits, die rein homophone Arie andererseits, Grundbegriffe der Musik bleiben. Wir erinnern
uns dabei auch, daß die italienische Musik – bei aller
Schätzung, die wir ihr entgegenbringen – seit Scarlatti nur
einen Komponisten absoluter musikalischer Form hervorgebracht hat, und daß das Unverständnis gegenüber
Wesen und Sinn der Sonate – die in a l l e n ihren Haupt-
vertretern eine deutsche Schöpfung ist – geradezu ihr
Charakteristikum bildet. Wie soll man vom italienischen
Operndirigenten verlangen, daß er sich selbst verleugnet.

Und da haben wir auch den Sinn seiner *Eroica*-Darstellung. Entweder *Tutti* oder Arie – in diese zwei Elemente wird die ganze, unendlich reiche Skala der Musik Beethovens aufgelöst. Ein wahrlich reichlich primitives Verfahren. So war auch das übertrieben schleppende Tempo des Trauermarsches – wo bleibt die Notentreue – durchaus aus kuriosen Bedürfnissen erklärbar. Das Marschmäßige war sogar in den realistischen Anfangstakten völlig unkenntlich, und die dumpfe, tränen- und wortlose Trauer Beethovens in schönklingende Sentimentalität aufgelöst. Besonders charakteristisch dafür die ins geradezu Geschmacklose abirrende – was man sonst übrigens Toscanini nicht vorwerfen kann – übertriebene, sentimental-gedehnte Darstellung der sich schließlich in der Flöte fortsetzenden längeren Phrase der Geigen kurz vor dem Schluß. Ich will auf weitere Details nicht mehr eingehen, die sich im Verlauf der beiden letzten Sätze ebenso zahlreich beibringen ließen wie etwa bei den auf die Sinfonie folgenden Brahmsschen Variationen. Daß Brahms nicht gerade Toscaninis Domäne ist, mußte man erwarten, und es war wohl überhaupt mehr eine Verbeugung vor dem Genius loci, der ihn hier in Deutschland Brahms spielen läßt. Auch hier verleugnete sich der italienische Opernkapellmeister nicht. Die als Effektstücke etwa im Sinne Verdischer Spottchöre etc. aufgefaßten, viel zu schnell gespielten, und damit ihres Sinns als Teile eines streng durchgeführten Variationenwerkes gänzlich verlustig gehenden schnellen Variationen bezeugten das ebenso wie etwa die viel zu gedehnte, sentimentale 6/8-grazioso-Variation.

Für *Tod und Verklärung*, dies geniale »Theater« des jungen Strauss, war der Sinn des Theaterkapellmeisters für Wirkung von Vorteil. Der erste Teil war allerdings recht

ungleich. Das völlig homophone Fühlen Toscaninis läßt
die Melodieführung der Bässe, der zahlreichen lebendigen Mittelstimmen usw. nicht dem Willen Straussens
entsprechend hervortreten. Das eigentliche Sterben
haben wir schon ungleich realistischer und eindrucksvoller gehört. Der Beginn der Verklärung war ohne
Klangphantasie, in steif-langsamem Tempo, und wirkte
ausgesprochen langweilig. Aber der Schluß riß, wie man
zu sagen pflegt, alles raus. Und zwar mit Recht; die unerbittliche, nachdrückliche Kraft und Breite, mit der Toscanini die letzte Steigerung und den Ausklang des
Schlusses aufbaute und durchführte, waren einfach richtig, groß und bewundernswert. Eine große und echte
Schlußwirkung des Konzertes überhaupt stand damit
außer jedem Zweifel, und das Verdienst der andern soll
auch dadurch nicht geschmälert werden, daß man sich
sagt, daß bei diesem Stück an diesem Punkt eine solche
Wirkung vielleicht nicht allzu schwer zu erreichen ist. Es
bleibt immerhin eine echte Wirkung, und solche sind im
Konzertsaal immerhin selten.

Wir haben den Interpreten der Werke kurz zu kenn-
zeichnen versucht. Es bleibt noch ein Wort über den
Orchesterdirigenten nach der technischen Seite. Hier
kann man für Toscanini das Keyserlingsche Wort heran-
ziehen: Aus einem Mangel eine Tugend machen. Im
Gegensatz etwa zu Nikisch hat er kein angeborenes
manuelles Talent, und was er heute davon besitzt, ist
errungen und erarbeitet. Gewisse auffallende Mängel
aber sind geblieben; vor allem der enorme Raumver-
brauch im *forte*. Die Größe seines Schlages im *f* ist derart,
daß es ihm jegliche Differenzierungen unmöglich macht.
Diese *Tuttis* sind sich daher alle gleich, sie klingen lär-
mend und immer gleich stark, und die Fähigkeit des

Dirigenten, Unterschiede innerhalb des *fortes,* Unter-, Mittelstimmen oder auch wichtige Hauptstimmen entsprechend hervortreten zu lassen, ist ganz minimal.

Ich bin kein Freund von dem Allzu-Wichtig-Nehmen des Dirigenten als Person. Ob er nun Disziplin hat oder nicht, ob er gut aussieht oder nicht, ist gleichgültig. Aber ich muß seine Wichtigkeit anerkennen, nicht weil er heute solche Rolle spielt, sondern weil das Leben vieler Meisterwerke schlechthin an ihm hängt.

Toscanini glaubt, was er sagt, er spielt nach Möglichkeit notengetreu und diszipliniert – nicht überlegen und nicht rationell –, aber immerhin sich selbst und das Orchester.

Seine Größe liegt im Charakter. Damit ist ihm subjektiv in den Augen der Welt, wie man sieht, geholfen, leider aber nicht der Kunst. Man kann mit Sicherheit sagen, daß er, wenn er ein größerer Künstler wäre, wenn er tiefere Einsicht, lebendigere Phantasie, größere Wärme und Hingabe an das Werk besäße, er kein solcher Disziplinierter geworden wäre. Und darum ist sein Erfolg verhängnisvoll.

Mit Primadonnen und noch so guten Disziplinierten können wir, denen die große Musik am Herzen liegt, niemals die Künstler ersetzen, auch wenn dieselben im Schafspelz der Notengetreuen erscheinen. Der bisher in Deutschland unbewußt festgehaltene Standpunkt, daß Durchdringen und Verstehen in der Kunst wichtiger sind, als Disziplinieren und als »Herrscher« sich betätigen, ist immer noch richtig.

*

DIE »NOTENGETREUE« DARSTELLUNG
DER KLASSISCHEN MUSIK

– Eine musikalische Schicksalsfrage –

Die notengetreue Darstellung spielt in der heutigen Öffentlichkeit und Praxis eine große Rolle. Sie ist, wenn man ihren Lobreden glauben soll, die Moral, das Ethos einer ganzen neuen Generation von Musikern. Treue gegen das Werk. Die Person hinter den Schöpfer stellen, das ist natürlich eine Selbstverständlichkeit, die jedem Schüler vertraut ist und vertraut sein muß, und trotzdem bekommt sie heute den Wert eines demagogischen Schlagworts, wird eine Parole.

Es verlohnt sich, den tieferen Gründen dieses Sachverhalts nachzuspüren, da er für die Analyse der geistigen Situation von heute sehr aufschlußreich ist.

Zunächst der Begriff der notengetreuen Darstellung selber: Natürlich ist es eine geradezu infantile Naivität – an Zügen derselben ist die heutige Öffentlichkeit nicht arm –, die notengetreue Darstellung als solche als »Ideal« zu propagieren. Wenn sie ein Ideal ist, so höchstens das eines Schulmeisters. Buchstabentreue gegen Sinntreue, Formalismus gegenüber dem Leben – alles Tote, Vermoderte, Überwundene und zu Überwindende liegt in dem Begriff notengetreue Darstellung, sobald dieselbe ein wirkliches Ideal, also ein Ziel des Strebens und Endpunkt des Wollens sein soll. Soll es das aber nicht sein, sondern nur Vorbedingung – nun, dann wäre es, wie gesagt, eine Selbstverständlichkeit, über die zu reden sich nicht verlohnte.

Daß trotzdem soviel davon geredet wird, hat eine doppelte Wurzel. Erstens ist es eine Reaktionserscheinung. Wir haben hinter uns – und leben zum Teil noch mitten drin – die Zeit der Exzesse der Interpreten, die ihr

Licht leuchten lassen wollen, die die Werke der Großen benutzen, um ihren kleinen Virtuosen-Eitelkeiten zu genügen. Unsere Zeit - insbesondere die jüngste Vergangenheit - kann als die Blütezeit dieser Erscheinung angesprochen werden.

Dann aber, und das ist noch wesentlicher!, hat die Interpretationskunst die Kontrolle des Schöpferischen verloren, so daß sie Selbstzweck geworden ist. Diese Kontrolle - deren man sich bisher nicht bewußt war, die aber trotzdem unaufhörlich und segensreich wirkte - war viel stärker, als man glaubte. Ja, es sind überhaupt nicht die sogenannten Interpreten, die den Interpretationsstil einer Zeit geschaffen haben, sondern die Schöpfer - wenige produktive Interpreten wie Liszt und Rubinstein ausgenommen. Unter dem Zwang der Schöpfer entstand auch und blühte, allen unbewußt und doch lebendig wirkend, eine Interpretationskunst, die, vom Ganzen, d. h. Schöpferischen ausgehend, die ordnende Beziehung zum Detail - das A und O alles Nachschaffens - sozusagen mit in die Wiege bekam. Diese natürliche Hegemonie des Schöpferischen ist heute zerstört. Seit der Zeit von Strauss, Pfitzner, Debussy, ja noch dem jüngsten Strawinsky, ist keine einheitliche Linie mehr in der Entwicklung des Schöpferischen wahrzunehmen, beginnen die Spezial- und Teilerscheinungen, die für das Ganze der Musikentwicklung nicht mehr verantwortlich sind und sich daher nicht im Anschluß, sondern im Gegensatz zur Vergangenheit fühlen. So verlieren sie auch die äußere Beziehung zu dieser Vergangenheit, von der sie nichts wissen wollen, und damit auch die Fähigkeit, sie unmittelbar und richtig zu interpretieren. Die Interpreten - jedenfalls soweit sie sich mit dieser Vergangenheit befassen - sind auf sich selbst angewiesen.

Hier nun entstehen die große Unsicherheit, die Fülle der Theorien und Meinungen, die Eitelkeit der Kleinen, die Wichtigtuerei, die großen organischen Kunstwerke werden mißbraucht – – Effekte. Die Lehre der wenigen Schöpferischen unter uns, der Strauss, Pfitzner wird weder begriffen noch befolgt (und zwar je mehr, je weiter man vom Zentrum der schöpferischen Ereignisse entfernt war, was am besten die beurteilen können, die etwa wissen, was man in Amerika bieten konnte). Dazu noch etwas anderes: Die Spätromantik, der Impressionismus und die Wagner-Nachfolge hatten übertriebenen Nachdruck auf das Farbige und das Ausdrucksmäßige gegenüber dem Konstruktiven gelegt. Schon mit dieser Spezialisierung, die im Zug der Zeit lag – bei der speziell deutschen Neigung zur Formlosigkeit und Übertreibung des Ausdrucksmäßigen –, hatte sich die Beziehung zur großen, d. h. kompletten Musik, bei der sich Ausdruck und Form die Waage halten, empfindlich gelockert. Diese Unsicherheit öffnete schließlich der leeren Willkür Tür und Tor. Es kam die Theorie auf, daß Tempi, Dynamik, überhaupt so ungefähr alle Interpretationsfragen Geschmacksache seien. Die Interpreten traten in geradezu lächerlicher Weise den Schöpfern gegenüber in den Vordergrund, als wahre – – –, die ihre Kraft von den Schöpfern beziehen und dieselben schließlich meist noch ruinieren. Es war der Einbruch des Chaos; und hier war die Besinnung auf den Text, auf das vom Autor Gewollte, die Forderung nach der Treue gegen das Werk natürliche Reaktion, ja Rettung. Gegenüber der erklärten Willkür – ob sie unter der Flagge des Wollens, die alte Kunst zeitgemäß zu machen, oder der Theorie vom alleinseligmachenden individuellen Geschmack segelt – ist die Besinnung auf das Original, ja ist die »noten-

getreue« Darstellung durchaus verständlich. Und man
könnte sich dabei beruhigen, wenn die Musik eine Sache
musealen Wissens, der Bildung wäre. Das ist sie aber
nicht; sie ist eine Sache des Lebens, und sobald sie das
echte, d. h., Notwendigkeits-Verhältnis zum Leben verloren hat, ist sie mehr als irgendeine andere Kunst überflüssig.

Zugleich aber wird nun klar, daß beide sich scheinbar
so widersprechende Tendenzen, die nach schrankenloser
Interpretationsfreiheit und die nach notengetreuer Darstellung, aus derselben Quelle fließen. Beide stammen
aus der tiefen Unsicherheit der Zeit gegenüber der
großen Kunst der Vergangenheit, dem völligen Mangel
an instinktiv-sicherer Führung. Aus Furcht vor dem
Chaos hält man sich sklavisch an den Wortlaut, statt an
den Sinn; es spielt dabei auch eine gewisse reale Erfahrung mit. Man bemerkte, daß die großen Werke durch
die sogenannte subjektive Interpretation nicht besser,
sondern schlechter wirkten. Bei der »notengetreuen« Darstellung sieht man von der Wirkung – die man dann, das
Kind mit dem Bade ausschüttend, gern gerade bei klassischen Werken überhaupt infamiert – mehr oder weniger ab und begnügt sich mit dem guten Gewissen, jedenfalls das Gefühl zu haben, [mit dem], was da steht, den
Willen des Autors verwirklicht zu haben, seine Person
hinter dem Werk zurücktreten zu lassen, wie alle die
moralischen Mäntelchen für totes und schulmeister-
liches Musizieren heißen mögen, die heute hoch im
Kurse stehen. Die Folgen sind dann freilich sehr
ungeahnte. Plötzlich erscheint etwa die Theorie, daß die
Werke Beethovens – von Brahms und anderen »bürger-
lichen« Komponisten ganz zu schweigen – veraltet seien
und uns nichts mehr angingen, – lediglich eine Folge

dieser Aufführungen. Oder man verkündet gar, daß das ganze Konzertleben tot, daß es mit der Musik zu Ende sei.

Alle diese Theorien, so unwichtig sie in Wirklichkeit sind, haben heute eine relative Berechtigung angesichts der Art unseres Musizierens; das kann nicht verkannt werden.

Liegt nun in der individuellen Auffassung die Überschätzung der Persönlichkeit, so in der notengetreuen die größtmögliche Ausschaltung der Persönlichkeit. Man hat, mehr oder weniger unbewußt, ein Gefühl, als ob das Interpretieren etwas wäre, was erlernbar sein müsse. Auf der Suche nach einem Ausweg trifft man auf andere in der Zeit liegende soziale Tendenzen, und hierbei spielt speziell Amerika eine Rolle. Denn hier – nicht belastet durch eine allzu verantwortliche Beziehung zum Inhalt der Musik – hat sich nicht nur die individuelle Auffassung am wildesten ausgetobt, sondern ist auch als mechanisch-technische Kontrolle des Musizierens am weitesten getrieben worden. Dieser schloß sich die notengetreue Darstellung als etwas Erlernbares – wie alles Mechanische – an. Man will eben etwas haben, das man schwarz auf weiß nach Hause tragen kann.

1931

DARSTELLUNG UND AUFFÜHRUNG ALTER MUSIK

Als mit R. Strauss und dem jungen Strawinsky der Ge-
samt-Europa verpflichtende Produktions-Strom ein
Ende fand, begann die alte Musik eine neue Bedeutung
zu gewinnen. Das hatte sich lange vorbereitet, wie ja auch
das Ende der Produktion. Die Beziehungen zwischen
alter und neuer Musik begannen revidiert zu werden.

Es gibt Leute, die alles zur alten Musik rechnen, das
nicht unmittelbar der Produktion des Tages angehört.
Für diese ist dann alte Musik und altes Eisen so ungefähr
dasselbe. Es ist das eine jener billigen Verallgemeine-
rungen, die heute üblich sind und der Wirklichkeit
keineswegs entsprechen. Tatsache ist, daß seitdem die
ungebrochene direkte Weiterentwicklung der Musik-
Produktion ins Stocken geraten ist, seitdem die moderne
Musik nicht mehr der unmittelbar-erschöpfende Ausdruck des modernen Publikums, des modernen Menschen ist – etwa seit den letzten 10–20 Jahren –, die ältere
Musik, die Musik der nähern und fernern Vergangenheit
neue und ungeahnte Bedeutung erhalten hat. Sie zieht
einen Teil des lebendigen Interesses, das früher fast ausschließlich der Gegenwarts-Produktion galt, auf sich; das
Verhältnis zu ihr wird zum Problem, zur Aufgabe. Das
bedeutet nicht, daß sie bereits historisch geworden ist,
daß sie uns nichts mehr angeht. Im Gegenteil, wenn das
der Fall wäre, könnte sie kein Problem sein. Je nach dem
Grade von Bedeutung, den man der alten Musik für den
Menschen von heute beimißt, wird auch die Darstellung

derselben einen anderen Akzent bekommen. Oder umgekehrt: Ob die Darstellung gut oder schlecht, zulänglich und erschöpfend oder ungenügend und schematisch sein soll, hängt sehr wesentlich davon ab, wie man die alte Musik überhaupt sieht, wieviel Lebenskraft für den Menschen von heute ihr noch innewohnt – mit einem Wort, wie ernst sie genommen wird. Es entspricht der Ideologie des ausgehenden 19. Jahrhunderts und somit der noch heute herrschenden Durchschnitts-Theorie – die sich mit gewissen »revolutionären« Bestrebungen auffallend gut vereinigen läßt –, die Musik der Vergangenheit, und möglichst alle Musik bis in unsere Gegenwart hinein, historisch zu sehen und zu begreifen. Der Relativismus der Kunstgeschichte, der die Musikbetrachtung wie eine jüngere Schwester ängstlich auf den Fersen gefolgt ist, hat es mit sich gebracht, daß man heute dem Parthenon-Fund und beliebigen indianischen Plastiken schon dieselbe historische Bedeutung beimißt, daß man sich mit Erfolg bestrebt, bei dem ganzen Schauspiel als möglichst unbeteiligter objektiver Zuschauer beiseite zu stehen, und sich darauf noch sehr viel einbildet, ohne zu sehen, wie sehr man dabei den Ast absägt, auf dem man sitzt.

1932

⁴Einiges von dem, was Sie in Ihrer Rede anläßlich des 50jährigen Jubiläums des Philharmonischen Orchesters erwähnten, hat heftige Opposition erregt! War dies Ihnen bewußt, als Sie sprachen? Nein – diese Opposition kam überraschend. Sie beruht fast ausschließlich auf Mißverständnis dessen, was ich gesagt habe, und ich bemerke nachträglich, daß es ein Fehler war, solche heiklen, verwundbaren Punkte wie die Stellung der zeitgenössischen Musik innerhalb unseres heutigen praktischen Musizierens überhaupt zu berühren. Ich hätte es viel eingehender und ausführlicher tun müssen, um wirklich verstanden zu werden; andernfalls wäre es besser, zu schweigen!

Worin beruhen diese Mißverständnisse, von denen Sie sprechen? Vor allem habe ich nicht von Meinungen – auch nicht meinen Meinungen –, sondern lediglich von praktischen Erfahrungen gesprochen, von denen ich allerdings als seit über 20 Jahren mitten im aktiven Musikleben stehend ein Lied singen kann. Meinungen, Theorien interessieren mich in diesem Falle wenig – vor allem habe ich nicht gegen, wie vielfach angenommen, sondern für die moderne Produktion geredet, und so war es durchaus nicht meine Absicht, durch eine billige Konfrontation der modernen mit der altbekannten klassischen Musik genüßlicher und gedankenloser Bequemlichkeit das Wort zu reden und der in schwieriger Lage sich befindenden zeitgenössischen Produktion das Leben noch schwerer zu machen. Im Gegenteil habe ich nachdrücklich in ihrem Interesse gesprochen, was freilich nur so gerecht bleiben kann, indem man den Tatsachen ins Gesicht sieht. Und Tatsache ist, daß von der Produktion der letzten 20 Jahre – im Vergleich mit früheren Zeiten – sich erschreckend wenig im Konzertsaal gehalten hat. Und wenn ich sage, daß Gegenwartsmusik in den Augen des Publikums im allgemeinen nicht anstelle von Mozart und Beethoven treten könne, so ist auch das lediglich eine Erfahrungstatsache. Eine Erfahrungstatsache, die nur dann nicht ernst genommen wird, wenn man das Publikum überhaupt nicht ernst nimmt. Eine Erfahrungstatsache von höherer Warte, also etwa von den letzten 20 Jahren aus gesehen. Mit dem Publikum hat es nur eine besondere Bewandtnis; seine momentanen Reaktionen auf neue Werke sind sehr häufig grundfalsch; seine Reaktion auf die Dauer ist immer richtig. Nur so ist erklärlich, daß alles Bedeutende sich schließlich durchsetzt. Und es ist ein gefährliches Unternehmen für Komponisten oder Komponisten-Gruppen, sich der richtig-verstandenen und gesunden Kontrolle des Publikums zu entziehen. Schließlich steht man dabei in der leeren Luft. Und gar vollends heute, wo das Konzertleben ernsthaft gefährdet ist, ist es unverzeihliche Kurzsichtigkeit.

Man sagt, daß Sie bei dem, was Sie über moderne Musik sagten, vorwiegend eine bestimmte Gruppe, ich möchte sagen, den linken Flügel, im Auge hatten und nicht genug beachten, daß der vielleicht größere Teil zeitgenössischer Produktion ganz anders aussieht. Auch komme es auf die Gesinnungen an, unter denen Musik geschrieben werde!

Dem kann ich nicht beipflichten; nicht die Gesinnung, sondern ganz allein die Potenz, nicht das Wollen, sondern das Können und Vollbringen macht das lebendige Kunstwerk. Und gerade von hier aus gesehen: Wer vermag der schlichten und wahrhaftigen Werk-Gesinnung Hindemiths, wer der geradezu an Selbstkasteiung und Verzweiflung grenzenden Konsequenz Schönbergs die höchste Achtung versagen? Gerade von der Gesinnung aus hat dieser – im Gesamtbild des zeitgenössischen Schaffens gewiß nur ein Teil, aber der charakteristischste und für die historische Entwicklung vorerst bedeutsamste – linke Flügel sehr viel, die größte Rechtfertigung für sich, und es wäre eher zu sagen, daß er sich allzusehr auf die Gesinnung allein beruft. Denn nicht das Wollen, sondern einzig und allein die Verwirklichung des Gewollten macht Bach und Beethoven groß. Und richtig verstanden, gibt es in der Welt der Künste wie in der der Wirklichkeit, d. i. in der Welt der Erfahrungstatsachen, keine Moral der Gesinnung, sondern nur eine der Kraft, des Lebens, des Vollbringens.

Sie wollen damit doch nicht der Reaktion das Wort reden? Was heißt Reaktion? Auch das ist Gesinnung, d. i. Tendenz! Mit der Gesinnung hat man seinerzeit Brahms mit Liszt und Liszt mit Brahms totschlagen wollen. Und wie ist es heute? Liszts Werke gehören, mit verschwindenden Ausnahmen, der Vergangenheit an, während die Wirksamkeit Brahms', allen Widerständen zum Trotz, wächst und wächst. Liszt hatte, als Vertreter des Fortschritts, die volle Protektion der Presse. Welche Presse will nicht »fortschrittlich« sein? Brahms wird, seit er existiert, verkannt, bagatellisiert, als Belanglosigkeit dargestellt, ohne daß es ihm im geringsten schadet. Schaden tun ihm – in freilich oftmals verhängnisvoller Weise – die schlechten Aufführungen. Als ich jung war, las ich einmal in einer großen Berliner Zeitung über Brahms'

Tragische Ouvertüre: Es sei nichts tragisch an ihr als die Ideenlosigkeit ihres Autors. Dieselben Dinge kann man auch heute, wo sein hundertjähriger Geburtstag vor der Tür steht, noch lesen. Bei alledem ist nichts tragisch, als die Unfähigkeit der betreffenden Autoren, wirklich zuzuhören. Die lebendige Wirksamkeit der Musik von Brahms – heute in Deutschland, Skandinavien und der anglikanischen Welt einer der im Konzertsaal am allermeisten gespielten Musiker – ist mit einmal Tatsache, ist Wirklichkeit.

Und ich kann mir nicht helfen, mich interessieren diese Tatsachen mehr als noch so viele gutgemeinte Theorien, Analysen, Gesinnungen, wenn sie der Welt der Tatsachen nicht gerecht werden. Und zur Welt dieser Tatsachen gehört nun einmal die stille, gewiß deutsch-altertümlich-gebundene, aber organisch-lebendige und daher in sich unerschütterbare Lebenskraft der Brahmsschen Musik in ihrem größten Teil.

Es ist innerhalb des Musiklebens von heute schlechterdings nicht mehr an der Zeit, mit Theorien und Meinungen uns zu unterhalten und die Stunden zu vertreiben. Wir wollen auch hier, wie überall in der Welt, die Wirklichkeit. Nur diese hat für unsere Zeit der Not noch wahrhaftes Interesse.

*

Wir sind heute in der Lage, die Eigenart, die Vorteile und Nachteile des Rundfunks zu überblicken. Seine großen Vorzüge sind nicht zu übersehen: Die Möglichkeit bisher ungeahnter Popularisierung der Musik, die die mechanische Vervielfältigung bietet. Daneben treten wieder auch die Grenzen deutlicher hervor (Ich kann hier, besonders seit der Verbindung der Philharmoniker mit dem Rundfunk, aus eigener Erfahrung mich schon detailliert äußern). Extreme Lagen und Stärkegrade kommen höchst unvollkommen, z. T. gar nicht zur Reproduktion; bei größeren Ensembles, besonders bei Orchestern und Chören, kann ein geschlossener, einheitlicher Klang durch die Notwendigkeit, verschiedene Aufnahme-Apparate aufzustellen, nicht erzielt werden. Durch alles dies wird das, was für den künstlerischen Eindruck das Wichtigste ist, die Relation der einzelnen Faktoren zueinander und damit der richtige Gesamt-Eindruck gestört, verbogen, ja meistens geradezu gefälscht.

1933

Erste und letzte Aufgabe Pflege und Lebendig-Erhaltung
der großen Meisterwerke. Diese Pflege ist mehr im Quali-
tativen zu erblicken als im Quantitativen. Eine einzige
Wagnersche Oper, wirklich sinngemäß aufgeführt, ist
mehr wert als ein ganzer Wagner-Zyklus. Dies aber kann
– darüber dürfen wir uns nicht täuschen – nur durch den
Einsatz der künstlerischen Persönlichkeit, durch Zeit
und Konzentration auf die Aufgabe geschehen. Die
breitere Öffentlichkeit ist auf die gerechte Würdigung
dieser Bemühungen nicht genügend eingestellt. Sie will
Programme, die nach etwas aussehen. Das einzige Programm in diesem Sinne ist der aus Anlaß des 70. Geburts-
tages von Strauss veranstaltete Zyklus, der auf das Jahr
verteilt wird, und das Werk dieses großen lebenden
Musikers – – –.

Auch die andern großen Lebenden. Pfitzner – *Pale-
strina*, sein größtes Werk.

Die Pflege zeitgenössischer Kunst ist für die Berliner
Staatsoper Pflicht. Dazu freilich zu bemerken, daß deshalb, weil in den letzten Jahren eine einseitige überintel-
lektualistische Kunst in der Öffentlichkeit Trumpf war,
auch nicht die dadurch im Schatten lebenden und in den
Hintergrund getretenen alle große Künstler sein müssen.
Es gibt auch hier, wie bei den früheren, Nutznießer der
gegenwärtigen Zeitströmung. Große, ja auch nur einigermaßen charakteristische Kunstwerke sind allezeit rar gewesen. Verhandlungen und Prüfungen moderner Werke
sind im Gange.

Dagegen dürfte der deutsche Spielplan für das repräsentative deutsche Institut mehr in Vordergrund treten. Das wird sich in der Verpflichtung der Kräfte in bezug auf seine Eigenart ebenso aussprechen müssen wie im Spielplan selber. Wagner kann freilich spielplanmäßig nur dann seinen Platz einnehmen, wenn er liebevoll aufgeführt wird. Dasselbe gilt für Mozart, Weber bis zu Lortzing usw. in noch höherem Maße. Die geringste Sorge macht die zur Erhaltung eines täglichen Spielplans unerläßliche romanische, besonders italienische Oper, für die in bezug auf das künstlerische Personal usw. bei der Staatsoper bisher am besten gesorgt war.

*

HITLER

Da jetzt Posten zu vergeben sind, ist der Zulauf an Widerwärtigem so groß. In der Musik deshalb so gefährlich, weil Ferien sind und die Kontrolle fehlt. Die »Gesinnung« bringt einen falschen Ton in die Kunstbeurteilung. Sie ist nur als Abwehr verständlich; die S c h ö n h e i t ist das einzige Kriterium!

Frage: Wieweit ist die Angst vor der eigenen Partei-Doktrin nötig und wirklich?

Man muß die Haltung der Intellektuellen der deutschen Objektivität zugute halten. Man muß deshalb den Gerechtigkeitssinn nicht verletzen!

*

Ohne das Wiedererwachen des Bewußtseins der großen Meister kein Wiedererstarken der Musik. Alles – Hochschule wie Konzert – muß diesem Ziel dienen.

*

Mir blieb nichts anderes zu wirken als mit der Tat. Aber auch das begriffen die Juden durchaus sofort.

Es handelt sich darum, die deutsche Musik als die »europäische« zu erfassen. Sie ist es immer gewesen und muß es bleiben. Die Nationalisierung der Musik, die übrigens überall eingesetzt hat, führt überall zum Untergang.

*

[5]Ich erhalte die erneute Aufforderung, in dem projektierten Buch »Germany speaks« den Artikel über Musik zu übernehmen. Es hat das im gegenwärtigen Moment für mich persönliche Schwierigkeiten: Durch Vorbereitung und Übernahme des Operndirektor-Postens, durch künstlerische und anderweitige Inanspruchnahme war ich in letzter Zeit nicht in der Lage, auch noch Artikel zu schreiben! Und augenblicklich ist mir ärztlicherseits – zum Zwecke wirklicher Erholung – geistige Arbeit untersagt. Zudem ist es im gegenwärtigen Moment nicht leicht, über Musik im heutigen Deutschland zu schreiben, da alles in Übergängen respektive allerersten Anfängen steckt. Darum möchte ich anheimstellen, den Artikel über Musik in diesem Buche zunächst noch wegzulassen. Wie es auch sei, würde es, entsprechend der gegenwärtigen Lage – wenn von mir geschrieben –, stets etwas skeptisch-hypothetisch ausfallen müssen und den propagandistischen Zweck, den es doch erfüllen soll, schlecht erfüllen.   W. F.

*

Wir sind, wenn jemals, so heute verpflichtet zu fragen, ob mit dem, was geschieht, auch tatsächlich das Erstrebte erreicht und verwirklicht werden kann, ob mit den angewandten Mitteln ein neues Verankern der Musik im Volke gefördert, eine neue Blüte vorbereitet wird. Nicht nur im öffentlich sichtbaren Musikleben, sondern in der ganzen Stellung, die die Musik im Leben der Nation überhaupt einnimmt – auch innerlich –, bedeutet der Weltkrieg einen bedeutsamen Einschnitt. Das zeigt sich zunächst in einem plötzlich zutage tretenden Versagen und Versiegen der Produktion. Was nach dieser Zeit geschaffen wurde, ist, soweit es nicht die ältere Generation, die Strauss, Pfitzner usw. betrifft, mit wenigen Ausnahmen bedeutungslos geblieben. Das liegt nicht etwa daran, daß die Talente geringer wären. Es hat auch damit nichts zu tun, daß die Aufnahmebereitschaft seitens des Publikums nachgelassen hätte. Im Gegenteil ist die Bemühung um die zeitgenössische Produktion usw. geradezu ein Charakteristikum dieser Zeit. – – – Niemals ist das »Neue« so ersehnt, gesucht, gepäppelt und verhätschelt worden.

*

Konkurrenz zum Lobe der Arbeit. Arbeit an sich ist nichts, was den Künstler anregt. Die Kunst läßt sich nicht in den Dienst des öffentlichen Lebens stellen. Man muß sie lassen, wie sie ist, ihre Stoffe sind die großen Elementargewalten: die religiösen Inhalte, das Vaterland, die Liebe. Wo diese nicht irgendwie durchblicken, kann sich keine Kunst entwickeln. Man sehe den Tatsachen ins Gesicht: Will man die Kunst, dann muß man sie lassen wie sie ist. In der Kunst sind die Inhalte immer als selbstverständlich vorausgesetzt. Sind solche Inhalte in der Zeit, so wird die Kunst sie behandeln. Sind sie nicht in der Zeit, so hilft kein Gott – sie werden niemals lebendig-künstlerisch behandelt werden können, und es wäre besser, man ließe dann jegliche Beschäftigung mit Kunst.

*

GENIE UND VOLK,
DER EINZELNE UND DIE MASSE

Die Frage nach dem Verhältnis von Genie und Volk, von dem einzelnen und der Masse innerhalb der Kunst ist allmählich die Frage geworden, die die Gegenwart am entscheidendsten bewegt. Daß sie dazu werden konnte, daß sie eine offene Frage, ein Problem wurde, ist schon charakteristisch für unsere Zeit. Und Fragen sind dazu da, gelöst zu werden. Man möge sich darüber keinen Illusionen hingeben: Wenn Probleme entstehen, so heißt das, daß sie aus dem Schoß des Unbewußten in die Helle des Bewußtseins treten. Und die so entstandene Wunde kann nur durch den Speer geheilt werden, der sie schlug. Die Wunden der Bewußtheit, die größten und verhängnisvollsten Wunden, die eigentlichen Wunden unserer Zeit, können nur durch das Bewußtsein, die Erkenntnis gelöst werden, nicht durch Wünsche, Organisation, Tendenzen, Gefühle. Und was hängt dann nun noch ab von dieser Frage? Hängt nicht schlechthin alles von der Art ihrer Beantwortung ab? Nicht nur die Kernfrage, wie und für wen der schaffende Musiker arbeiten soll, sondern auch, welche Funktionen die empfangende Masse, das Publikum, das Volk hat, welcher Art sein Anteil sein muß, wie äußere und innere Form des gesamten Musiklebens verläuft. Solange wir uns über diese Fragen nicht klar sind – und das ist ganz und gar nicht der Fall –, sind wir nicht davor geschützt, mit jedem weiteren Schritt einen neuen Fehler zu machen.

Die Frage war nicht immer ein Problem, ist es vielmehr erst seit relativ sehr kurzer Zeit, nämlich etwa seit Wagners Tod. Sie machte sich zuerst an dem empfindlichsten und zentralen Punkt jedes Kunstlebens bemerkbar, nämlich bei den Schaffenden. Das Verhältnis der

97

Schaffenden zum Publikum wurde problematisch, während äußerlich rings herum noch scheinbar ein umfassendes und intensives Konzert- und Musikleben blühte, ja geradezu seinen Höhepunkt zu erleben schien. Das zeigte sich vor allem darin, daß die Schaffenden – und oftmals nicht die Schlechtesten unter ihnen – begannen, mehr und mehr die Kontrolle durch das Publikum abzulehnen. Das Urteil des Publikums wurde nicht mehr als letzte Instanz anerkannt. Das gab es früher nicht. Bis auf einzelne Große, die Kraft dessen, was sie der Welt zu sagen hatten, nicht so sehr gegen das Publikum, als vielmehr ohne den unmittelbaren Kontakt mit ihm schufen, war bei allen Neuerungen, gerade auch der sogenannten Fortschrittsmusik der Liszt, Berlioz, Wagner, das Publikum in hohem Maße beteiligt. Gerade auf die Mitwirkung des Publikums war der Sieg von Liszt und Wagner aufgebaut. Noch Brahms erkannte stillschweigend die Gesetze des Hörers, des Publikums im idealen Sinne, als richtunggebend an, obwohl er doch nicht wenig aus dem abstrakten Sein des Stückes heraus schrieb. Um wieviel mehr noch die gleichzeitigen Ausländer, die Verdi, Puccini, Tschaikowsky. Dann aber, zunächst mit Bruckner, der aber ein Fall für sich blieb, später mehr noch mit Pfitzner, Mahler, Reger und vollends in unseren Tagen mit Schönberg und der neuen respektive atonalen Musik, ist der Bruch offenbar. Der einzelne setzt sich, zum Teil als einzelner, zum Teil in ganzen Gruppen, bewußt gegen das »Publikum«. Er leidet nicht wie in früheren Zeiten darunter, sondern ist sogar noch stolz darauf. Das Publikum ist nicht mehr das ideale Forum, vor dem die Kämpfe ausgefochten werden, es ist die bloß zahlenmäßige Anhäufung der Dummen, die nicht alle werden und auf alles hereinfallen. Zwar blühte zur selben Zeit noch die alte Musik; jedoch auch sie, die für ein wirkliches Publikum geschrieben, auch noch immer ein solches besaß, wurde von einer Presse, die bewußt oder unbewußt in Diensten der Schaffenden stand, zum Teil aus sozialem Gewissen, zum Teil aus Interessengemeinschaft, zum Teil auch im guten Glauben, so den Zentren wahren produktiven Musizierens näher zu sein, mehr und mehr dem Publikum verdächtig gemacht und zwar um so mehr, je mehr sie unmittelbar wirkte. So wurden die Wirkungen Wagners und Beethovens im Kern zerpflückt, die Menschen in ihren eigenen Meinungen irre gemacht. Bis in die Theorie der Darstellung hinein gingen diese Bestrebungen; diese sollte sachlich sein, d. h. möglichst so beschaffen, daß eine Beethovensche Sinfonie ebensowenig wirkte und die Menschen ebensowenig anging wie ein modern-abstraktes Werk.

Und dies – nicht Sport, nicht so sehr Radio und Grammophon – war die Krise des Musiklebens, die schon in den letzten Jahren voll in Erscheinung trat. Der Zwiespalt zwischen Herz und Kopf, das Nichttrauen seinen eigenen Empfindungen war das, was schließlich den Sinn alles Musizierens, des Erlebens des einzelnen wie der Gemeinschaft unmöglich machte. Das Ende der Musik – jawohl, das Ende einer bestimmten Sorte von Musizieren, dessen Existenz nur auf dem Rücken des andern »gewöhnlichen« Musizierens möglich wurde, im Protest gegen dasselbe, dem nun endlich das gelungen ist, was es immer wollte, ohne es zu wissen, nämlich sich selbst ad absurdum zu führen – und daneben eine Literatur der unerhörtesten Meisterwerke, eine Quelle der Kraft und Erhellung für die heutige Menschheit, wie keine andere Kunst sie entfernt besitzt, – – –.

Alles dies sind die Folgen des gestörten Verhältnisses
zwischen dem einzelnen und der Masse, wie es sich erst
und einzig in der letzten Zeit herausgestellt hat. Früher,
etwa vor 1850, existierte die Frage als bewußtes Problem
noch nicht. Warum war das so? Worin unterscheidet sich
unsere Zeit so radikal von allen früheren Epochen des
Kunstlebens?

Bei Betrachtung etwa der griechischen bildenden
Kunst, der ersten Kunstepoche, die wir individuell-genau
kennen, fällt uns auf, wie gering die Bedeutung des einzelnen Künstlers ist. Zum Teil sind uns die Namen überliefert, zum Teil nicht einmal das; zur Agnoszierung der
Werke aber ist es immer viel wichtiger, welcher Epoche
sie angehören, als welcher Person. Dies ist eine Erscheinung, die sich auch später, besonders in den Frühzeiten
jeder Kunstentwicklung wiederholt. Was aber speziell in
Griechenland am meisten, aber auch sonst (Frührenaissance), zu beobachten ist, ist der geringe Unterschied der
Qualität zwischen den einzelnen Kunstwerken und
Künstlern. Das heißt aber, daß das Gesamtniveau der
künstlerischen Betätigung ganz unvergleichlich viel
höher war als in späteren Epochen, geschweige in unserer
Zeit. Die verschiedenen Gründe dafür sind: Einmal
brachte der künstlerische Beruf damals keinerlei Vorteile,
die außer seiner selbst waren. Er brachte keinerlei bürgerliche Ehren, es gab keinen Kunstbetrieb, kein Mensch
interessierte sich für ihn, nur die, die unmittelbar mit ihm
zu tun hatten. Er galt in Griechenland sogar als Hand-
arbeit, als verachtet. So spielte sich die junge grandiose
Entwicklung der griechischen Plastik etwa, die in dieser
Art mehr oder weniger einzig dasteht in der Weltgeschichte, sozusagen unter Ausschluß der Öffentlichkeit
ab; daher die lange gesunde organische Entwicklung.

Wie anders war das bei der griechischen Tragödie, die
nach drei Generationen zu Ende war, zerstört, zerredet.
Das Geheimnis liegt tatsächlich in der relativen Unbewußtheit des ganzen Vorgangs; es wurde Künstler nämlich nur derjenige, der von innen her dazu berufen war,
der es werden mußte. (Welcher Gegensatz zu unserem
heutigen Musikbetrieb, wo fast das genaue Gegenteil der
Fall zu sein scheint.) Dazu kam als weiterer Faktor die
Einheitlichkeit der griechischen kulturell-religiösen
Welt.

Das Entscheidende ist, daß wir heute nur in Epochen
denken! Die Zeit der Klassik ebenso wie das Mittelalter –
glaubende und vertrauende Epochen – stellten eine
Werte-Tafel unmittelbar zu den Dingen hin dar. Für uns
gibt es unbedingte Werte überhaupt nicht mehr, und so
kommen wir überhaupt nicht mehr zu den Dingen. Dies
und nichts weiter ist unsere Tragik!

*

Die Gefahr ist immer nur die eine: die des Erstarrens in
den selbstgeschaffenen Denkformen. Diese Denkform
ist im jetzigen Deutschland vor allem die des Epochen-
Denkens. Die Überlegenheit Goetheschen Denkens in
der Unabhängigkeit davon. Das Epochen-Denken ist ein
Rausch, der über die Dinge hinwegsieht und verantwort-
lich ist für die Vorstellung einer Umwälzung, eines
Umbruchs, des »Endes« einer Entwicklung. Alle diese
Dinge stimmen für die obenaufliegenden, relativ belang-
losen Erscheinungen; nicht für das wirklich produktive
Leben. Die tiefe Uninteressiertheit unseres geistigen
Lebens heute ist es, daß es sich immer damit auseinander-
setzt. Man glaubt heute wirklich an den grundlegenden
Unterschied von Bildungsmusik und Volksmusik, als ob

nicht jedes wirklich große Kunstwerk beides sein müsse, als ob jedes Volk allein sich selbst wolle und nicht immer nur von den Gebildeten gesucht und ersehnt würde. Jeder will sich selbst werden, aber nicht seine zufälligen Zustände, sondern sein wahres Sein. Alles übrige ist Demagogie – dann hat es noch einen praktischen Sinn – oder aber »Literatur«.

Was ein großes Kunstwerk ist, weiß man nicht mehr, aber welcher Epoche es angehört, welchen Einflüssen – es ist ekelerregend. –

1934

Die Bedeutung und das Gewicht der Jugend wird immer größer. Sie will die fertigen Gefühle, die in jeder Zeit bereitliegen, nicht übernehmen, sie ist bewußt unhistorisch, zur Gestaltung ihrer Gefühle fehlt ihr eben mehr als jemals die Strenge, die Kraft und die Gestalt. So der Gegensatz: Hier Jugend, das ist das anspruchsvolle Chaos, dort unverantwortliches formales Können, die ewig »Geschickten«. Das Gefühl, daß die Form etwas ausdrücken müsse, ist ebenso verlorengegangen, wie daß etwas Ausgedrücktes Form haben müsse. Deshalb ist von der bloßen »Jugend«, mag sie in der Politik noch so bedeutsam sein durch ihr blind-triebhaft vorwärtstreibendes Wesen, für die große Kunst nicht viel zu erwarten. Begriff des »Jugendwerkes« eine Schöpfung der Historiker. In Wirklichkeit ist gerade erstaunlich, wie unjugendlich-vollendet etwa die Werke der Großen (Beethoven, Brahms, Michelangelo) in ihren Anfängen waren. Es ist die Fähigkeit zu formen, die den Künstler macht, nicht Jugend oder Alter.

*

Falscher Begriff der Individualität! Daher auch Glaube und Forderung an die »junge Generation«. Intellektualismus, zu glauben, man könne produktive Zeiten (Frührenaissance usw.) durch äußere Mittel, soziale Forderungen etc. wieder hervorrufen. Auch machen die Großen die Mittleren unmöglich. Bewahrung des Handwerks *(Meistersinger)* und Bewahrung der großen Werke ist Aufgabe der mittleren Talente, nicht mehr. Es ist falscher Historismus, wenn sie als die »Generation« von heute gelten.

*

Zentralisation ist der Grund der Korruption. Ihre Mängel haben sich als viel größer erwiesen als ihre Vorteile.

*

Beeinträchtigung meiner Stellung und Autorität durch Hineinreden in meine Privatsphäre, oder Hindemith-Affäre.

*

Sehr verehrter Herr Kollege,

Nach reiflicher Überlegung möchte ich Sie hiermit nun doch bitten, das Programm des von Ihnen zu dirigierenden zweiten Opernhaus-Konzertes dahingehend abzuändern, daß Sie das geplante Werk von Alban Berg: Suite aus der Oper *Lulu* durch ein anderes ersetzen und es statt dessen in der Philharmonie zur Aufführung zu bringen. Nach dem, was ich höre, ist eine Demonstration gegen das Werk – schon infolge des Textes – mit Sicherheit zu erwarten. Eine solche aber ist für das Opernhaus in der gegebenen Lage nicht erwünscht und könnte zur Folge haben, daß zwangsläufig weitere und größere künstlerische Interessen geschädigt werden.

Auf diese Weise wird die Berliner Öffentlichkeit nach wie vor Gelegenheit haben, sich mit dem Werk auseinanderzusetzen. Sie Ihrerseits aber haben die Möglichkeit, die Verantwortung für dessen Aufführung auch ihrem ganzen Ausmaße nach selbst zu übernehmen, während bei einer Aufführung desselben in der Oper ein großer, wenn nicht der größte Teil dieser Verantwortung vom

Institut getragen würde. Dies ist im gegenwärtigen Moment aber keineswegs wünschenswert.

Sie wissen selber, daß diese Konzerte, die früher einen Hauptfaktor im Berliner Musikleben überhaupt bedeuteten, in den letzten Jahren – sie standen seit sieben Jahren unter Ihrer Leitung – an Besucherzahl immer mehr zurückgegangen sind, so sehr, daß voriges Jahr bei Beginn meiner Tätigkeit an der Oper zur Erwägung stand, ob sie nicht aufgegeben werden müßten. Wenn sie dieses Jahr auf neuer Grundlage von neuem aufgebaut werden sollen, so ist dies zunächst ein Anfang, der nicht gestört werden darf durch Demonstrationen, die in einer Zeit politischer Hochspannung notwendig auch politischen Charakter annehmen müssen und dadurch unübersehbare Folgen für das Institut haben müssen.

Ich hoffe, daß Sie mit Rücksicht auf das Haus, dessen langjähriges Mitglied Sie sind, und an dessen Gedeihen Ihnen ebenfalls liegen muß, meiner Bitte stattgeben werden, um so mehr, als es sich ja, wie schon gesagt, nicht um die Unmöglichmachung der Aufführung eines Werkes – das ich nicht kenne, von dessen Bedeutung Sie aber so überzeugt sind – handelt, sondern nur um Verlegung desselben von einem Saal in den andern.

*

Lieber Kleiber,

Ich schicke Ihnen diesen Brief absichtlich in so »offizieller« Form, damit er erforderlichenfalls zur Aufklärung im In- und Ausland veröffentlicht werden kann.

Aber wie gesagt, ich hoffe auch von Ihnen als Kollege, daß Sie meine Gründe würdigen und meiner Bitte Folge leisten werden.

Mit besten Grüßen   W. F.

105

[6]BEETHOVEN VON RIEZLER

Der Unfähigkeit der Romantik, ihn zu sehen, wie er wirklich war, war doch ein tiefer Instinkt zugesellt über sein eigentliches Wesen. Dieser Instinkt ist uns heute leider weitgehend abhanden gekommen; möge daher unsere größere Kenntnis und Erkenntnis des wirklichen Beethoven dazu nutze sein, das verlorengegangene Bild seines Wesens wiederzugewinnen. Daß dies verlorengegangen, wird man bestreiten; ohne zu bedenken, daß man dadurch, daß man es bestreitet, es gerade am meisten beweist.

Dies Buch ist ein erster Schritt; das Leben noch nie so zutreffend dargestellt.

*

Jeder Kunststil ist nur vom Aspekt des Ganzen zu begreifen. Wagner, der die Riesenflächen des *Rings* zu meistern hatte, konnte nur sparsam mit lyrisch-geschlossenen Melodien sein. Bei Bach der Begriff des Ganzen anders als bei Beethoven, hier Stil, d. i. Schweben, dort das Gebilde, d. i. Werden. Indem man das Postulat des einen auf das andere überträgt, entstehen die Fehlurteile und damit alles weitere Unglück.

*

Das besonders in unseren Kreisen heute so übliche Urteilen, d. h. Aburteilen, Kritisieren des Nebenmenschen, ist fast stets Zeichen eines unproduktiven Menschen. Es

geschieht aus der eigenen Eitelkeit heraus, aus Selbstverteidigung, Selbsterhaltungstrieb. Es verarmt das gemeinsame Leben oft in hohem Maße.

*

(Ernst Jünger.) Es besteht immer wieder die Tendenz, den
einfachen Notwendigkeiten des praktischen Lebens, der
Selbsterhaltung eine tiefere Notwendigkeit unterzulegen, – besonders in unserem philosophischen Deutschland. Dies ist vergeblich und verarmt das Leben. Keine
Überredungskunst der Welt wird der Technik eine
tiefere religiöse Bedeutung beimessen können, so gern es
auch die in ihr Lebenden hören möchten. Ihre Notwendigkeiten und Konsequenzen sind solche der Selbsterhaltung (zusammen mit der Übervölkerung der Welt),
weiter nichts; hierher kommt auch die nähere Berührung
mit Schmerz und Heroismus. Wahrer Heroismus ist, dies
schonungslos zu erkennen und bei Namen zu nennen.
Der moderne Krieg ist die fatale Notwendigkeit, weiter
nichts. Er fordert die Todesbereitschaft, gut; man stirbt
aber nicht für ihn oder den Staat, oder die Rasse usw.,
sondern für etwas ganz anderes, was weit dahinter steht,
für das heilige Leben der Nation, das in Gott beschlossen
ist.

Alle Versuche, die Technik zu glorifizieren, sind
Vordergrundversuche, sind Journalismus, weiter
nichts.

In Wahrheit sah schon Goethe den richtigen Sachverhalt. Der Technik gegenüber gibt es nur eines: Distanzierung, d. h. beständiges Bewußtsein, daß sie nur Mittel
ist und bleiben muß.

Je mehr eine Kunst nach dem Gesetzmäßigen und
Allgemein-Verpflichtenden strebt, desto mehr wird sie

sich der »Konvention« nähern. Aber nur scheinbar. Gesetzmäßigkeit ist keineswegs dasselbe wie Konvention, wenn auch sie mit ihr mehr Gemeinsames hat als mit einem zügellosen Individualismus. Aber die Ähnlichkeit hier ist ebenso scheinbar wie die Unähnlichkeit dort. Denn Konvention und Individualismus sind zwei Seiten derselben Medaille, Konvention und tiefere Gesetzmäßigkeit aber im Grunde Todfeinde.

1935

Das ›Diener am Werk‹-Geschwätz (Toscanini). Eine Selbstverständlichkeit wird als große Errungenschaft gepriesen. In Wirklichkeit ist es eine Barriere respektive Selbstbeschränkung einer außer Rand und Band geratenen »Literaten«-Gesellschaft gegen ihre eigene Zügellosigkeit. Im tieferen Sinne ist das Problem nicht ›Diener am Werk‹, sondern wie ist das Werk zu verstehen. Auch die Polemik Pfitzners ist, weil gegen eine bloße Zeiterscheinung gerichtet, bloß zeitbedingt. Das eigentliche Problem wird aber nicht gelöst wie eine Rechenaufgabe (wie noch Pfitzner glauben mochte), sondern hängt ab von der Kraft und Fülle der eigenen Natur. »Was man nicht ist, kann man nicht machen.« Dieser Goethe-Satz gilt auch – leider – von Interpreten. Die Popularität gewisser Dirigenten (Bülow, Mahler, Toscanini) stammt aus zwei verschiedenen, völlig divergierenden Quellen. Einmal die rein künstlerisch-interpretatorischen Qualitäten (bei Mahler mehr produktiv, aber auch problematisch, bei Bülow und Toscanini mehr passiv-pädagogisch). Dann aber der Mythos des Herrschers, d. h. des Tierbändigers. Die letztere Qualität baut sich auf den Sklaveninstinkten des sogenannten Publikums auf und ist – man mache sich hier keine Illusionen – auch in den angeführten größten Fällen vielfach der ausschlaggebende Grund gewesen. Also nicht das Kunsterlebnis, sondern das Herrschererlebnis. Über die Trübheit dieser Quelle, über das Subjektive, Allzumenschliche dieser Qualität gegenüber der wahren Größe der Kunst braucht man kein Wort verlieren.

Übrigens ist es kein Zufall, daß nicht etwa für die Dirigenten R. Wagner oder Mahler, die Pianisten Liszt und Rubinstein usw. die › Diener am Werk ‹-Theorie aufgestellt wurde, sondern für Leute wie Bülow, Toscanini etc.

Im übrigen ist es schwer, hier zur Sache zu sprechen, da die Kapellmeister längst zu politischen Symbolen geworden zu sein scheinen – nicht zum Vorteil der Kunst.

*

7 ENGLAND-INTERVIEW

Warum die großen klassischen Werke? Zugegeben, sie werden am öftesten aufgeführt. Aber nicht darum handelt es sich, sondern wie gut ein Werk aufgeführt wird. In Wirklichkeit werden sie am wenigsten zulänglich und sachgemäß aufgeführt, daher fühle ich die Verpflichtung – – –.

Daß ein Teil der Presse von ihrem übersättigten Standpunkt aus ihre Forderungen stellt, ist verständlich, – es ist aber nicht maßgebend. Meine Aufgabe ist größer; ich bin Kapellmeister nicht für die Literaten und Feinschmecker, nicht für eine Richtung, einen Staat, eine Regierung, wie sie auch sei, sondern für das Volk.

Wenn ich Ihnen überhaupt Rede und Antwort stehe, so deshalb, weil ich glaube, daß vieles von dem, was ich sage, bisher noch nicht gesagt wurde. Was ich sage, ist nicht gedacht und kombiniert, sondern lediglich schlichte direkte Erfahrung. Als solche mag es auch gewertet werden. Ich bin Künstler und nicht Schriftsteller.

*

MORAL DER ÖFFENTLICHKEIT

Man sehe die zeitgenössische Kritik, die Beethoven im Namen des › guten ‹ Geschmacks glaubt, ablehnen zu müssen. Natürlich meint jeder unter »gutem Geschmack« etwas anderes, der hochgebildete bedeutende Spohr anderes als irgendein neuer, aber der Gesamtbegriff bleibt. Wobei wir heute mit Recht fragen, wo der gute Geschmack sei, wenn nicht bei Beethoven, d. h. die Art, etwas klar, einfach und erschöpfend zu sagen. Später wurde der »gute Geschmack«, das »Konservativen-Kennwort«, durch die Fortschrittsfanfare abgelöst, die erst ganz kürzlich abgedankt hat. Der »gute Geschmack«, wo er gelebt hat, war inzwischen allerdings verschwunden.

*

Wie gelangt man zur »Echtheit«. Das ist heute, wo die gemeinsame Plattform des Publikums fehlt, immer wieder die neue Frage. Ich kann nur immer wieder sagen: Man spreche einfach, schlicht, direkt aus, was man zu sagen habe. Das übrige überlasse man dem Schicksal. So haben es Goethe, Beethoven und manch anderer, in letzter Zeit noch der schlichte Brahms gemacht. Die Schaffung eines weihevollen Vokabulariums, wie z. B. Ferdinand Bruckner, Stefan George, macht anfangs vieles leichter, sie schafft eine künstliche Plattform. Später, wenn diese zusammenbricht, bricht aber leider der größte Teil des Werkes mit zusammen.

*

George. Hochmut des Intellektuellen, im Wesen des Intellekts begründet. Musik natürlich der »Form« genauso viel oder so wenig zugänglich, wie jede andere Kunst. Wie überhaupt alle Gesamt-Theorien über die Musik, ob für (Schopenhauer) oder gegen (Nietzsche), mit der eigentlichen Musik überhaupt nichts zu tun haben, sondern nur mit ihrer Wirkung auf Literaten und Philosophen. Man sehe auch hier die Haltung – instinktiv so viel richtiger – von dem mit unmittelbarem Musiksinn nicht begabten Goethe.

*

Um die Kunst wieder fruchtbar und lebendig zu machen, wäre zunächst – und zwar viel mehr als die Schaffung praktischer Organisationen usw. – vonnöten eine Reinigung und Überholung unserer ästhetischen Begriffe und Werturteile. Diese sind im Lauf der Zeiten verschlackt durch lauter Leute, die nicht von der Sache aus und nicht im Interesse der Sache urteilen, sondern ganz andere Nebenabsichten haben als die Musik. Schopenhauer, Wagner, Nietzsche, George, Fortschritt, »Entwicklung«, schöne Form, Expressionismus usw. – – –

*

Was der Musik droht, ist nicht Politik, nicht »Reaktion« oder Atonalismus oder sonst etwas, sondern die Literarisierung.

Wenn einer erklärt, Praxiteles sei Dekadenz, wenn einer Bach und Mozart »liebt« und bei Beethoven schon die Nase rümpft, so stellt er sich im allgemeinen nicht den Werken, sondern der Entwicklung als Ganzem gegenüber. Es ist vor allem der Historiker, der so urteilt und der die Moral der Kunstgeschichte, nicht die der Kunst, vertritt. Er vergißt, daß zu allen Zeiten der einzelne das Niveau des Zeitgeistes durchbrechen kann, daß der Mensch, der sich auf sich selbst besinnt, immer Gott gleich nah sein kann.

*

Ich möchte einmal eine Einteilung vornehmen zwischen dem echten, d. h. in sich selbst lebenden und vibrierenden Künstler respektive Dichter und demjenigen durch

Willen und Wollen. Der eine etwa Goethe, der andere
Schiller als Schulbeispiele. In der Musik als der Natur
näherstehender Kunst ist dieser Unterschied weniger
fühlbar. Immerhin wäre Wagner, noch viel mehr Strauss
(nicht Beethoven) auf die Schiller-Seite zu stellen.
Charakteristisch, daß besonders den »politischen« Menschen dieser Unterschied nicht klar ist.

*

Das Wort von der »notengetreuen Darstellung« ist zum
Schlagwort geworden. Es hat gleichsam damit einen politischen Sinn bekommen. Es hat, wie alle diese Schlag-
wörter, einen moralischen Charakter und soll in den
Augen des Publikums eine Barriere bilden gegen die Auswüchse des virtuosen Interpretentums. Es stellt einen der
prägnantesten Begriffe der Moral der heutigen Öffentlichkeit dar, die sich keineswegs dessen bewußt ist, wie
übel es mit ihr bestellt sein muß, wenn sie allen Ernstes
diese primitive Selbstverständlichkeit als letztes und
höchstes Ziel aufstellt. »Notengetreue Darstellung« sowie
der ganze damit eng zusammenhängende Komplex von
dem »Diener am Werk« usw. ist eine selbstverständliche
Voraussetzung aller ernsthaften Darstellung. Diejenigen, die glauben, mit diesem Wort den Stein der Weisen
gefunden zu haben, ahnen nicht, wie sehr im Bereiche
barer Literatur, barer politischer Stimmungsmache, weit-
ab von aller Wirklichkeit, sie sich bewegen. Dem geringsten wirklichen Fall gegenübergestellt, versagt der Begriff
sofort vollständig. Denn es ist ganz offensichtlich, daß
die Vortragszeichen, ob nun sparsam und schematisch
wie bei Bach oder überreich und realistisch minuziös wie
bei vielen Heutigen, nicht das geringste nützen, wenn
Sinn und Geist der Musik nicht erfaßt wird.

Sie können beim ersten Kennenlernen vor groben Irrtümern schützen, weiter nichts. Denn der Sinn der Musik ist aus ihnen allein nie zu entnehmen. Vielmehr setzen sie die Kenntnis dieses Sinnes voraus, und vice versa.

Wer sich tatsächlich mit den »Noten« begnügt, ahnt nichts vom Geheimnis der großen Werke. Dies ist vielfach in solchen Ländern, die dieser großen Musik nicht auf natürliche Weise teilhaftig sind – es ist zu bedenken, daß die in Sonatenform geschriebene Musik fast ausnahmslos deutsch ist –, der Fall. Hier ist sowohl die Gefahr der Willkür als auch der Mangel eines natürlichen Regulativs größer.

Wie ist es in Wirklichkeit? Die Öffentlichkeit kann gar nicht anders, als die Person vor die Kunst stellen. Sie tut es jeden Tag von neuem, weil sie im großen ganzen gar nicht mehr imstande ist, die Kunst zu erfassen. Sie glaubt – alle diese Prozesse spielen sich im Bereich des Unbewußten ab, und auf dieses hin gesehen bildet die Moral der Öffentlichkeit ein interessantes und aufschlußreiches Kapitel –, wenn sie den Begriff des »Diener am Werk« einer Person anheftet, dann von weiterem Neuerleben-Müssen der Kunst enthoben zu sein, und nennt den, der in Wahrheit nur der Kunst dient, die Kunst aus sich selbst sprechen läßt, einen Subjektivisten – weil er sie vor die Probleme der Wirklichkeit stellt.

Nicht der gute Wille tut's – wenn es nach dem ginge, könnte jeder Konservatorist Diener am Werk sein, sondern die geistigen Voraussetzungen. Nicht das Können, das Wollen – sondern das Sein. Es muß das einmal deutlich gesagt werden. Die produktiven Künstler, die Komponisten, sind gut dran, denn ihre Werke sprechen für sie

und setzen sich, entgegen den regelmäßigen Irrtümern
der Zeitgenossen, schließlich durch. Glaubt man, diese
Irrtümer der Zeitgenossen – noch vor jedem großen
neuen Werk, neuen Künstler hat der Großteil der sogenannten Fachkritik zuerst versagt – wären gegenüber
den sogenannten Reproduktiven geringer? Diese aber
sind zeitlebens jeder Fälschung, jedem Dilettantismus
der Beurteilung – von der leidigen Politik, die heute alles
durchdringt, gar nicht zu reden – ausgesetzt, immer von
neuem unterworfen. Und nicht nur sie, sondern, was
schwerer wiegt, die Werke, die sie vertreten. Wenn heute
dieser oder jener Klavierspieler oder Kapellmeister als
Beethoven-Interpret berühmt ist, während er in Wirklichkeit nur Zerrbilder Beethovenscher Werke zutage
fördert – und wenn ein anderer auf die lächerlichste
Weise angefeindet wird, weil er die wahren Vorbilder in
sich trägt –, wer trägt den eigentlichen Schaden davon?
Beethoven. Beethoven und das irregeleitete Publikum,
das schließlich wirklich denkt, daß Beethoven eben doch
eine mehr oder weniger »überlebte Sache« sei.

Zugrunde liegt vor allem die grenzenlose Unsicherheit
der Beurteilung der großen Kunstwerke. Sie spricht sich
in der übertrieben-historistischen Einstellung aus, es wird
jedes Hilfsmittel begierig ergriffen, um einer Auseinandersetzung mit den Werken aus dem Wege zu gehen.
So ist dann auch die Grundüberzeugung, daß die Auffassung eines Werkes, ja dessen schließlicher Wert eine –
individuell verschiedene – Geschmacksfrage sei. Diese
Überzeugung ist die eigentliche Ursache, jede Handhabe
zu ergreifen, die wie die notengetreue Wiedergabe auch
nur den Anschein von etwas Gesichertem, Unanfecht-
barem bietet. Es ist die Angst vor dem eigenen Chaos,
die – wollen wir einmal Psychologen sein – nur das

Chaos als solches beweist, nichts weiter.

Wenn man nun der Sache näherrückt, zeigt sich, daß diese Unsicherheit sich, wie übrigens naheliegend, nicht so sehr bei der dramatischen Musik, bei der die menschliche Stimme, die Situation, die Worte immer Handhaben aller Art bieten, zeigt, als besonders bei der sogenannten absoluten Musik. Und zwar, je absoluter sie ist; insbesondere bei der Sinfonie. Oder besser gesagt, der ganzen in Sonatenform geschriebenen Musik, wozu insbesondere der Großteil der deutschen klassischen Musik gehört. Und das liegt wesentlich darin, daß von dieser Sonatenform, überhaupt der Bedeutung der Form als solcher, völlig falsche oder besser gesagt überhaupt keine präzisen Vorstellungen herrschen.

Hier liegt der Kern der ganzen Misere. Es muß bedacht werden – diese Sonaten-(auch die Fugen-)form ist rein deutsches Gewächs. Es ist der eigentliche Beitrag der Deutschen in der Musik, ja in der Kunst der Welt, ihr eigentlicher originaler Beitrag. In anderen Ländern – und sei es das fast so musikbegabte Italien – ist daher die Voraussetzung für das Verständnis der Sonate, wie Verdi schon so richtig gesehen hat, niemals mit der entsprechenden Selbstverständlichkeit gegeben. Nun hängt aber Komposition und Darstellung engstens zusammen.

Notengetreue Darstellung ist die Sache von Leuten, die dazu stehen wie zu einer fremden Vorlage, nicht wie zu ihrer eigensten Angelegenheit.

Um der Sache näherzukommen, wollen wir uns zunächst einmal fragen, wo respektive wann die Theorie der notengetreuen Darstellung zum erstenmal auftrat – d. h. mit anderen Worten, wann die allgemeine künstlerische Situation so war und wurde, daß eine solche Theorie entstehen konnte, respektive notwendig wurde.

WAS IST SCHÖPFERISCH, INDIVIDUUM ODER VOLK?

27. I. 36

Diese Frage heute in den Bereich politischer Auseinandersetzungen gezogen, womit sie nichts zu tun hat;
denn alles, was mit dem lebendigsten und zugleich
empfindlichsten Punkt menschlichen Lebens und Wirkens zu tun hat, dem Schöpferischen, kann nicht geduldig, demütig und sachlich genug betrachtet werden.

Wenn man sie richtig betrachtet, kann uns auch hier
die Geschichte am besten lehren.

Griechische Plastik – anonym – Volkskunst, Individuum erst allmählich. Ähnlich Frührenaissance – auch
die Kleinen und Kleinsten schaffen Erfreuliches.

Das dauert nur kurz, ist verbunden mit einer gewissen
Naivität des Gesamt-Niveaus. Auch hier beginnen sich
große und größere Individuen abzuheben. Aber der
Strom trägt auch die Kleinen. Trotzdem ausgesprochener
Jugend-Zustand. Man betrachtet ihn gerne, fühlt Aus-
und Absichten mit, und träumt sich selbst wohl in eine
Jugend hinein, die man nicht mehr besitzt und die uns
auch schlecht anstünde. Das ist Romantik oder besser
gesagt schlechte Romantik.

Jedenfalls ist nicht zu verkennen, daß in diesen Perioden alles auf die großen zusammenfassenden Persön-
lichkeiten hindrängt, die dann auch wirklich erscheinen
und meistens mit einem Schlage, mit wenigen Werken
den größten Teil ihrer Mit-Wirkenden überflüssig
machen. Für die Mitwelt gewiß, aber auch in gewissem
Sinne für uns Nachgeborene. Denn wenn wir auch die
liebliche Fülle und den abwechslungsvollen Reichtum
der Frühperioden in sich selbst genießen, so können wir
uns nicht – falls wir lebendige, das Ganze empfindende

Menschen sind – davor verschließen, daß die Vereinfachung, Konzentrierung, z. T. Monumentalisierung, die
die sogenannte klassische Kunst dann gebracht hat, eine
Steigerung bedeutet. Sie hat nicht umsonst über die
Zeiten hinaus die Maßstäbe abgegeben – eine nicht weg-
zuleugnende historische Tatsache. Und sie ist damit im
eigentlichen Sinne ins Volk gedrungen.

Hier nun der Widerspruch: Die eigentlichste ›Volkskunst‹ ihrem Wesen nach lediglich das Werk einzelner
Individuen. Der Grund dieses Widerspruchs ist nicht
schwer einzusehen. Das Volk selber ist zu sehr in Berufs-
und Wirtschaftszweige, in Stände und Klassen aufgelöst,
in Parteien und Weltauffassungen, wie es denn zum
Bilde der Wirklichkeit zu allen Zeiten gehören
mochte. Nur der geniale einzelne konnte durch dies alles
hindurchdringen, fand den Weg zum Herzen des Volkes,
machte dies Herz schlagen, und brachte damit das Volk
zum Bewußtsein seiner selbst.

Weiter noch geht dieser scheinbare Widerspruch:
Beethoven, der Einsame, schafft eine Kunst der Gemeinschaft wie kein anderer. Welche Verblendung, die
äußerlich-sozialen Eigenschaften mit der innerlich-sozia-
len Einstellung gleichzustellen, die tiefen inneren Beziehungen zwischen Individuum und Gemeinschaft durch
äußerliche Überbetonung des Gemeinschafts-Gedan-
kens zu stören, die produktiven Möglichkeiten des Volkes dadurch zu schwächen, daß man den einzelnen Produktiven den Raum, die Zeit, die Möglichkeit, sich selbst
zu sein, nimmt, daß man, wie in Sowjet-Rußland, glaubt,
in einem von außen gesehenen, bloß intellektuell, d. h.
mit nur »politischem« Willen, anstatt mit dem Sinn des
ganzen Menschen erfaßten Begriff von Volksgemein-
schaft diese verwirklichen zu können.

So schwindet der Gegensatz von Individuum und Gemeinschaft, von dem die Politik des Tages lebt, vor der lebendigen Wirklichkeit, d. h. vor dem großen Menschen, in nichts zusammen. Gerade der einzelne ist es, der im eigentlichen Sinn die Gemeinschaft schafft. Und es ist nicht ›Star‹-System, wenn immer wieder Beethoven und Wagner – – Es ist auch nicht Starsystem, wenn die besten der Nachschaffenden – – So wenig es Dienst an der Gemeinschaft ist, hundert überflüssige Komponisten zu fördern, dem Publikum die moderne Musik damit zu verleiden, und womöglich den einen oder die wenigen wirklichen Schöpfer zu reglementieren, zu bagatellisieren, zu unterdrücken im Namen der vielen etc.

Der Gemeinschafts-Gedanke, der durch die Kunstbetrachtung ging (schon vor dem Kriege), hat es fertiggebracht, daß ein ›Stand‹ sich halten konnte auf dem Rücken eines Publikums, das ihn gar nicht wollte, wie es z. B. bei der neuen, d. i. atonalen Musik der Fall ist.

Aber das soziale Verantwortungsgefühl der heutigen Öffentlichkeit, das blind fördern will, statt zu sichten, das nicht weiß, daß nur durch Wahrhaftigkeit, durch unerbittliche Maßstäbe, durch Sichten man »fördern« kann, ist völlig irregeleitet.

Warum die neueren Frühperioden, die doch an sich dem ›Volke‹ am nächsten stehen, nicht das Einfachste, das Volkstümlichste gefunden haben? Die letzte, große Einfachheit, z. B. Beethoven, ist zugleich Vereinfachung, sie ist nicht Zufallsprodukt, wie naive Gemüter annehmen, sondern absolute Schlichtheit und letzte Erschöpfung einer Sache. Und merkwürdig – gerade diese »Einfachheit« greift am meisten ans Herz!

*

1935

Im Moment, wo man das: »Brüder, überm Sternenzelt«
und »Seid umschlungen, Millionen« der Deutschen
Schiller und Beethoven vom Rassestandpunkt aus
ablehnt, lehnt man das beste Deutschtum ab.

*

Kunst ist Wahrhaftigkeit, das jetzige ist das Gegenteil.

1936

Gesprochene, d. h. auf den Lippen getragene, bestenfalls gewußte Weltanschauung anstatt gelebte und gewirkte ist das Signum der heutigen Zustände.

*

BUCH

Das Aktuelle der Zeit ist – seit Jahrzehnten – die Abweisung der Folgen der Intellektualisierung usw. Sie wird das aus sich selbst besorgen, ich habe damit viel Zeit in meinem Leben verloren. Ich beschäftige mich hier nur mit dem, was im Bereich des einzelnen, d. h. seinem aufbauenden Willen zugänglich ist. –

Extrem künstlerische Richtungen (Atonalität), z. B. das Ablehnen der Verständlichkeit, sind übertriebener Individualismus, Ablehnen der Gemeinschaft. Die künstliche und die natürliche Gemeinschaft (Christentum). –

Kunst ist immer eine bestimmte endliche begrenzte Synthese, damit Wirklichkeit. Wissenschaft eine historisch-unbegrenzte Idee, damit Unwirklichkeit, eine Arbeitsmethode, die Wirklichkeit einzuteilen, loszuwerden. Über Beziehung beider sich klarwerden ist die entscheidende Aufgabe der Zukunft. Nur das »klassische« Werk kann effektiv den krebsartigen Wucherungen der Wissenschaft, der die der Kunst folgen, ein Ende setzen. Mit der Entwertung des Wortes steigt leider die Gleichgültigkeit gegen die Wahrheit. –

Gerade weil Oberflächen-Reaktion schneller ist heute,

ist die tiefere Entwicklung nicht nur verborgener, sondern auch langsamer. –

Entwicklung der historischen Einstellung: Zunächst wollte man sich in irgendeiner geschichtlichen Epoche wiederfinden (noch Jacob Burckhardt). Dann begann man, die naiven Zeiten zu begreifen. Dann, mehr und mehr, beginnt das historische Bewußtsein sich aller Äußerungen zu bemächtigen, die allmähliche Relativierung der Werte setzt ein. Und damit geschieht das, dessen man sich nicht versehen hatte, und das plötzlich da war: Man stand auf einmal neben der Wirklichkeit, man lebte nicht mehr, man war nur noch Betrachter. Dies ist niemals in der Welt dagewesen; es ist unmoralisch und unlebendig.

Was heißt in der Kunst: »Uns nahestehen«? Bach ist deshalb noch nicht modern, auch Mozart nicht, weil sie in natürlich-gesunden Zeiten lebten, weil die Gefährdetheit des Lebens noch nicht der unseren entspricht. Dies ist erst bei Beethoven der Fall.

Der Historiker versucht, stets aus der Musik herauszulesen, was sie ist, seine anderswoher geholten Begriffe in sie hineinzulesen, eben weil er ihre Sprache nicht hört.

Die gefährlichsten Fälschungen der Wirklichkeit, worüber man sich gerade in dem mit wissenschaftlichen Perspektiven und Zusammenfassungen überladenen Deutschland keineswegs klar ist, sind die »Perioden«, die Zusammenhänge usw. der Wissenschaft. Diese sind im Grunde meistens Arbeitshypothesen, oder sie sind zu weit gefaßt, um Präzises auszusagen. Sobald ein Großer entsteht, wird mit ihm die Zukunft totgeschlagen. So ging es Brahms, so ging es Strauss.

Die Versuche, künstliche Zusammenhänge und Perioden zu schaffen, sind Legion.

Die heutige Kunstbetrachtung geht nicht vom Werk aus, nicht vom einmaligen Organismus – diesen zu fassen ist die heutige Generation in keiner Weise geschult –, sondern vom Material und den Methoden. Man spricht von Technik, als ob es beim wirklichen Kunstwerk eine »Technik« gäbe, die andere, als nur die »vom Bau«, interessieren dürfte. Man spricht von historischen Einflüssen – als ob die bei einem wirklichen Kunstwerk jemals das Entscheidende gewesen wären. Man spricht von Harmonik, Rhythmik. Lauter allgemeine Begriffe, die mit dem Werk nur ganz entfernt und abgezogen zu tun haben. (Die sich damit befassenden Erörterungen der Ästhetiker sind sehr häufig völlig falsch.) Alles das ist Intellektualismus, der Versuch, durch allgemeine Orientierung, die billig ist, der unmittelbaren Konfrontierung mit dem Werk auszuweichen.

*

Wie ist die Situation? Das Wesentliche und uns von früheren Zeiten Unterscheidende ist, daß wir mit einer ganz anderen Masse von Kunst-Stoff fertig werden müssen. Aber wie der menschliche Magen, so ist auch der menschliche Geist nur einer begrenzten Masse gewachsen. Und seit am Ende des 19. Jahrhunderts die unmittelbare Produktion und damit die Haftung an das Heute aufhörte, fängt das neue Problem an. Die Furcht vor dem Gestern treibt die gegenwärtige Musik – Wagner machte den Beginn hierbei – zu immer traditionsfeindlicherer Haltung, das hat sie schließlich selber umgebracht.

Nietzsche hat zuerst den Literatenstandpunkt, der sich nicht mehr mit der Kunst auseinandersetzt, sondern sie benutzt, zur Geltung gebracht. Dieser Standpunkt ist bequem, verführerisch und mörderisch. Die andere Art, sich der Kunst zu entledigen, ist die historische, die, unter Führung der einige Jahrzehnte vorausgehenden Kunstwissenschaft, nun auch die Musikwissenschaft gewählt hat. Sie ist heute ebenfalls am Ende. Wir müssen heute gewisse Tatsachen begreifen: Daß wir sind, wie wir sind. Deshalb können wir nur unsere Schönheit, unsere Maßstäbe haben. Das Zusehen und Danebenstehen ist nicht die Haltung, die letztlich der Kunst angemessen ist. Dies die Antwort auf die Historiker.

Kunst ist Ausdruck der Kraft und Schönheit, ist Symbol der Gemeinschaft. Ein Kunstwerk ist ein König, man muß warten, von ihm angesprochen zu werden. Man hat sich um sie zu bemühen, man muß sich die Zeit nehmen. Sie will nicht gedacht, geschmeckt, gefühlt, sondern völlig, vom ganzen Menschen aufgenommen werden. Dazu gehört Kraft und Zeit. Das Problem der Kunst ist ein Problem nicht der Künstler, sondern des Publikums, der Aufnehmenden. Dies muß endlich begriffen werden.

*

Die Bedeutung des Dirigenten hängt von der Gabe ab, wieweit Fähigkeit zum Rhythmus und Fähigkeit, klingen zu lassen, verbunden sind. Eins scheint prinzipiell das andere auszuschließen. Hier fängt erst das Problem an. Dem Komponisten fehlt das Dirigentengewissen. Er findet dies, das sich meist auf Details bezieht, kleinlich. In Wirklichkeit ist eben doch die Sache so, daß der Geist in die Wirklichkeit übertragen werden soll, wobei nicht immer, aber doch sehr oft, das geringste Detail den ganzen Prozeß stören, ja zerstören kann.

Grenzpunkt z. B. *Pastorale* 2. Satz. Rhythmisch gehemmte Dirigenten schlagen 12/8, die niemals den Klang zwanglos sich entfalten lassen können.

Der Kampf gegen mangelnde Werktreue, den selbst ein Geist vom Range Pfitzners führt, mit mehr als notwendigem Einsatz, ist überlebt. Es müßte heute heißen: gegen Buchstabenglauben, für wirkliche, d. h. sinngemäße Werktreue. Aber dies freilich eine Sache der Kompetenz, der Fähigkeit, nicht ein Massen-Schlagwort.

*

Wir begreifen heute, daß es immer und überall auf die Beschränkung und Begrenzung ankommt, z. B. die harmonische Sequenz bei Beethoven mit dem unbedingten Gefühl ihrer organischen Einordnung, und schon bei Schubert und gar dann bei Bruckner als Selbstzweck. Wieviel reicher und feinfühliger der Beethovensche Formbegriff.

*

Der eigentliche Kampf geht gegen die Halbbildung. Diese ist meist intellektuell, ohne die Hintergründe des Daseins zu kennen (Glaube an die Maschine wie Glaube an die Organisation), ist maßlos anmaßend, ohne es zu wissen, und besitzt gerade das Entscheidende, das Gefühl für die Werte nicht.

*

Moral der Kriegerkaste – gut, aber nur für sich, für ihresgleichen.

*

Das Charakteristikum alles Intellektualismus: Alles über einen Leisten zu schlagen, z. B. Riemann – Auftaktigkeit der Musik.

Pfitzner ist der einzige, der das Primat des Geistes in der Musik (zumal Kammermusik) aufrechterhalten hat. Er scheut sich nicht, seine Blößen zu zeigen. Er ist angreifbar, verletzlich wie nur einer; aber er ist, was die andern alle nicht sind, echt. Und dadurch ist er – nicht im Verhältnis zu den Früheren, aber im Verhältnis zu seiner Umgebung – groß.

*

Ob es Sinn hat zu schreiben? Ich tue es auf gut Glück. Meinen Erfahrungen ist die Welt nicht gewachsen. Sie sieht die Kunst und die Wirklichkeit nicht mit den Augen des Fünfzigjährigen. Aber doch sollte dies, das zusammenfassende Alter führen. Wenn unsere Bildung und unsere Kulturgüter noch Sinn haben sollen, müssen sie auf diese Weise – um ihrer selbst willen, und auch von innen her geordnet – betrachtet werden.

*

Die beständige Einstellung auf andere Werke lenkt vom eigenen Schicksal ab, macht die Schicksalskrisen unkenntlich.

*

Es gab viele Jahre, wo ich im Kampf gegen den Intellektualismus das Wichtigste sah. Ich tue es heute nicht mehr, ich habe keine Zeit mehr dazu. Ich sehe, daß es andere tun. Der Intellektualismus erledigt, respektive lebt sich selbst; er ist gegenwärtig Weltschicksal, das durchlebt werden muß.

*

Goethe: Sobald einem das Überlieferte über den Kopf wächst, wird man entweder dumpf und vordringlich oder kommt gar zu leicht in Versuchung, alles abzuschütteln. Nun, das Überlieferte ist uns völlig und gründlich über den Kopf gewachsen.

*

Begriff der Lebensganzheit, ein Hilfsbegriff. Darf nicht übertrieben werden, ohne das Leben zu entwerten.

*

Glaube an die Größe der Meister ist der Glaube an menschliche Größe überhaupt. Glaube an die Entwicklung ist Glaube an die Materie überhaupt.

Mit dem Glauben an menschliche Größe wird die S e e l e wieder in den Mittelpunkt gerückt, wohin sie gehört.

*

Entscheidend zu bedenken: Der Hauptteil menschlicher Erregungen liegt nicht im Menschen, sondern zwischen den Menschen.

*

Das Leben ist heute mehr wie jemals eine Frage des Mutes geworden.

*

Echte Leidenschaft: aus der Fülle, aus der Güte heraus (Wagner). Falsche: aus der Ohnmacht der Negation heraus (Nietzsche). Haß unechter, aber irreparabler als Güte.

Entscheidend: sich vom Haß fernzuhalten.

Leid – nicht Haß.

*

Es muß offen ausgesprochen werden und ist meine persönliche Überzeugung: Jeder echten produktiven Regung, die organisiert wird, wird damit das Rückgrat gebrochen.

*

Jugend und Schönheit ahnt die Größe des Alters da, wo sie notwendig und klassisch wird.

Mir kommt heute zum Bewußtsein, wie merkwürdig meine leidenschaftliche jugendliche Einstellung auf den späten Beethoven (was in späterem Alter auch bei Wagner zu beobachten ist), auf den späten Goethe war – eine Vorahnung meiner eigentlichen Natur.

*

Probleme des Taktierens: z. B. wird durch die ausgeschlagene Figur das Gefühl für die strömende Melodie zerstört.

*

Die moralische Grundhaltung läßt auf den Ansatzpunkt und damit ohne weiteres auch auf die Musikalität selber schließen (Schenker).

*

Der Grad der Weltoffenheit hat für den, der sich selbst leben muß – und das muß jeder – eine Grenze. Keyserling hat diese Grenze längst überschritten, er ist Virtuose. Daher die Opposition gegen ihn trotz seiner ersichtlich großen Leistungen. Vor allem das innig-idyllische Sich-selbst-leben deutscher Menschen wird von solchen weltläufigen Geistern mißverstanden. Sie sollten sich klarmachen, was von ihrer Weltoffenheit übrig bliebe, wenn alle Welt so nur-verbindend, d. h. substanzlos wäre, wie sie selber.

Einleitung: Was Musik nicht ist.
Nicht Keyserling,
nicht Nietzsche,
nicht Wissenschaft,
nicht Kunst im landläufigen Sinn,
nicht Stefan George,
nicht National-begrenzt deutsch.

*

Der Deutsche erlebt mehr in vorstellender Rückschau als in unmittelbarer Gegenwart. Daher begreift er nicht, daß die Gegenwartsmusik keine ist.

*

Die künstlerische Bedeutung der einzelnen Werke ist von den Wertungen der Kunstgeschichte so unabhängig, wie religiöse Wahrheit von historischer Kritik und Text-Exegese, d. h. vollständig unabhängig.

*

Gemütsbewegungen, Kunst, Liebe als zur Hygiene, respektive Sexualität gehörig zu begreifen: Das letzte Wort der Halbbildung, die die europäische Menschheit wie ein Rauhreif befallen hat.

*

Es ist merkwürdig, daß das strenge klassische Kunstwerk schließlich für den, der es jemals wirklich erlebt hat, den Vorrang behält vor allen slawischen und romanischen, scheinbar viel farbigeren und lebendigeren Werken. Darin die geheimnisvolle, allem trotzende Wirkung von Brahms: die Wirkung der Tiefe des lebendigen Zusammenhangs.

*

Schweitzer sagt, Goethes Weltanschauung wäre unfertig. Goethe sagt, er verstehe nichts von Philosophie. Das Ganze ist, daß Goethe von etwas was verstand: von dem Verhältnis zwischen Wort und Tat. Er kannte nur eine erfüllte, eine gelebte, nicht eine geredete Weltanschauung. Er stand am Beginn der intellektuellen Bewußtseins-Epoche der Menschheit und sah diese ihre größte Gefahr, der sie später rettungslos anheimfiel. Seitdem der Mensch denken kann, ist dies das immer neue Problem. Daher nützen die richtigen Bücher (Keyserling) so wenig.

*

Ich habe mich oft gefragt, ob nicht der Begriff der »großen Kunst«, wie ich ihn verfechte, für die meisten Menschen ein allzu hochgespannter ist und dadurch unnatürlich. Es berührt die Genesis des Genies überhaupt. Ob dasselbe nötig ist – da es doch als solches in unserem Sinn vielen Zeiten und gerade den produktivsten gefehlt hat! Der Wille der Gegenwart, ohne es auszukommen, beweist am besten, daß dies nicht möglich ist.

*

Kunst im gewöhnlichen Sinne ist Ausdruck des Lebens. Die »große Kunst« ist »Orientierung« des Lebens.

*

Kunst und »Literatur« sind die tiefsten unversöhnlichsten Feinde. Die eine reell, nur in sich und durch sich selbst wirkend, im Sein und sich Bewähren, die andere das genaue Gegenteil. Vom Machtstandpunkt ist heute die »Literatur« nicht nur überlegen, sondern scheinbar alleinherrschend. Die Kunst nur im Stillen, und Intellektualisten, die die tieferen Schichten der Welt nicht verstehen, glauben sie gestorben. Sie kann aber nicht sterben, wenn auch ihre äußere Wirksamkeit, wie schon unsere Tage zeigen, enorm zurückgehen kann. »Literatur« und Weltanschauung, – die zwei Feinde, eigentlich dasselbe. Schon Schiller schreibt an Goethe, wie unendlich schwerer es ist, Kunst zu produzieren, als Philosophie zu machen. Goethe, der künstlerische Mensch katexochen, machte die schärfsten Unterschiede zwischen Erfüllung und Bewährung, zwischen Wollen und Versprechen. Es ist typisch, ja entscheidend für den geborenen Literaten, daß er diese Unterschiede nicht sieht, nicht sehen kann und auch nicht sehen will.

*

Sinn für Zusammenhänge und sinfonisches Zusammenpassen auch bei Wagner, z. B. *Tristan,* III. Akt, Freudenmotiv. Warum hat er es nicht bei dem gelassen, das heute den Schluß des *Siegfried* bildet?

*

In der Kunst ist es durchweg so: Die Tendenz der Zeit ist die Bewußtwerdung der bisher unbewußten Vorgänge, die Wirklichkeit mit dem Bewußtsein zu erfassen. Das kann aber nur in Teilen geschehen: Man sieht an Wagner nur den Harmoniker, oder den Formgewaltigen, oder den Volksgebundenen, oder – – –. Seinen eigentlichen Wert aber macht es aus, daß er das alles und noch einiges andere zugleich, in Einem ist. Überall dasselbe: Einzelnes wird richtig und scharf gesehen, aber sofort intellektuell überfolgert, und das Gefühl für das Ganze verloren. Da ist die Vergangenheit, die sich dem Ganzen meist hingab, ungleich richtiger gewesen, wenngleich sie nicht zu rekonstruieren ist. Wir müssen durch diese Übergangszeit,

wir müssen die gesamte Bewußtwerdung und damit die
neue Schau als Ganzes, die neue Naivität erringen, wenn
nicht alles zugrunde gehen soll. Ob der allzu begrenzte
menschliche Intellekt dazu imstande ist?

*

Alles reproduktive Musizieren verdirbt den Charakter. Es ist zuerst echt, muß aber dann notwendig falsch
werden, wenn es zum Selbstzweck erhoben wird, da
Erlebnisse sich nicht mit Routine beliebig wiederholen
lassen. Alle wirklich Großen haben noch andere Res-
sourcen, aus denen sich die Kraft ihrer Reproduktion
erneuert.

*

Der Prozeß des Bewußtwerdens, der allgemeine Zeit-
prozeß, dehnt sich wie auf die Musik selber, so auch auf
die Darstellung aus. Sie ist unmöglich aber ohne Hingabe
an das Ganze; daher haben die modernen Bestrebungen
hier besonders verheerend gewirkt. Die Liebe, die vom
Werk immer wieder neu erschütterte und ergriffene
Liebe, ist nie und nimmer zu ersetzen; nur sie schafft die
Vorbedingungen für die visionär-richtige Erfassung des
Ganzen im Kunstwerk, denn dies Ganze ist – ist es denn
ein großes, in die Zeiten wirkendes Werk – nichts als
Liebe. Jeder einzelne Teil kann mehr oder weniger mit
dem Intellekt, das Ganze aber immer nur mit dem lebendigen Liebesgefühl erfaßt werden. Nur die ist dem ganzen Kunstwerk als einem Abbild der wirkend-lebendigen
Welt adäquat und gewachsen. Alles übrige, mag es noch
so gescheit sein, ist begrenzt, und damit für mich tief
langweilig. Das halbe Leben muß man heute verbringen
mit der Abwehr der Gescheiten, der allzu-klugen Teil-
Denker. Und man fragt sich, ob das Ende dieses Rau-

sches des Welt-mächtig-Denkens, des Alles-ins-Bewußt-
sein-ziehen-Wollens etwas anderes sein kann als allgemeine Erschöpfung, Gleichgültigkeit, Barbarei? Wenn
schon alles zum Problem wird, so kann man genauso gut
die Probleme überhaupt abschaffen. (Deutschland!)

In Wirklichkeit ist bei all diesem der Verstand nicht
mächtig genug. Wir sind für die uns gesetzte Aufgabe
der Bewußtwerdung zu dumm. Unser Verstand ist gemeiniglich nicht tief genug, um seine eigenen Grenzen
und damit die wahre Beschaffenheit der Welt zu erkennen.

*

WAGNER ALS MUSIKER

Die Leitsterne meiner frühen Jugend waren: Haydn,
Mozart, Beethoven. Wagner lernte ich erst später kennen; je mehr ich ihn – auf meine Weise als Musiker –
kennenlernte, desto mehr begann ich ihn zu bewundern
und zu lieben. In diese Zeit fällt ein für mich merkwür-
diges Erlebnis. Ich bekam von meinem Vater Billette für
alle vier Aufführungen des *Ring des Nibelungen* im damaligen Münchner Hoftheater geschenkt. Diese Aufführungen unter der Leitung des bekannten Wagner-
Dirigenten Franz Fischer mit den besten Sängern der
Münchner Bühne waren gewiß nicht besser oder schlechter als viele andere. Und doch haben sie meine Wagner-
Illusion und -Liebe gründlich zerstört auf Jahre hinaus.
Was mir – – – erschien auf einmal als Theater. Die
wundervollsten Melodiebögen wurden durch die Bewegungen der Sänger und die Art ihres Singens triviali-
siert, banalisiert. Ich verstand auf einmal Nietzsche und
alle die andern, die Wagner ablehnen, und in deren
Ablehnung, mag es sonst Gründe haben wie es wolle,

133

doch das Moment echten Pathos nicht zu verkennen war. Theater, nichts als Theater – – –.

Dieser Prozeß der Ernüchterung wiederholte sich mehrmals. Er war immer an das Erleben von Aufführungen Wagnerscher Werke geknüpft. Erst später, eigentlich erst, als ich selber anfing, die Werke zu dirigieren, begriff ich den ganzen Umfang ihrer Größe, kam auf das frühere Verhältnis wieder zurück.

Ich bin kein Wagnerianer, insofern ich Wagner als norm- und richtunggebendes Genie betrachte. Er ist und bleibt als Musiker eine Ausnahme. Aber er ist einer der produktivsten Genies, die die Welt je gesehen, ein Schöpfer von geradezu riesenhaften Ausmaßen, für den jeder Maßstab zu klein ist. Man muß ihn nehmen, wie er ist.

Woran liegt das? Woran liegt es überhaupt, daß Wagner, der weltmächtigste und wirkungsvollste aller Musiker doch auch der umstrittenste geblieben ist, daß die Widerstände gegen ihn immer wieder von neuem lebendig werden?

Woran lag das nun? Damals war es mir nicht klar, heute weiß ich es: Es lag an der Art der Aufführung. Wagner wurde in dieser Aufführung – wie durchwegs in den landläufigen Aufführungen – nicht als Dichter, nicht als Musiker, sondern als Theatermann aufgeführt.

Es war nun, wie gesagt, keine schlechte Aufführung, sondern nur eine, die dem Schwergewicht der Dinge Rechnung trug, eine routinierte Durchschnitts-Aufführung, wie alle diese Aufführungen nun einmal sind. Und von hier aus öffnet sich das Aufführungsproblem bei Wagner.

Wir begreifen, warum Wagner so viel an den Aufführungen seiner Werke lag. Die Schwierigkeit dieser Aufführung eines Wagnerschen Werkes liegt in dem Wesen dieser Werke, im Wesen des Musikdramas an sich. Sie sind bei Wagner größer als bei anderer Kunst. Eine Beethovensche Sinfonie kann auch schlecht aufgeführt werden, wird es sogar meistens; sie wirkt dann langweilig, akademisch, überholt, geht uns nichts mehr an. Aber sie wird nicht, wie ein Wagnersches Werk so oft, falsch und verlogen.

Im allgemeinen herrscht die Vorstellung, als ob unsere Opern-Aufführungen heute besser seien als die zu Wagners Zeit, gegen die Wagner ein ganzes Leben lang Sturm lief. Man glaubt das wohl, weil man damals weder vom Kapellmeister soviel Aufhebens machte wie heute, noch den Regisseur gar überhaupt kaum der Erwähnung wert fand. Ich glaube, daß dies ein Irrtum ist, und daß, wenn Wagner heute lebte, er genauso viel auszusetzen hätte, um welche Werke großer Kunst es sich auch immer handle (bekanntlich hat er neun Zehntel seiner ganzen Schriftstellerei sein ganzes Leben hindurch dem Aufführungsproblem bei eigenen und anderen großen Werken gewidmet). Nur sind es zum Teil andere Dinge, die heute schlecht gemacht werden. Nicht mehr Schlamperei, sich selbst überlassene Sänger (was oftmals noch nicht das Schlimmste ist), leichtsinnige, dem Zufall überlassene Aufführungen sind es. Aber ob die künstlich-initiierten Aufführungen von ehrgeizigen Regisseuren und Kapellmeistern (Pfitzner) besser sind, ist mehr als eine Frage. Eines ist geblieben: die Theaterroutine, das Schwergewicht des Handwerks und damit der Hauptschaden. Und es kann auch gar nicht anders sein, denn gegen die Routine muß immer von neuem, auch von jedem einzelnen immer von neuem vorgegangen werden. Sie ist der große Feind alles Kunstlebens. Und sie und damit alle mit ihr zusammengehörenden Gefahren

sind heute noch gewachsen mit dem Wachsen des Be-
triebes! Es ist tatsächlich heute und früher, daß in den
größten Städten bei den größten Instituten die schlechtesten, d. h. kalt routiniertesten, den Werken am wenigsten adäquaten Aufführungen zu verzeichnen sind.

*

Der passive Akt des Sich-versenkens in ein Werk = hier
fehlt es heute vornehmlich. Diese – mehr weibliche –
Funktion des Dirigenten, aus der das Wiedergebären
dann von selber folgt, erfährt durch Vergleiche allzu
großes Bewußtsein, Kälte, Weltläufigkeit, Routine usw.
die mannigfaltigsten Hemmungen.

*

Auswendig-Dirigieren hat noch einen großen Vorteil. Es
verlangt, daß der Interpret sich mit dem Werk lange und
intensiv befaßt, was immer die notwendige Voraussetz-
zung ist. Und wohl auch immer von neuem befaßt!

*

Modernes Dirigententum: Aus Schauspieler-, Virtuosen-,
vor allem aber den Sklaven-Instinkten des Publikums
entstanden. Der Autorität eines Toscanini etwa wäre die
wahrhaft natürliche Autorität der Sache entgegenzu-
stellen! Nur Kraft der Seele kann sich Wahrhaftigkeit
erlauben. Und was man auch sage: Wahrhaftigkeit ist das
erste und schönste Zeichen adligen Menschentums.

*

Werktreue nennt man heute offenbar: Im Takt spielen!
Toscaninis *Fidelio*. Ein großer Teil der absoluten Musik –

schon von Haydn an – besteht aus Ballungen: Der Inhalt verdichtet sich, steigert sich, löst sich dann wieder (*Eroica*-Durchführung erster Satz). Hier im Takt drüber hinweg-zuspielen, ist nicht »werkgetreu«, sondern das Gegenteil. Die italienische Musik kennt diese Ballungen nicht. Auch nicht Gluck.

*

Sinn und Seele, die eines in der Kunst sind – deshalb ist es Kunst –, haben eine andere Art der Prägnanz als der Verstand; so verschieden, daß dieser oftmals gar nicht sieht, wo eine sinnlich-seelische Leistung und Gestalt vorhanden und wo nicht.

*

Zwischen dem Guten und dem Besseren, zwischen dem Besseren und dem noch Besseren besteht in der Kunst eine ungeheure Kluft. Die Tendenz heute ist, diese Kluft nicht wahrhaben zu wollen. Dies bedeutet den Untergang der Kunst. Denn das wirkliche Publikum geht nur wegen der Besten, nur wegen der Genies zur Kunst, da nur diese zu ihm sprechen! Alles andere ist Mache, Mittelmäßigkeit und Belanglosigkeit.

Man verstehe recht: Nicht das solide und echte Musizieren im kleinen Rahmen ist damit gemeint, sondern die Routine der Großstädte.

*

Ich verlange: lebendige Tradition, nicht Ästhetik. Was ist übriggeblieben innerhalb der Geschichte unserer Musik? Und warum? Diese Frage haben wir uns rücksichtslos zu stellen. Seien wir auch in geistigen Dingen endlich so rücksichtslos und real wie nötig. Denn: Die Wirklichkeit ist uns abhanden gekommen!

*

Für den gegenwärtigen Zeitpunkt ist charakteristisch, gegen was einer glaubt, kämpfen zu müssen. Es gehört zu unserer Erkenntnis, daß die absoluten Begriffe, insbesondere der »Fortschritt« Denktäuschungen waren!

*

Der Fortschritt wäre längst erledigt, wenn etwas gleich Literarisch-Wirksames an seine Stelle gesetzt werden könnte. Richtig verstanden, könnte das das Volk sein; in Wirklichkeit ist es das aber nicht, da es immer politisch gedeutet wird. Wir müssen offen sagen: Eine solche wirksame Parole, d. h. überhaupt eine »Parole« in diesem Sinne ist gegen das Wesen der Kunst. Sie vergewaltigt die Wirklichkeit.

*

Ich habe die Beobachtung gemacht, daß große Denk-Kapazitäten (Klages, Keyserling) zu Gewaltsamkeit, voreiligen Absprachen, Mißgunst usw. neigen.

*

Ein Denker, der nicht wirklich durchs Leben gegangen ist – und wie viele sind es, zumal in neuerer Zeit mit ihrer frühzeitigen Spezialisierung –, wird dem Leben schwer gerecht.

*

Publikum, wahrhaft verstanden, führt den Künstler zur Einfachheit, die immer tiefer wird. Diese ist letzter Sinn größter Kunst.

Wille zur Macht nicht nur für Nietzsche persönlich bezeichnend-verräterisch, sondern dem Denken an sich zugrunde liegend. Mit einem gedachten Ideal die vielfältige Wirklichkeit totschlagen und deshalb – Wille zur Macht. Das Ideal statt der Verwirklichung, die Voraussetzung aller Literatur. Hier die Tragödie des »Denkens«!

1937

Heute das politische Vorurteil, daß die Individuen der Gemeinschaft mehr verdanken als diese ihnen. Beide sind aufeinander angewiesen, beide sind gleiche Partner.

*

Impressionismus hat Teilung der Sinnlichkeit zur Voraussetzung, deshalb vergänglich. Weitere Folge ist Abtrennung vom Publikum.

*

Raffinierteste Technik ist mit Unschuld des Empfindens nicht nur vereinbar, sondern nötig, um sie zur Geltung zu bringen. Sobald Raffinement in das Empfinden selbst dringt, dringt der Keim des Todes, die Bewußtheit, die Sentimentalität etc. mit ein, dies fängt an bei Liszt, z. T. schon bei der Romantik.

*

BRAHMS
Nicht nur für die auf eine bestimmte Richtung eingestellten modernen Konzerthörer, sondern den Menschen schlechthin. Dieser Mensch ist heute gewiß ein anderer als vor 50 oder 100 Jahren. Aber er bleibt immer Mensch. Hier ist sein Zentrum, die Quelle seines Seins und seiner Kraft. Nicht der Jargon der jeweiligen Gegenwart – der das Erkennen nur bei einer Geheimgesellschaft so sehr erleichtert, alles andere aber um so mehr entfernt – ist es, der ihn vertraut und verständlich macht. Er steht, ein

wahrhafter Titan der Tat, gegen eine ganze Welt, gegen
seine Zeit. Und ist heute der meistgespielte Komponist.

*

Hindemith schreibt ein seiner Meinung nach erschöp-
fendes Werk über musikalische Satzkunst. Er erklärte
mir gegenüber im Gespräch die Gesetze der »Form« als
zwar bestehend – als solche werden sie bestimmt einmal
entdeckt und analysiert werden –, aber als bisher völlig
unerforscht. In Wirklichkeit ist von der Form eher die
Satzkunst, vom Ganzen her das einzelne zu erklären.
(Tausendfüßler-Legende) Damit sind die Hindemith-
schen theoretischen Bemühungen gekennzeichnet als
solche einer Zeit, die es verlernt hat, von der seelischen
Einheit als Ganzem auszugehen. Vielmehr sucht sie eine
Art Ausgleich zwischen den Anforderungen der Form –
als Ganzem –, die durch bedingte Tonalität im Kleinen
und mit gewissen rhythmisch-motivischen Mitteln aufrechterhalten wird, und den Anforderungen des Details
der Satzkunst zugleich, die durch den analysierenden
Intellekt weitgehendst kontrolliert wird. Dieser schwebende Ausgleich, der auch in Hindemiths Kompositionen wahrzunehmen ist, bedeutet Entscheidendes für die
komponierende Generation, nicht aber für den Menschen von heute, da er nicht vom Zentrum des Seelischen seinen Ausgang nimmt, sondern vom gegenwärtigen Zustand des Materials. Die Inhalte und Spannungen, die auf Hindemiths Wegen verwirklicht werden
können, sind zu dünn und klein, um ernstlich als Ausdruck der Zeit gewertet zu werden. Hindemiths Musik,
Hindemiths Satzkunst ist modern, musik-fachlich gesehen, keineswegs aber modern als Ausdruck heutigen
Menschentums. Vielmehr stellt sie eine Arbeitshypo-

these dar für Komponisten. Das ist gewiß etwas; fragt sich nur, ob es überhaupt wünschenswert ist, eine solche zu suchen, zu finden, zu besitzen. Ob nicht alle und jede Kunst, die mit Hilfe von Arbeits-Hypothesen arbeiten muß, auf die Dauer totgeboren ist!

*

– Die Bedeutung der Tonalität ruht in nichts anderem als in der Möglichkeit zur durchgreifenden Form. Die durchgreifende Form, die Gestalt, die man auch die »große Form« nennen kann, ist die Bildung eines wahrhaften Organismus, und damit das, was uns organischen Wesen als Symbol unserer selbst – alle Kunst ist Symbol unserer selbst – gegeben ist. Ohne durchgreifende Form keine wirklich organische und daher keine wirklich verpflichtende, ausdrückende Kunst. Dieser tiefere Sinn der Tonalität muß begriffen werden. Die »Sprache der Zeit« ist poly- oder atonal. Es ist kinderleicht, sie zu sprechen, und es gehört keinerlei Mut dazu, sich ihrer heute zu bedienen (zumal die Berechnung, mit ihrer Hilfe über jeden sonstigen Mangel an Substanz hinwegtäuschen zu können, fast ausnahmslos von Erfolg begleitet ist). Mut, sehr viel Mut – und zwar um so mehr, je exponierter einer heute steht – gehört aber dazu, heute konsequent tonal zu sein, und um eines lebendigen und modernen Inhaltes willen den Vorwurf, die »Sprache« des 19. Jahrhunderts zu sprechen, bewußt auf sich zu nehmen.

*

Die Kunst der verschiedenen Völker und Zeiten hat insofern Verwandtschaft, ja eine gewisse Einheitlichkeit, als sich dieselben Motive notwendig immer wiederholen, eben weil sie allgemein menschlich sind. Die Natur ist immer und überall irgendwie dieselbe.

*

Wie entstehen Richtungen? Wie entstand die karge Homophonie? Die Romantik? Die »neue Musik«? Wagner? Die Askese der Heutigen? Immer Reaktionen. Nie aber gegen das Echte, sondern gegen die Manier. Es ist die Gefahr, daß man die Manier als das Wesentliche nimmt und also auch die Reaktion zu diesem Wesentlichen rechnet. Weder das eine noch das andere ist richtig.

*

PHARISÄER UND SCHRIFTGELEHRTE!!
KUNST UND MORAL

Ich bin kein Moralist. In gewissem Sinn aber hat Kunst mit Moral zu tun. Nämlich das »sich ins Kunstwerk hineinstellen«, eine Aktion von seiten des Hörers, eine Forderung von seiten des Künstlers. Sie setzt die Konzentration und Hingabe voraus; wirkliche Kunst - wie wirkliche Liebe - verlangt den ganzen Menschen. Gerade dies aber wird verweigert und hier beginnt die Tragödie der Kunst überhaupt. Den Geist der Nicht-Hingabe möchte ich »journalistisch« nennen - - -. Es ist das Schmecken am Detail, es ist das Vergleichen, es ist das ganze Überwiegen des historischen Denkens, das allmählich, zumal in Deutschland, seinem Ursprungsland, der schwerste Feind aller echten Kunst geworden ist.

Wenn ich mich hingebe, so weiß ich, respektive mein Unterbewußtsein, welcher Art diese Hingabe ist, ob von

Dauer und Wert oder nicht. Aber es ist Hingabe, es ist Schicksal, das ich auf mich nehme. Gebe ich mich nicht hin, so bleibe ich als Urteilender draußen, ich stehe drüber, ich bin stolz und gerecht, aber ich lebe nicht. Ich gehöre zu den Pharisäern und Schriftgelehrten. Sie meinen, um den Überblick zu behalten, um urteilen zu können, müsse, dürfe man sich nicht hingeben. Das ist nicht nur Irrtum, es ist vielmehr Zeichen menschlicher Begrenztheit und Schwäche. Es ist zugleich und zunächst immer Zeichen menschlichen Neides und des Unwillens, sich mit etwas Neuem auseinanderzusetzen. Es ist im Grunde die Begrenztheit, die Dummheit, die dem Pharisäismus und all den gescheiten Leuten zugrunde liegt. Und diese ersticken die Kunst. Aus Wunsch, der sogenannten Wirklichkeit gerecht zu werden, wird man sich selbst nicht mehr gerecht. Man betrügt sich um das eigene Leben, man ist nicht, wer man ist, um nur vielseitig, allseitig zu sein. Man sieht die Lächerlichkeit dieses Unterfangens nicht; man sieht nicht, daß tatsächlich – wie es denn heute auch ist – nur noch die leere Hülse übrigbleibt.

*

Über den Sinn aller »Vergleiche«. Man kann nie direkt vergleichen; dasselbe bei Bach bedeutet etwas anderes als dasselbe bei Beethoven (Halm). Ebenso Beethoven und Wagner (Lorenz). Entweder sind die Leute in einen verliebt und sind ungerecht, oder sie sind überhaupt nicht verliebt und sind noch ungerechter, denn die Scheingerechtigkeit, die daraus stammt, ist wirklich »Schein« – –.

*

Es gibt zweierlei gute Aufführungen. Solche, wo die gute Aufführung als solche in die Augen springt. Es sind das die Aufführungen der berühmtesten unter meinen Kollegen. Und solche, bei denen überhaupt nicht von der Aufführung gesprochen wird, sondern nur das Werk Eindruck macht. Eine Aufführung, bei der das betreffende Werk als solches auf mich Eindruck gemacht hat, in der ich die Stimme des Komponisten vernommen habe, ist allemal gut. Und meiner Meinung das, was unsere wahre Aufgabe ist. Eine präzise, virtuose, glanzvolle Aufführung zu machen, können viele; aber die Seele von Beethoven, Wagner usw. sprechen zu lassen! Hier hilft nichts, denn was man nicht ist, kann man nicht machen. Wer nicht in sich ein Stück Beethoven, Wagner usw. hat, wer nicht in irgendeiner Weise »kongenial« ist, wird sie nie wirklich interpretieren können. Nicht die größte Aufrichtigkeit – Treue, Bemühung –, nicht die virtuosen Fähigkeiten können das ersetzen. Daß Beethoven und Wagner außerordentliche Seelen waren, wer wird das bezweifeln! Ob aber unter unseren Künstlern – sie mögen sonst noch so viele Verdienste haben – gerade allzuviel außerordentliche Seelen zu finden sind?

Von interpretierenden Künstlern gilt das, was Perikles in seiner berühmten Rede an die Athener von den Frauen sagt: Sie seien um so mehr das, was sie sein müssen, seien um so besser, je weniger man von ihnen spräche.

Heute freilich ist es umgekehrt.

*

Jede einstmals lebendige Tradition hat die Tendenz, zur Orthodoxie zu erstarren. Diese Gefahr ist natürlich auch für Bayreuth vorhanden, und das um so mehr, als das Gesamtkunstwerk Wagners zu seiner Wirkung – die als solche letzten Endes einfach und klar ist wie die allergrößte Kunst – eine ungewöhnlich große Zahl von mitwirkenden Faktoren benötigt, diese Faktoren, die nur als Mittel, nur in ihrem Zusammenwirken ihre wirkliche Bedeutung erhalten, im einzelnen gesehen aber stets die Tendenz haben, einzeln die Herrschaft an sich zu reißen, Selbstzweck zu werden.

Die einzige Möglichkeit, ihr zu begegnen, liegt darin, alles was »Tradition« geworden ist, immer von neuem am Werke selber zu messen. Diese Aufgabe wird jeder Generation, ja an jeden einzelnen von uns zeit seines Lebens immer von neuem gestellt. Dies, nur dies ist der wahre Dienst am Werk.

Wieweit das gelingt, ist nicht so sehr Sache williger Bemühungen, sondern Sache der Kongenialität und – – –, eine Aufgabe, die im übrigen der Begabung jeder Generation von neuem gestellt wird.

Hier, und nur hierin ist jener »Dienst am Werke« zu sehen, jenes – auf Bayreuth angewandt – »um der Sache willen« tun, von dem Richard Wagner spricht.

*

Der Mensch ist so eingerichtet, daß er immer nur an das Nächstliegende denkt. Ist er krank, so denkt er immer im engsten Sinne an die Überwindung der Krankheit. Daraus unsere Überbetonung des »Biologischen«, die den Überbau des Religiösen nicht begreift.

*

Gegen den »literarischen« Heroismus. Das wirkliche Leben ist aus Heroismus und Idyllik gemischt. Der Heroismus ist literarisch »denkbar« wegen der moralischen Forderung, die in ihm steckt. Die Idylle nicht. Er ist gern terroristisch. Aber zwischen der heroischen Forderung und wahrem Heroismus, der der Größe entspringt, ist noch ein Unterschied. Sicherlich kann der Heroismus zu anderen Zwecken mißbraucht werden.

*

Die gescheiten Menschen lieben die Gescheitheit allzu- sehr. Sie sonnen sich in ihr. Sie glauben immer noch an den Fortschritt, weil sie an den Fortschritt der Gescheit- heit glauben. Sie sehen nicht, daß die Gescheitheit, d. i. das Bemerken, das Aussprechen, das Registrieren der Dinge – das große Fortschritte gemacht hat, wo aber noch unendlich mehr zu entwickeln wäre – doch nicht das ganze, nicht einmal das »wirkliche« Leben ist. Man kann wahrlich sagen: Nur der gibt dem »Wort« die rich- tige Bedeutung, der nicht an das Wort glaubt, der das Ver- hältnis von Wort zu Wirklichkeit durchschaut. Dies ist Weisheit, die dem Baum wie dem »Weisen« gleich ge- meinsam ist, nicht aber dem europäischen Gebildeten! Deshalb hat dieser die Welt aus der Ordnung gebracht.

*

Warum Terrorismus in der Kunst so verhängnisvoll? Weil er die Reizungen, die Anregungen ausschaltet. Daran stirbt jede Kunst.

*

Opposition gegen die klassische »Schönheit«. Dabei meinte der Grieche, etwa Plato, mit Schönheit etwas ganz anderes. Das Bild von der »klassischen Schönheit« ist es, das die letzten zwei Jahrhunderte beherrscht, nicht sie selbst. Sie selber aber ist durch das Bild leider ausgelöscht. Es gilt, das Bild zu entthronen und sie wiederzufinden.

*

Es ist der Irrtum, daß man glaubt, die Kritik wäre dazu da, um recht zu haben. Sie ist da, um zu diskutieren. Wo nicht diskutiert werden kann, kann sich keine Meinung bilden, die einen Wert hat.

*

NIETZSCHE

Nietzsche glaubt – das unterscheidet ihn von uns heutigen – an den Fortschritt. Und als solcher glaubt er an den Untergang. Er kultiviert den Heroismus der Einsamkeit, den tiefere, reinlichere Geister – Goethe –, gerade weil sie ihn gekannt haben, nicht wahrhaben, nicht aussprechen wollten. Die Schamlosigkeit, mit der er von diesem seinem Heroismus spricht, ist die Schamlosigkeit dessen, der Literatur und Leben verwechselt.

Sind es die »prinzipiellen« Dinge, die die Größe des Denkens ausmachen? Mir kommt es so vor, als ob die Kraft des Menschen in der Maschine liege, die er bedient. Ich bin die »prinzipiellen« Dinge, die prinzipiellen Antworten müde. Sie sind so billig wie ihr Pathos. Und werden nicht wertvoller, wenn sie richtig sind. Es ist leicht, das Richtige zu sagen. Es ist schwer, es zu tun. Gefährlich ist es zu glauben, das Sagen wäre das Tun. Es kann zeitweilig praktische Macht bedeuten, und das war es für den Ich-Menschen Nietzsche, der sich für die Menschen nur so weit interessierte, als er sie beeinflußte. Wer ihn mit seinen eigenen Mitteln, nämlich denen der Entleerung, als das erkennt, was er ist, als der große Literat, setzt sich heute doppelter giftigster Feindschaft aus, der der Naiven, die nie alle werden, die Worte für Taten nehmen, und – schlimmer als sie – derer, die selbst beteiligt, sich selbst angegriffen fühlen, der Literaten selbst. Je älter ich werde, desto mehr begreife ich die

Feindschaft auf dem Boden des Ressentiments, des Neides nicht nur, sondern auch als genügenden Grund auf dem Boden der »Arbeitshypothese«, die aufrechterhalten werden muß.

Vor allem der Glaube an das Wort, an die Literatur, der von jeher durch die Jahrhunderte ging, der die früheren Religionskriege wie die heutigen vergifteten Kampagnen verursachte, schuf, ist nicht die Wahrheit, wie Nietzsche meint. Nietzsches »Wahrheit« ist eine Gegenposition, eine Reaktion gegen eine Wirklichkeit – das Christentum –, die keine mehr war und weil sie keine mehr war. Insofern die christliche Moral gepredigte Moral war, die Wortmoral, war sie Sklavenmoral. Darin hatte Nietzsche recht. Insofern sie aber gelebt wurde, indem sie die Demut vor der göttlichen Kreatur bedeutete, das tägliche Neuanfangen, war sie die größte und härteste Herrenmoral, die es je gegeben. Das Pathos des Moralisten Nietzsche zieht seine Kraft aus der Tatsache, daß das Christentum tot ist. Es ist das Pathos der Epoche, der Glaube, daß die Ideen der Geschichte wirklicher seien als die Menschen, die sie tragen. Er macht sich dies Kraftfeld zunutze, wie der Fuß auf ellenhohen Socken des Mephisto, seine sechs Pferde oder auch sein Auto, sein Flugzeug. Moral des Schwachen, des körperlich Schlechtweggekommenen, der er war, der die Geschichte braucht, um sich seine Größe zu beweisen. Gewiß ist seine Einsamkeit schwer zu ertragen; soweit er von ihr erzählt, hat er nicht übertrieben. Daß er von ihr erzählt, daß er sie »kultiviert«, ist seine Schwäche. Hier finge der wirkliche Heroismus erst an. Nietzsche spricht einmal von seiner »geistigen Schlaflosigkeit«. Wie treffend gesehen für den, der die Welt nur noch als kritischer Moralist betrachten kann.

Nietzsche, der Wagner nie begriff, weil er ihn nie als Ganzes erfaßte. Wie er dem sensuellen Reiz der Wagnerschen Musik erlag, so mußte er sich von Wagner wieder befreien. Nur der Wagnerianer wird zum Wagner-Verächter. Achten wir, daß wir keine Wagnerianer, sondern Wagner-Verehrer, Wagner-Liebende seien.

*

Die »Lauen werden ausgespien«. Wahre Gerechtigkeit in der Wirklichkeit sehr selten. Die Brucknerianer bekämpfen Brahms, die Brahmsianer lassen an Wagner kein gutes Haar etc. Und die Gerechten? Die Überschauenden, die die »Entwicklung« im Auge haben, die – – –. Nein, tausendmal nein. Da sind mir noch alle, die ungerecht sind, weil sie lieben, tausendmal lieber. Wirklich überschauend ist nur der, der viel geliebt hat.

*

Wenn ich heute Kunstgeschichte (Buschor) lese, eine kluge vollständige Überschau. So weit ist man gekommen. Und doch – man selbst steht daneben. Das aber ist es, worauf ich nie eingehen werde.

*

CLEMENS KRAUSS
Entzückende Technik. Immer wieder angeregt. Aber – Gefangener der eigenen Technik!

*

Der Täter und der Kritiker – zwei Grundpositionen. Es kommt darauf an, welche man sich zutraut. Der Täter ist jedenfalls der Mutige, der Reelle – – –.

*

Auf ein Kunstwerk muß man sich einstellen, d. h. es ist eine geschlossene Welt, eine Welt für sich. Dies Sicheinstellen heißt Liebe. Sie ist das Gegenteil vom Abschätzen, vom Vergleichen. Sie sieht das Unvergleichbare, Einzigartige. Die offene Welt, die Welt des abschätzenden Verstandes wird nie einem einzigen Kunstwerk gerecht. Und dies ist die riesengroße Täuschung der Kunstgeschichte. Daher ist die heutige Kunst-Erziehung so falsch. Wenn wir alte Kunst, alte Musik hören schon mit dem Bewußtsein, daß es »alte« Musik ist, d. h. nicht restlos unsere eigenste Angelegenheit, so ist es schon falsch. Der Glaube an die verrücktesten dadaistischen Dinge war dem wirklichen Kunstaufnehmen immer noch näher als die Skepsis des vergleichenden Kunsthistorikers von heute.

*

Man kann die ganze Kunstentwicklung auch vom Aufnehmenden her schreiben. Die Veränderung des Aufnehmens; das sich immer weniger dem Kunstwerk stellen. Daher die auffallenden, herausfallenden Wirkungen, daher schließlich der Mangel an Gemüt! Wo dasselbe verkommt oder unter billiger Ironie und Besserwisserei verschüttet ist, ist es besser, nicht daran zu appellieren.

1938

Originalität kann in zweierlei begründet sein. Einmal in der Neuheit und Originalität der Klänge selbst, des unmittelbaren Materials – neue Harmonien, neue Rhythmen etc. – oder in der Neuheit der Zusammenhänge, in der das an sich bekannte Material gesehen wird. Die erste Art möchte ich die spekulative nennen; sie ist seit Wagner genugsam praktiziert und hat uns an den Abgrund gebracht. Die zweite setzt die wirkliche menschliche und künstlerische Kraft voraus und setzt sich zudem der Gefahr aus, nicht erkannt zu werden. Denn sie kann nur in einer kongenialen Interpretation zur Erscheinung kommen, und all denen, die gewöhnt sind, den Blick nur noch auf das Material selber zu lenken – wie heute fast alle –, bleibt sie verschlossen. Aber sie bleibt schon deshalb die einzig mögliche, weil die Entwicklungsmöglichkeiten des Materials selber erschöpft sind, nicht aber die Entwicklungsmöglichkeiten der Kunst.

*

Das Entscheidende ist immer: Ist das Kunstwerk schmückend, dekorativ oder reißt es das Leben an sich, gibt es das ganze Leben wieder. In diesem Falle braucht es den Raum und wird ihn immer brauchen.

Die Kunst des »Raumes« wird notwendig tragisch. Sie rührt an die Grenzen des Seins, in ihr bewegt sich die Welt. Alle dekorative Kunst bleibt notwendig untragisch, heiter, höchstens leicht wehmütig. Sie setzt sich nicht und niemals entschieden auseinander.

Der Stil jedes Künstlers, jedes Kunstwerkes ist immer ein Durchgang. Seine Besonderheit und Größe, auch bei den Größten – und gerade bei diesen – besteht in dem Grad des Durchgangs und dessen Gleichgewicht (etwa von Tonalem und Chromatischem, von »Form« und Ausdruck, von Dramatischem und Lyrischem Verdi usw.). Die Nachgeborenen sehen hier gar zu gern »Fortschritte« der einen Tendenz und glauben, es sei nötig, dann weiter fortzuschreiten, ohne zu bedenken, daß dann das Gleichgewicht gestört, und – heute – die Kunst geradezu unmöglich wird.

*

Bach, Beethoven, Schubert, Brahms, schließlich auch Bruckner, Wagner, Hugo Wolf, Richard Strauss, Pfitzner usw. sind alle denselben Gesetzen angehörig – eine Welt. Nicht 19. Jahrhundert, nicht 18., nicht eine »historische« Welt, sondern ein gemeinsamer Musikbegriff. Dann aber kommt der Bruch. Man versucht nun immer, diesen zu verschleiern, indem man alles auf das Historische schiebt. Das trifft aber die Sache nicht. Wir dürfen uns darüber nichts vormachen: Wer heute atonale oder »tonal aufgelockerte« Musik macht, betreibt etwas grundsätzlich anderes als die früheren.

*

Es führen verschiedene Wege nach Rom. Man kann diesen oder jenen derselben benutzen, kann aber nicht zwei zugleich gehen. Entweder begegnet man der Welt als Philosoph oder als Dichter, oder als Politiker, oder als Historiker. Jeder dieser hat den Glauben, es gäbe in Wirklichkeit nur ihn. Jedenfalls macht der Politiker alles für die Politik haftbar, der Philosoph glaubt auch von Kunst mehr zu verstehen als der Künstler, der Historiker vollends – nun, dieser kennt alles, weiß alles, ordnet alles ein, aber, wie der Flieger das Land kennt, über das er hinwegfliegt, von dessen Wesen er aber vom Flugzeug aus am wenigsten gewahr wird. Von allen Reisenden sieht der Flieger am wenigsten – die Welt ist klein und arm geworden seit der Erfindung des Flugzeugs. Im Geistigen haben wir uns auch angewöhnt, nur mehr zu »fliegen«. Die Welt ist auch hier, ach!, wie klein und arm geworden.

Es gehört eine tiefe Einsicht dazu, um zu wissen, daß es verschiedene Wege gibt, die einander ausschließen.

Der schlichte Nichts-als-Künstler, wenn er ein wirklicher ist, besitzt diese Einsicht vielleicht deshalb am meisten, weil die Kunst im wahren Sinne von allem das sachlichste, das am meisten auf Leistung, am wenigsten auf Ambitionen und Wollen Gestaltete ist. Der Künstler weiß, daß er nichts als sein Werk zu erfüllen hat; daß er nicht die Aufgabe hat, alles besser zu wissen, über andere zu Gericht zu sitzen. Es wäre gut, wenn auch der Philosoph, der Politiker oder gar der Historiker so dächten – und wenn sie zum mindesten begriffen, daß sie primär von Kunst nichts verstehen, solange sie glauben, den Künstler mit ihren Maßen zu messen. Ich kenne nur zwei Philosophen, die »organisch« wußten, was Kunst ist: Goethe und Plato. Sie waren freilich beide Künstler.

*

Man kann Kunst von verschiedenen Seiten ansehen. Ich nehme sie jetzt einmal als ein Wirkungs-Verhältnis – Wirkung zwischen Künstler und Publikum – an, wie es auch die Politik ist. Da ist zu bemerken: Die echte künstlerische Wirkung ist gefährdet durch: 1) Routine, 2) in Gefolge der Routine Abschnürung und Verkapselung

des echten Lebens, schließlich Impotenz, 3) infolge-
dessen Versuche, das Wirkungsverhältnis durch unreelle
Mittel auf die frühere Kraft der Spannung zu bringen, als
da sind: die über den Inhalt des zu sagenden hinausgehende Sprachstärke, alle bewußten Mittel des Reizes,
der Farbe, des Rhythmus. Dann die Steigerung des Patho-
logischen zur Verzerrung oder andererseits zur Sentimentalität und schließlich bewußte wirkungssichere
Banalität.

In der Politik rechtfertigt der Zweck so recht eigentlich
die Mittel. Hier kommt es lediglich auf die Stärke der
erreichten Wirkung an. In der Kunst aber kommt es,
durchaus im Gegensatz dazu, lediglich auf die Echtheit
der Wirkung an. Wie diese Wahrhaftigkeit zu erkennen,
wie sie zu erreichen und zu erhalten ist, das ist der Inhalt
alles Denkens über Kunst. Die Kunst ist damit der große
Anwalt der Wahrhaftigkeit überhaupt innerhalb einer
Welt, in der sie von Grund aus gefährdet ist. Wie die
Nahrung des Leibes, so ist die des Geistes, d. i. die Kunst,
überall verfälscht.

*

Die Großen haben jeder ihre Art Ordnung. Das Ordnen-
können ist das Zeichen der Größe. Für die Nachgeborenen-
nen ist es leicht, in eine dieser Ordnungen hineinzuge-
raten. Wenn man, wie es heute geschieht, um dies zu vermeiden, der höheren Ordnung überhaupt aus dem Wege
geht, so heißt das freilich den Teufel mit Beelzebub aus-
treiben.

*

Auch für die Kunst ist wie für die Religion – wie für alles,
was mit dem Seelisch-Unmittelbaren zusammenhängt –
der jeweilige Bewußtseinsstand der Epoche von aus-

schlaggebender Bedeutung. Dieser macht sich in der Musik hauptsächlich im Harmonischen, in zweiter Linie auch im Melodischen, Strukturell-Rhythmischen geltend. In aller großen Kunst hält sich das Erkenntnismäßige und das Bewußtseinsmäßige die Waage. Es gibt aber einen Zustand – schon bei Strauss ist er vorhanden –, bei dem das Bewußtseinsmäßige in ein Stadium der Helle getreten ist und dadurch das Gefühlsmäßige mehr und mehr in den Hintergrund drängt, schließlich, bei vielen heutigen Kompositionen, geradezu auslöscht. Damit aber wird diese Musik a u s s i c h s e l b s t h e r a u s überflüssig – wohlgemerkt, nicht »schlecht«, in vielem Belang ist sie sogar sehr klug. Aber sie verliert ihre Notwendigkeit in sich. Dies aber weiß sie und die, die an sie gewöhnt sind, n i c h t. Dies müssen ihr erst die andern sagen; so das brutal-negative Vorgehen des Nationalsozialismus.

*

Die Programmusik stellt schon an sich einen helleren Bewußtseinsstand dar als die absolute. Mit der eigentlichen Programmusik, die schon bei Liszt beginnt, hört die innere Notwendigkeit der Musik überhaupt auf. Straussens Musikgeschichtstheorie baut sich – naiverweise – allein auf diesem Bewußtseinsstand auf, ebenso wie Liszt meint, daß Sonaten zu schreiben, eine unmögliche Angelegenheit sei. Hier ist der Punkt, der entscheidende Punkt, wo sich die Entwicklung der Musik überhaupt von der Entwicklung des sie tragenden Bewußtseinsstandes t r e n n t. Damit erst entsteht das Problem der Musik von heute.

*

Brahms wird von der Kritik auch heute noch bekämpft. Und wie! Wußten die betreffenden Kritiker, deren Berechtigung zu solcher Kritik in einzelnen Fällen nicht zu bestreiten ist, daß sie in Wahrheit nicht den Autor, sondern lediglich den Vermittler, d. h. den jeweiligen Dirigenten, Instrumentalisten kritisieren? Daß alle die bitteren Worte, die sie finden, ausschließlich diesen gelten, gelten müssen?!

*

Mit dem Ende der Atonalität ist der Weg frei für die unmittelbare Erkenntnis des Echten und Falschen. Die letzte Illusion, z. T. noch unter uns lebend, ist tot. Nun können wir der Auseinandersetzung nicht mehr ausweichen. Es wird nicht mehr angehen, Werke, nur weil sie in d-Moll anfangen, als überlebt zu bezeichnen.

*

Warum berührt es so unstatthaft, wenn wirkliche Musik als Stimmungen durch Worte wiedergegeben wird? Weil Stimmung etwas Subjektives, wirkliche Musik aber Organismus, und Organismus etwas Objektives ist. Daß der Organismus subjektiv deutbar, subjektiv verankert ist, ändert nichts an seinem prinzipiell anderen Wesen. Er ist, er stellt nicht dar. Eine Sinfonie von Beethoven mit Worten, als Stimmung zu begreifen, ist ebenso unfähig wie verlogen.

*

Wenn man den Leuten nur beibringen könnte, daß Wahrheit, Wirklichkeit und Harmonie, göttliche Harmonie, keine Gegensätze sind.

1939

FALL WAGNER

Ja, das Theater. Das Theater ist das Kunstinstitut, das am höchsten wie am tiefsten mit der »Kunst« verhaftet sein kann, das den ganzen Komplex »Kunst« am klarsten und übersichtlichsten »darstellt«. In jedem Organismus gibt es höhere und niedere Organe, die einen das Zentrum des Lebens, des Wachstums, die andern der Notwendigkeit der Ausscheidung dienend, die mit jedem Wachstum nun einmal unlöslich verbunden ist. Und gerade diese niedern, niederziehenden Seiten allen Kunstbetriebes sind beim Theater seinem Wesen nach besonders ausgeprägt. Wagner ist dem Theater schicksalsmäßig wie kein anderer großer deutscher Künstler verhaftet. Deshalb wandte er sich zeit seines Lebens gegen das »Theater«, gegen alles Nur-Theater. Es bedeutet das größte Unrecht, ihn als Mann des Theaters, wie es gemeiniglich ist, zu denunzieren. Es ist, gerade weil er mit ihm den Ausgangspunkt gemeinsam hat, sein unermüdlichster Gegner. Und es bedeutet eine tiefe Fälschung, wenn man den Dichter, den Musiker Wagner auf den »Theatermann« reduziert, man verstehe denn Theater so, daß es den Dichter, den Musiker nicht zerstöre, sondern darin sich auswirken lasse, – so wie er selbst Theater verstanden hat. Hier aber liegen die tiefen Mißverständnisse, denn das Theater selbst versteht sich nicht so. Es weiß, daß es Theater ist und will nichts weiter sein.

*

Eroica! Überspannung des Frühstils, z. T. geradezu abstrakt (1. Satz). Bei aller Größe des Werkes ein einmaliges, d. h. ein Übergangswerk. Schon die *Vierte* ist freier und damit größer. Zeichen, daß jeder, auch der natürlichste Stil, erstarren kann, ja augenblicklich erstarrt, wenn er nicht mehr ganz natürlicher Ausdruck ist. Und dieser ist er wohl immer nur in einem Moment. Die Unterschiede des Beethovenschen Frühstils und mittleren Stils, zumal in den Übergangszeiten, sind nicht so mit Händen zu greifen wie das, was man heute Beethovens Stil nennt. Es ist keine »Entwicklung« der Harmonik, keine der Rhythmik, sondern allein der Seele, die sich in höherem Maße als früher die musikalischen Räume zunutze macht. Die Seele spricht sich schrankenloser aus; das ist das Ganze.

*

Das Organische ist das heute unbekannte Element. So viel, oder gerade weil so viel darüber gesprochen ist. Die Farbe, die Nuance, die Einzelheit ist das Kennzeichen eines sensitiven Jahrhunderts, der Organismus aber macht Kunst erst zur Natur, und damit bringt er sie zu sich selbst.

*

Plato – gewiß hat Klages recht, wenn er ihn einen Versuch nennt, der Fülle des Gesamterlebens eine »Deutung« unterzuschieben, die eben als Deutung Zielcharakter hat, und damit verengt. Das liegt im Versuch der Deutung an sich. Wenn Klages diese Deutung ablehnt, so kommt das infolge seines höheren Bewußtseinszustandes, seines »späteren« Denkens, nicht seines tieferen Denkens.

Alle echte wahre Kunst ist schlicht und trägt Bescheidungen in sich.

Bescheidung darin, daß eine Haydn-Sinfonie mystischer ist als eine Bruckner-Sinfonie. Die Bescheidung der gebundenen Form, der Gestalt, jenseits der Ideen, des Willens, der Wirkung, der Programme. Wo die Wirkung anfängt, hört die Kunst auf.

*

Jenes Gegeneinander-Ausspielen von Bach und Beethoven – meistens zugunsten Bachs – kommt von der Angewohnheit des modernen Menschen, nichts zu Ende zu hören, sondern nur auf die Art des Fortspinnens, auf den Strom zu achten. Sonst hätte man gar nicht die prinzipiellen Gegensätze alle konstruieren können.

*

Die Kunsthistorie – ebenso die Kulturgeschichte – wird schöpferisch genannt, wenn sie die den einzelnen unbewußten großen Richtlinien der Entwicklung herausarbeitet. Das ist jedenfalls der heutige Begriff davon. Ebenso unbestreitbar aber ist, daß es Tatbestände und Gesetze gibt, die immer und für alle Zeiten dieselben sind. Hat man früher naiverweise nur vom Allgültigen, womit man das Eigene meinte, gesprochen, so betrachtet man heute alles als in die jeweilige Zeit einbezogen, als »relativ« – womit man freilich für die eigene Gegenwart nur allzu recht hat –. Es wird einmal eine Zeit kommen, wo, im Namen der ganzen Wirklichkeit, beide Tendenzen sich durchdringen, jeder der beiden Anschauungen das ihr zukommende Recht gegeben wird. Die Manier, alles in historische Tendenzen aufzulösen, ist heute billig geworden, ist entwertet. Man braucht nur einen neuen archimedischen Punkt zu suchen, und sofort sieht die Sache anders aus. (Siehe Steding. Als ob etwa für Bachofen oder Jacob Burckhardt ihre Stellung zum preußisch-deutschen Reich das Entscheidende gewesen wäre! Es gibt tatsächlich weibliche und männliche, idyllische und herrische Inhalte im Leben.)

Ich halte nichts von den großen Überblicken, die alle einer intellektuell-kombinatorischen Tätigkeit entspringen. Da ist mir die auf einen Punkt gerichtete, an einem Punkt hängenbleibende Orthodoxie noch lieber. Ihr Ursprung ist doch Liebe, wenn auch sie schließlich in ihrer Liebe verhärtet und erstarrt ist. Der Überblick hat den Zweck des Sich-Orientierens. Er ist lieblos, und wenn er Werte setzt, fälschend. Wieviel mehr gehört dazu, sich einer einzigen Erscheinung, einem einzigen wahrhaften Kunstwerk zu stellen, als zu den größten Geschichts-Konstruktionen à la Spengler oder Steding[8].

*

Das »Interpretatorische« unseres Denkens. Wie glücklich sind unsere Kunst- und Kulturpsychologen, wenn sie einmal einen Stil erfaßt haben, ihn wie einen Schmetterling auf die Nadel spießen können. Da reden sie etwas von Barock und Rokoko, und in den Stil der Baukunst müssen eben alle andern Lebensäußerungen der Zeit mit hineingepreßt werden. Statt zu begreifen, daß in jeder Zeit verschiedenste Strömungen ans Licht treten, nur manche durch äußere oder innere Entwicklungen besonders dominieren. Man kann nicht umhin, daß es bei Bach einfach keinen »Barock« gibt, sondern nur Gotik. Selbst die Strenge seiner Präludien und Suiten ist eher gotisch. Dagegen ist Händel zum Teil barock, aber auch dies nur historisch-äußerlich, das innere Leben seiner

Musik ganz anders. Wahres Barock sind Liszt, z. T.
Wagner, auch gewisse Partien Bruckners. Das aber nennt
man neu-romantisch. Warum? Man weiß noch nicht, wie
sehr die Schichten der Zeiten durcheinandergehen – wie
viel wichtiger und aufschlußreicher (wenn auch schwerer) es ist, die Werke selber zu befragen als die Zeiten und
das Milieu.

Es hilft nichts, alle Kunstbetrachtung, die irgendetwas
wert sein will, muß sich einzig und allein mit den
Werken selbst auseinandersetzen; alle Hilfen und
Eselsbrücken, wie Zeitalter, Kunstperiode, Rasse – auch
diese gehört zu diesen unzulässigen Hilfen, die den
Ausblick auf die Werke stören –, Milieu, Psychologie des
Persönlichen usw. sind vom Übel. Sie fälschen das Bild.
Warum nur in aller Welt gibt es so wenige, die sich den
Dingen selbst – direkt – gegenüberstellen.

*

Es ist gleich, ob man die Welt als Gegensätze erlebt und
sieht oder nicht. Es ist aber nicht gleichgültig, ob man
diese Gegensätze anerkennt, oder ob man ihrer Vereinigung lebt. Denn alles wirkliche Leben ist vereinigen des
männlich-einigenden Willens mit dem weiblich-sich-
sondernden Sein.

*

Die tiefste Bedeutung der Stedingschen Konstruktion ist
psychologischer Art, ist die Erkenntnis, daß das den
Nachdruck in die Übergänge legen, das Ausweichen
gegenüber den Werten einer Gesamthaltung des Lebens
entspringt, und diese Gesamthaltung darauf zurückwirkt,
daß die Gesundheit des Denkens mit der Gesundheit des
Lebens als eines Tat-durchdrungenen zusammenhängt.

Diese Erkenntnis ist zweifellos richtig. Sie ist übrigens
schon von Goethe. Alles darüber Hinausgehende –
Steding – das ist der größte Teil seiner Interpretationen
im einzelnen – sind Konstruktionen, verursacht durch
sein gewaltsames Rückbeziehen aller Inhalte auf das
Politisch-Männliche. Hier zeigt sich der Denker als ver-
setzter Politiker – und damit die Fälschung der Wirklichkeit.

*

Zu Goethes Zeit bis in die Mitte des Jahrhunderts sprach
man von Schönheit und Häßlichkeit, von Kraft und
Schwäche usw. Seitdem – vor allem dann mit Nietzsche –
fängt man an, von Aufstieg und Niedergang, von Jugend
und Alter, von Dekadenz und Jugendlichkeit als Gegensatz zu reden, d. h. also: die Dinge im Strome der
Entwicklung gesehen, statt direkt.

*

Wenn der gesunde Mensch sich nicht seiner Natur nach
produktiv auswirken kann, so verändert sich sein Denken. Und zwar das sehr bald, d. h. viel früher, als man bisher annahm. Es gehört nicht erst äußere Ohnmacht dazu,
um die feineren Grade dessen zu erzeugen, was man
Ressentiment nennt. Ja, das Denken ist gleichsam der
Spiegel des Handelns, an ihm, an seiner Struktur ist zunächst und vor allem einmal abzulesen, wie weit der
betreffende Mensch sich als Handelnder, als Wirkender
erfüllt. Man betrachte einmal Nietzsche daraufhin, und
man wird begreifen, warum er so denken mußte. Man
wird aber auch begreifen, wie wenig verpflichtend für uns
dieses Denken sein kann.

Man kann solcherweise aber auch aus dem Denken
ablesen, was das Handeln eines Menschen wert sein mag.

Je wahrhaftiger, je stärker es ist, desto gütiger und desto mutiger und unbekümmerter das Denken. Man sehe sich auch darauf Nietzsche an, den Schulfall für alle versetzten schlechten Instinkte eines eigentlich zum Handeln bestimmten Menschen.

*

Strawinsky: Die Prägnanz, die die Musik aus ihren eigenen Spannungen nicht mehr aufbringt, erhält sie von außen durch die Mithilfe des Balletts. Sie wird somit wieder, was sie früher durch die Jahrtausende war: Gebrauchsmusik. Und man fragt sich wohl: Ist der Traum der absoluten, d. h. der wirklichen Musik ausgeträumt? –
Ich bin ein Mann der Erfahrung. Wenn die Erfahrung mir sagt, daß dem so wäre, würde ich es nicht nur zugeben, sondern auch die Konsequenzen ziehen. Theorien haben hier in dieser bittersten Frage gar keinen Sinn.

*

Immer folgt in der Geschichte der Künste auf eine allzu ausgebaute und übertriebene Kompliziertheit eine neue Einfachheit (deutsche Klassizität, Empire).

*

Einer, der sich selbst deuten kann, ist kein Schöpfer, Der Schöpfer weiß wohl, wie weit er verschieden ist von den andern. Wenn er sich aber im eigentlichen Sinne »deuten« könnte, so müßte er in jener dünnen einseitig-geistigen Welt leben, die zwar die Wahrnehmung schöpferischer Leistungen gestattet, ihrer selbst aber in ihrer Dreidimensionalität unmächtig ist. Sie können sich aber heute alle deuten.

*

R. Strauss offenbarte sein Versagen in dem Moment, wo
er von der absoluten Musik abging. Er war ihr nicht
»gewachsen«. Wo und wann er nun später Besonderes
leistete, war es stets als absoluter Musiker.

*

Wenn wir die Gründe der Entfremdung zwischen Publikum und modernem Komponisten aufzudecken versuchen, kommen wir vor allem auch auf die Tatsache der
übermäßigen Komplikation, des Verlustes des Allgemeingültigen.

Die Tendenz der Zeit, immer größere Komplikation.
Bis Schumann, Wagner, Bruckner natürliche Erscheinungen innerhalb der Komplikation. Dies aber der
Grenzpunkt. Die Generation Reger, Strauss schon darüber hinaus. Daß darauf eine Reaktion folgen mußte,
war klar. Das Problem in seiner ganzen Tragweite hat
zuerst Brahms gesehen, ja wenn man will, Beethoven.
Skizzenbücher – – – Der letzte Große, der diese Erkenntnis in ganzer Tragweite erlebte, dem sie als Danaer-
Geschenk in die Wiege gelegt wurde, war Pfitzner. Er ver-
suchte immer wieder – am auffallendsten im letzten Satz
seiner Violinsonate – allgemeingültig zu schreiben. Wie
mißverstanden wurde diese Seite seiner Kunst.

*

Man sagt, die Zeit der Melodie sei vorbei. Die immer
wechselnden »Schlager« sagen das Gegenteil.

*

Die Entwicklung des Denkens der letzten 100 Jahre
hängt vor allem mit zwei Dingen ursächlich zusammen:
1) Der Tatsache, daß der Mensch immer mehr in eine

nur-betrachtende Rolle gerät. 2) Was z. T. noch zur Ursache dazu wurde: Daß das Denken seiner eigenen Unvollkommenheit immer mehr bewußt wurde und des Zwiespalts zwischen seinen Ansprüchen und der Wirklichkeit um so mehr gewahr wurde, je mehr diese Ansprüche wuchsen.

*

R. Strauss ist der lebenstüchtigste der großen Musiker, die vielleicht die Geschichte kennt. Er ist das echte Kind einer Zeit, die den einzelnen wie ganze Völker in bezug auf ihre Lebenstüchtigkeit auf eine neue und schärfere Probe stellt.

*

KRITIK

Ich kenne eine Menge Kritiker, die sehr lesbare Kritiken, bei denen alles »Hand und Fuß« hat, schreiben können. Nur stimmt die Kritik nie mit dem Objekt überein. Da wird dem, der kein Temperament hat, welches angedichtet, da wird der kalte Großstadtmensch als brennender Fanatiker usw. bezeichnet. Mit absoluter Verläßlichkeit schreiben solche – – –

*

Man sieht es bei den Kunstformen wie bei denen der Religion – sie werden unmöglich, sobald der Glaube daran fehlt. Dies ist die Beobachtung des betrachtenden Menschen. Die Erfahrung des Handelnden ist eine andere: Daß dieser fehlende Glaube willkürlich nicht herbeizuführen ist. Weshalb auch die Erfahrung des Betrachtenden nichts nütze ist.

*

Die Entwicklung in den letzten Jahrzehnten der Musik ist die Entwicklung des wissenschaftlichen Zeitalters. Es sind die Wege der Wissenschaft, die hier beschritten werden, die Wege der Zerteilung, der Isolierung. Die Rhythmik, die Harmonik werden »entwickelt«! Man vergißt bis heute, daß der zerteilte, isolierte Mensch nicht lebensfähig, nicht wirkensfähig ist.

*

Statt sich auf die Wirklichkeit zu besinnen, hängen im Grunde auch heute noch die Komponisten dem Fortschrittswahn, der nun einmal historisch ein für alle Mal erledigt ist, wie einem geheimen Laster nach, das, so sehr man es auch verbergen möge, doch alle ihre Werke zeichnet. Sie können keine Konsequenzen ziehen; eine Fähigkeit, die selten ist, weil sie stets wahre Produktivität voraussetzt.

*

Die Form ist dazu da, den Ausdruck einzufangen, zu erfassen, gleichsam chemisch zu lösen. Das ist ihre Funktion. Wo sie vorhanden, ist der Ausdruck echt, legitim. Die ausdrucksfeindliche Ästhetik von heute (die sich u. a. in Wort und Begriff des vielverwendeten Wortes »musikantisch« oder auch »notengetreue Darstellung« ausspricht) ist daher gar nicht das, was sie zu sein glaubt. Ihr tieferer Grund ist die Ohnmächtigkeit der Form gegenüber. Weil diese nicht gemeistert wird, wird – und in diesem Falle mit Recht – der Ausdruck gefürchtet. Denn man hat allen Grund dazu, ihn zu fürchten. Die Askese der Gegenwart gegen den Ausdruck ist die Askese des Alkoholikers, der im Alkohol zugrunde gehen würde, des Vegetariers, der an Eiweißvergiftung leidet. Eine

Moral aus Not! Welch anderer Grund auch kann »Masse« und Moral zusammenbringen.

Wir haben seit der letzten Generation des 19. Jahrhunderts eine Atmosphäre, die ausgesprochen feindlich gegen die Kunst gerichtet ist. Das macht dem Künstler das Leben und Wirken so schwer. Der kluge Mensch von heute will die Kunst nicht. Er hat seine Kindschaft, seine Gotteskindschaft so weit verloren, daß er an diesen Verlust nicht erinnert werden will. Und das tut die Kunst. Mit dem mangelnden guten Willen verliert er aber mehr und mehr auch die Fähigkeit, der Kunst zu begegnen, die Aufnahmeorgane verkümmern.

*

Das Schicksal von César Franck, Smetana usw., der Irrweg Regers. Das Urteil der Verleger von heute. Die Originalität der S e e l e fühlen sie nicht. Sie sehen, und die Geschichte beweist es immer wieder, daß alle wirklich großen Leistungen (Mozart, Beethoven) durch selbstverständliches und natürliches Übernehmen des gegebenen Materials zustande kommen, nicht durch »Originalität«. Aber heute erkennen sie nicht –, was nicht nach Originalität riecht und schmeckt. Für etwas anderes haben sie nicht mehr die Organe. Denn freilich, um die rechte Originalität, die der Seele zu erfühlen, muß man selber eine Seele haben.

*

Die Meinung Rollands, Beethoven wäre ohne das Gehörleiden ein zweiter Rossini geworden. Wie lächerlich schon angesichts der ersten Sonaten.

*

Die Generation der Strauss, Reger, Mahler, die der Mammut-Entwicklung. Dies die große erste Erkrankung, der naturgemäß die Reaktion folgte.

*

Worin liegt die Bedeutung von Brahms und Bruckner für das »Volk«, gegenüber der Volksmusikersucht von heute? Wieso gibt es unverantwortliches Abgleiten ins »Volkstümliche«? Was macht Beethoven und Goethe so groß, so verpflichtend? Daß sie b e i d e s besaßen, die natürliche Erdkraft, die Breite u n d die Höhe, die »Sublimierung«. Beides in einem Verhältnis, daß eines aus dem andern h e r a u s w a c h s e n konnte. Müßte einer liberalistischen Welt, muß den Intellektuellen immer wieder gesagt werden, daß es die Sublimierung allein nicht tut, so den Heutigen, daß es die Volkstümlichkeit, die Breite allein nicht tut. Lehár hat für Deutschland so wenig Bedeutung wie Schönberg. Beide sind sie Teil-Glieder, wobei allerdings Lehár einem wirklichen, wenn auch primitiven Bedürfnis entspricht, jener eine wenn auch nur im Willen und Protest existierende Idee verkörpert. Ich halte aber schließlich von Ideen, die nicht Fleisch werden können, weniger als von Fleisch, das nicht Idee ist oder werden kann.

*

WAS IST STIL?

Ein Geheimwort, sich gegenseitig zu erkennen.

Eine Arbeitshypothese!

Eine Krücke, die demjenigen das Gehen ermöglicht, der es von selber nicht könnte.

Eine Methode, die erlaubt zu komponieren, ohne daß einem etwas einfällt.

Ein Jargon, der einem das beruhigende Gefühl gibt, daß es Kameraden gibt, die einen vor dem Publikum schützen.

Stil kann produktiv, d. h. ein Teil der Produktion sein, wenn er der »dichterischen« Idee des jeweiligen Werkes dient. So bei Wagner, so auch bei Beethoven, bei Bruckner als die »Welt« des einzelnen Werkes. (Die epische Haltung der *Eroica,* die dramatische der *Fünften,* die idyllische der *Sechsten,* die humanistische der *Achten* Sinfonie). Das allgemeine aber, der Stil der Zeit, den etwa der junge Beethoven mitbekam, war die Voraussetzung, auf der aufgebaut wurde, war eine Selbstverständlichkeit, kein Verdienst. Man gelangt aber niemals zu Spitzenleistungen, wo – wie heute – aus Selbstverständlichkeiten Verdienste gemacht werden müssen.

*

MUSIK ODER MUSIZIEREN!

Es fing nicht durchaus mit der Musik an. Viele glauben, daß das Musizieren vorausging, obwohl das nicht wichtig ist. Der Gegensatz besteht aber und ist aus der Gegenwart heraus wieder neu aufgelebt. Das Musizieren ist sozusagen das Chaos, der Urschlamm, aus dem sich die gestaltete »Musik« herausentwickelte. Das Musizieren hängt an den Menschen, und sie behaupten, die Menschen seien wichtiger als die »gewordene« Musik. Es ist aber so: Das Musizieren hängt an den Musikern, die Musik aber an den Menschen. Daß die Fachschaft Komponisten wichtiger sei als das Publikum, kann höchstens – ein Komponist glauben.

*

Was heißt das, daß Ungläubige einen Gläubigen um seines Glaubens willen – feiern. (Nicht etwa verfolgen!)

Bruckner glaubt, das Unendliche sei nur im Großen, im Un-Endlichen. Brahms weiß, daß es auch im Kleinen sein kann, ja, im Kleinsten. Bruckner nicht ganz er selbst, wo er mit Felsblöcken um sich wirft. Das ist auch eine Begrenzung; aber wer ist so groß wie er, wenn er groß ist.

Es ist ein Irrtum, wenn man glaubt, daß Bruckner der Weniger-Verstandene ist.

*

Zum Sonatenkomponisten wird man nicht; man ist es oder ist es nicht. Sonate – Naturform – Chopin – Schumann –. Nach Beethoven und Schubert nur zwei Sonatenschöpfer: Bruckner und Brahms. Sonate die deutsche Form. Das Wesentliche nicht das Schema, sondern die Fruchtbarkeit der Gegensätze.

*

Die historische Wissenschaft hat uns gelehrt, alle anderen zu erkennen; sie hat uns nicht gelehrt, uns selbst zu erkennen. Sie nimmt uns die Schranken, die Grenzen, die alles menschliche Tun nötig hat, um sich zu verwirklichen und nimmt uns damit uns selbst, unsere eigene Seele. Sie macht uns, wenn sie mehr sein will als nur ein Mittel der Orientierung, im eigentlichen Sinne unproduktiv.

*

Ihr nennt die große Kunst »Bildungserlebnis«. Das ist wie der Fuchs mit den sauren Trauben. Für mich ist es Bildung, weiter nichts. Aber deshalb wehrt ihr euch gegen alle, die es aus dieser verfluchten Bildungs-Atmosphäre reißen wollen. Eine historische Konstruktion – das ist Bildung, die auch verhindert, die Dinge ohne den Nebel der historischen Determiniertheit zu sehen.

171

Der Historiker schachtelt in Fächer um einer scheinbaren geistigen Überlegenheit willen, so wie der Psychiater von »Typen« redet und damit von den verschiedenen Genies Wesentliches ausgesagt zu haben glaubt. Wenn ich eine Musik schreibe, die nur von ferne gewisse Mittel gemeinsam hat, ist sie sofort eine Angelegenheit der »Spätromantik«, d. h. der Vergangenheit. Auch die Gegenwart wird nur als solche als »Stil« begriffen, niemals als das, was über den Stil hinausgeht. Damit wird aber nur das Zeitbedingte gesehen und gewertet und niemals das Ewige, das Allgemeine. So haben wir eine Kunsteinstellung, die gerade da, wo die Kunst den Menschen angeht, versagt, gerade da den Entscheidungen ausweicht, wo Entscheidungen das einzige Wahrhaft-Wichtige und »Interessante« sind.

*

Eine Wahrheit, die nicht wirkt, ist keine Wahrheit. Eine Wirkung, die nicht wahr ist, ist unecht. Die Spannung zwischen Wahrheit und Wirkung ist in tausendfachen Verhüllungen, wenn man so will, der Inhalt der Weltgeschichte, zumindest aber der Kunstgeschichte.

*

PASSION

Von außen gesehen ist die *Matthäus-Passion* für den Aufführenden voller Probleme. Von innen gesehen, d. h. wenn man das Werk selbst befragt, ist das – wie bei allen großen und entschiedenen Werken – keinesfalls so. Und welches Werk wäre größer, einheitlicher, eindeutiger? Freilich scheint gerade in jenem Bachschen Zugleich von gelassener Überlebensgröße und innigster Empfindung die Schwierigkeit zu liegen. Verstärkt wird dieselbe durch das, was man über die Aufführungsart der Passionen zu Bachs eigener Zeit weiß oder nicht weiß, denn dieses Wissen ist auch heute noch sehr gering und lückenhaft. Man weiß z. B., daß Bach kein Cembalo beschäftigte – mehrere Orgeln –. Man weiß, daß er einen kleinen Chor, nur Knabenstimmen, zur Verfügung hatte. Man weiß, daß die Choräle von der Gemeinde gesungen wurden usw. Es gibt Leute, die am liebsten dies alles wörtlich wiederholen wollen. Sie machen damit eines der größten und immer noch gegenwärtigsten Werke mit Gewalt zu einer »historischen« Angelegenheit. Sie bedenken nicht, unter welch anderen Voraussetzungen eine Passionsaufführung heute vonstatten geht als zu Bachs Zeiten. Wir sind statt der Kirche auf große Konzertsäle angewiesen. Daraus ergibt sich mit Notwendigkeit der große Massenchor. Nur eine große Masse gibt die Wärme und Fülle des Klanges, die das Werk erfordert und die in der Thomaskirche zu Bachs Zeiten bereits ein wesentlich kleinerer Chor produzieren konnte. Wenn schon historisch-getreu, so müßte man sich auch bei Sopran und Alt auf Knabenstimmen beschränken. Wer kann solche Forderungen ernst nehmen? Ernst zu nehmen sind nur die tieferen Gründe, die zu diesen Forderungen führen. Diese sind – wie die Gründe zu allem Buchstabenglauben – Phantasielosigkeit und harte Selbstgerechtigkeit, zugleich die Angst, sich selbst, dem Werk, der Musik seiner eigenen Zeit, dem eigenen Publikum, kurz der Wirklichkeit, stellen zu müssen. – – –

Man sollte glauben, wenn man solches hört, daß die Welt der Pharisäer und Schriftgelehrten nicht fern sei. Der einzige ernst zu nehmende Grund für die Befürwortung eines kleinen Chors ist der, daß die Polyphonie in der Stimmführung klarer zur Geltung käme. Hier aber hat die Arbeit des Dirigenten einzusetzen. Daß Wärme und Kraft sich mit Klarheit verbinde, ist so recht eigentlich seine Aufgabe; sie bleibt dieselbe, sei der Chor groß oder klein.

Wie die Frage der Chorbesetzung, so ist die der Behandlung des Continuos eine praktische, d. h. von den gegebenen Verhältnissen in unseren Sälen abhängige. Mehrere Orgeln, wie in der Thomaskirche, haben wir nicht. Wieweit die Arien daher mit der einen großen Orgel zu begleiten sind, ist eine immer neu, in jedem Saale anders zu lösende Frage. Das Cembalo, das Instrument der Zeit, ist bei unseren Sälen wegen seiner geringen Tragfähigkeit ebenfalls nur bedingt verwendbar. Im übrigen hat Bach es wahrscheinlich, wie wir ja heute (erst heute! – Schering – – –) wissen, überhaupt nicht verwendet. Mir scheint die Verwendung des modernen Klaviers, sachgemäß behandelt, für die Begleitung des Erzählers immer noch das Beste. Entscheidender als die bisher erwähnten Fragen ist die Behandlung der Choräle. Dieselben wurden zu Bachs Zeiten von der Gemeinde mitgesungen. Dies zeigt am deutlichsten, daß das ganze Werk, wie ja auch so viele andere Kirchenmusik, liturgisch gedacht war, daß die Nabelschnur, die hier die Kunst mit der Mutter, der Religion, verband, nicht ganz durchschnitten war. (Ob und wieweit Bachs Passion nur auf diese Weise überhaupt hat entstehen können, ist eine Frage für sich.) Hier muß aber gesagt werden, daß, wenn wir heute über Aufführungsfragen der Passion uns unterhalten, wir eine andere Wirklichkeit vor uns und in uns haben als Bach, dieser unserer Wirklichkeit sind wir verantwortlich, ihr haben wir Rechnung zu tragen. Das Publikum unserer Konzertsäle singt nun einmal die Choräle nicht mit, die Choräle haben sich abgelöst, sie sind in das Werk hineingestellt. Sie müssen daher dargestellt werden. Sie sind nicht bildhaft-symbolisch wie die Chöre, sie sind nicht individuell-gefühlsam wie die Arien. Sie bleiben Massen-Empfindung, wenn auch in allen Schattierungen, von persönlichster, innigster, stillster Bescheidung bis zur größten hymnischen Ausbreitung. Weil sie aber in das Ganze hineingestellt, ein Teil des Kunstwerkes »*Matthäus-Passion*« geworden sind, weil sie von den Hörenden, dem Publikum abgetrennt, ihm gegenübergestellt sind, müssen sie mit diesem dargestellt werden. Die Art dieser Darstellung ergibt sich aus der Stellung des einzelnen Chorales innerhalb des Ganzen, aus seinem Text, aus seiner musikalischen Durchführung. Auch die Gemeinde zu Bachs Zeiten hat den persönlichen Choral, der einen jeden bei der Betrachtung von Christi Opfertod zugleich auf das eigenste Ich zurückweist, den Choral *Wenn ich einmal soll scheiden* mit anderen Empfindungen und damit auch unwillkürlich mit anderem Ausdruck gesungen als etwa das *Was du tust, das ist wohlgetan* – die Unterschiede der Empfindungen, die die Bachsche Gemeinde beim Singen beseelt hat, müssen bei der heutigen Aufführung nach außen hin in Erscheinung treten, eben weil die Choräle dargestellt werden, weil sie nicht mehr von den Hörenden mitgesungen werden. Jene Manier, die Choräle in gleichmäßigem *Forte,* womöglich mit überstarker Betonung der *Fermaten* (die für die mitsingende Gemeinde eine unmittelbare praktische Notwendigkeit waren, während sie für den bloßen Hörer nur gestaltgebend und gliedernd Bedeutung haben) herunterzusingen, wird ihnen nicht gerecht. Es ist das, wie man sagt, »nicht Fisch und nicht Fleisch«. Eines freilich darf nicht außer acht gelassen werden: Man darf nie vergessen, daß es sich hier um Aussagen und Empfindungen der Gläubigen handelt, der Masse im edelsten Sinne. Jeder Schatten einer theatralischen Wirkung, ja jede bewußt als solche wirkende Nuancierung ist strengstens zu meiden. Alles muß natürlicher, selbstverständlicher Ausdruck der inneren Empfindung sein. Ein solcher ist nicht zu »machen«, nicht zu überliefern; wer es nicht selbst fühlt, wird es nicht erreichen.

Und hiermit kommen wir zu dem Wichtigsten: Nämlich zu dem, was uns das Werk selbst sagt, was aber eben nicht zu überliefern ist. Dies muß besonders gesagt werden in einer Zeit, die, wie die unsere, in ihrer beispiellosen Instinkt-Unsicherheit mehr als jede frühere die Tendenz hat, alles und jedes »schwarz auf weiß nach Hause zu tragen«. Wer will etwa sagen, ob und wie bei einem Bachschen Stück, sei es einer Arie, einem Chor oder Choralstück usw. das traditionelle *Schlußritardando* gemacht werden soll? Warum wirkt es einmal wie eine Erhebung, eine Erlösung, ein Gedicht, eine Vollendung, das andermal wie eine verstaubte Konvention? Und wo beginnt überhaupt die Möglichkeit, bei Bach mit Stärkeunterschieden, *p* und *f,* zu arbeiten?

Über alles dies kann uns unser historisches Wissen nichts sagen. Denn dies ist generell, von außen, während es sich bei diesen Fragen um etwas stets Neues, Besonderes, auf das einzelne Werk Bezogenes, Inneres handelt. Dies Werk selbst muß befragt werden, sonst nichts. Und demjenigen, der geduldig fragt, ohne Besserwisserei, Voreingenommenheit, mit Demut, aber mit aller Wärme des Herzens und – als Musiker, denn hier handelt es sich um Musik und nichts weiter –, dem wird es die Antwort nicht vorenthalten.

Zu diesen Voreingenommenheiten gehört vor allem,

daß man Bach »objektiv«, d. h. ausdruckslos aufführen müsse. Diese Auffassung, die sich seit 20 Jahren besonders in den Großstädten durchgesetzt hat, ist eigentlich eine Reaktion auf die vorhergehende Zeit einer durch Wagners Einfluß inaugurierten übermäßigen Ausdrucksüberladung alles Musizierens. Sie ist Manier, Konvention, so wie das ihr vorangehende »Ausdrucks«-Musizieren Manier, Konvention war. Gewiß muß Bach »objektiv« aufgeführt werden, will sagen so, wie das Werk gemeint ist. Wem aber sollte nicht klar sein, daß die Passion – schon dem Text nach in vielen Teilen das Gefühlvollste, Innigste, das sich denken läßt – etwas anderes ist und will als etwa eine objektiv-geformte Bachsche Klavier-Fuge? Nein, wahre Objektivität heißt nichts in sich, sondern – jedenfalls für den Darstellenden – jedes Werk so darstellen, wie es seinem Wesen nach ist. Angesichts einer der Passionen von dem »objektiven« Bach zu sprechen, ist einfach Unsinn. Es gibt in der gesamten Musikliteratur keine subjektivere, persönlichere, vollständiger in Gefühl aufgelöste Schöpfung als die Bachsche Passion. Bach ist hier der größte »Romantiker«, den es gegeben hat. Dies festzustellen, bedeutet wahrhaft »Objektivität«.

Und so ist es denn auch keineswegs »Objektivität«, wenn ein von Wärme und grenzenloser religiöser Hingabe erfülltes Werk »objektiv«, »sachlich« aufgeführt wird. »Objektiv«, d. h. wahrhaft der Sache entsprechend, ist vielmehr nur eine Aufführung, die alle die Wärme und religiöse Hingabe, die in dem Werk ist, durch die Wiedergabe hindurch wiederum ausstrahlt. Und das ist nur möglich, wenn – darüber gebe man sich keinem Zweifel hin – der Interpret sich selbst diese Wärme und Hingabe zu eigen macht, wenn auch er sie besitzt. Hier

177

angeben, schauspielern, markieren zu wollen, ist ein
ebenso großer Irrtum, wie referierte sachliche Kühle zur
Schau zu tragen (was dem rationellen Geist von heute
entspricht); falsche oder übertriebene Nuancen einerseits, Kälte und Trockenheit andererseits sind in solchem
Falle die unweigerlichen Folgen. Objektiv aber, d. h.
wahrhaftig und sachgemäß oder, wenn man will, sinngetreu ist hier weder das eine noch das andere. Und dies
ist doch wohl unsere Aufgabe. Wir wollen weder die Auffassung eines Interpreten noch die toten, gedruckt-leb-
losen bloßen Noten des Werkes, sondern dieses selbst.

*

Zweifellos würde die Diskussion über die Aufführung
alter Musik nicht solche Dimensionen angenommen
haben, wenn man sich darüber klar wäre, worauf es bei
Erklingenlassen von Musik eigentlich ankommt. Dies
»Erklingenlassen« könnte man auch mit dem Wort »Verwirklichen« bezeichnen. Es handelt sich darum, daß ein
Intervall – um beim Einfachsten zu bleiben – nicht nur
gespielt, sondern erlebt wird. Denn nur, wenn der Darstellende es erlebt, wird es der Hörende erleben können.
Und wie das Intervall, so muß die aus vielen Intervallen
bestehende Melodie, und so wie diese muß das aus vielen
Melodien in seinem Zusammenhang bestehende Stück
erlebt werden. Was dies Erleben eigentlich ist, darüber
könnte man, so einfach und real es auch ist, Bücher
schreiben. Hier kann nur gesagt werden, daß es dem
Durchschnitts-Musizieren heute ebenso fremd, wie dem
Durchschnittsdenken dem Begriff nach unbekannt ist.
Nicht unbekannt, sondern die Voraussetzung von allem
aber war es für die großen Meister. Ob eine Aufführung
so oder so besetzt ist, mit diesen oder jenen Mitteln

arbeitet, ist in Wirklichkeit belanglos gegenüber der einen Frage, ob die Musik erlebt verwirklicht ist oder nicht.

Historisch auf der Höhe des gegenwärtigen Wissens, »notengetreu« usw. – – –, all dies sind äußere Dinge, die die »Wirklichkeit« des Musizierens nur sekundär berühren. (Und dies gilt für Bach nicht weniger als für Verdi oder Tschaikowsky oder wen immer man will.)

Gewisse Grundsätze allerdings lassen sich bei der Darstellung Bachs aufstellen, die mit dem Wesen seiner musikalischen Phantasie, mit den Mitteln, deren sich dieselbe bedient, zusammenhängen. Bach verwendet rhythmische Gegensätze nur bedingt. Bei ihm bleibt der Rhythmus stets strömend. Ganz frei wird dieser – historisch genommen – erst bei Haydn. Dies hat zufolge, daß er melodisch erfindet, empfindet, und so ergibt es bei Bach die längsten Melodien in einem Stück, ohne neu anzusetzen, die die Musikgeschichte kennt. Diese Art des Erfindens und Empfindens, die sich in Bachs Instrumental-Werken nicht weniger ausspricht als in seinen Gesangsmelodien, schließt gewisse Mittel der Darstellung wie große, bewußt angelegte sinfonische *Crescendi* aus. Das großangelegte sinfonische *Crescendo* ist ebensosehr an organische Vielgestaltigkeit innerhalb eines Stückes gebunden wie das romantische *Rubato,* d. h. das agogisch-freie Umgehen mit dem Tempo. Besonders letzteres – das trotz allem notengetreuen Lippenbekenntnis immer noch die eigentliche Krankheit unserer Zeit ist und vom Theater herstammt – ist bei Bach streng und radikal auszuschließen. Nuancen, *Crescendi, Diminuendi,* die sozusagen sichtbar um ihrer selbst willen in Erscheinung treten, sind unmöglich. Eine einzige Ausnahme erlaube ich mir in der *Matthäus-Passion,* die ich zwar stili-

stisch nicht verteidigen will, die mir aber den Sinn des
Textes so unvergleichlich darzustellen scheint, daß ich
auf sie nicht verzichten möchte: Das große *Crescendo* und
Decrescendo bei den Worten: »Wahrlich, dieser ist Gottes
Sohn gewesen«. Ich habe dies von Karl Straube über-
nommen.

Über die Theorie, daß die Persönlichkeit des Interpreten zwischen das Werk und den Hörer sich stellt. Es
steckt dahinter die falsche »Sachlichkeit« des Intellektuellen, die in Wahrheit Intellektualismus ist, d. h. keine
Kraft zu ursprünglichen Gemütsbewegungen, die die
Grundlage aller Kunst bilden.

Ein Werk, das mit Einsatz der ganzen Persönlichkeit
geschrieben ist – und jedes wahrhafte Kunstwerk ist
das –, verlangt natürlich auch vom Darstellenden den
Einsatz der ganzen Persönlichkeit. Es ist nicht sinngemäß, daher auch nicht objektiv, ein romantisch-glut-
volles Werk »klassisch-langweilig« oder modern-intellek-
tuell aufzuführen oder umgekehrt.

*

Der Reproduzierende muß zuerst die einzelne Phrase als
Ganzes begreifen und darstellen; dann die Melodie, der
die Phrase angehört, dann das Stück, von dem die
Melodie ein Teil ist. Wenn die Erfordernisse des einzelnen mit dem Ganzen, die des Ganzen mit dem einzelnen
aufeinander abgestimmt sind, ist das Ganze im Lot.
Erfordernis ist, daß beides, einzelnes und ganzes, durch
das lebendige Gefühl hindurchgegangen ist. Manche gibt
es, die die einzelne Phrase nachfühlen können. Wenige
nur, die dies der Gesamt-Linie einer längeren Melodie
gegenüber können; fast niemand, der dies dem Gesamt
eines wirklichen Ganzen, wie es die großen Meister-

werke darstellen, vermag. Es gibt aber eine allzu praktische und daher heute allgemein in Aufnahme gekom-
mene Art, sich überhaupt mit nichts mehr auseinanderzusetzen, alles rein referierend, ohne durch das eigene
Gefühl hindurchgegangen zu sein, wiederzugeben. Dies
ist keine Darstellung, sondern Referat, kein Kunstwerk,
sondern mechanische Photographie. Die Fehlerquellen
sind hier weitgehend verringert, die Möglichkeiten
echter, verpflichtender Kunstwirkung aber im selben
Grade. Hundertmal lieber eine falsche Auffassung als gar
keine. Der Darsteller der falschen stellt sich doch irgendwie dem Werk, der Kunst, dem Hörer. Der Bloß-Noten-
getreue handelt wie der Mediokre, der der Verantwortung ausweicht. Dies ist nicht Objektivität, sondern
schlimmste Subjektivität.

*

Die aus der Tonalität erwachsenen Formen sind für die
meisten Mittel zum Stützen und Arrangieren des Inhalts;
für die geborenen Sinfoniker aber Mittel der inneren
Fortbewegung der Musik.

*

Brahms ist – was Zahl der Aufführungen, Verbreitung
und Popularität seiner Musik betrifft – neben Wagner
und Verdi das dritte große musikalische Weltereignis der
zweiten Hälfte des 19. Jahrhunderts. Dies ist um so be-
merkenswerter, als er nicht gängige Opern, sondern
strenge absolute Musik und Lieder geschrieben hat.

*

Die Ästhetik von Brahms ist noch nicht geschrieben, so
wenig wie die von Beethoven. Beide haben praktisch

zwar um so mehr Anhänger. Das Selbstverständliche in seinen Bedingungen zu erkennen, ist das Schwerste, das Letzte.

*

Die Sonate, die Fuge sind die Formen, die Tiefe der Proportion besitzen. Es geschieht etwas, verwandelt sich etwas, manifestiert sich etwas, die Musik ist plastisch, ist nicht Stimmung, sondern Geschehnis.

*

Man kann den »Stoff« Musik von verschiedenen Seiten anpacken, von der Oper, dem Ballett, ja dem Film, vom illustrierenden lyrischen Lied oder den rein musikalischen Formen. Fragt sich nur, wo und wie man zu den tiefsten und persönlich-überpersönlichsten Inhalten gelangt.

*

Große Komponisten sind deshalb selten völlig befriedigende Darsteller (Dirigenten, Pianisten), weil sie sich nie ganz hingeben, auch den eigenen Werken nicht. Sie sind vom Komponieren gewöhnt zu achten, daß sie nicht den Kopf verlieren, daran zu denken, daß die Leidenschaft in Form gebracht, eingefangen wird. Die Kühle, respektive das Mißtrauen gegenüber der eigenen Leidenschaft, die ihnen so oft das Konzept verdorben, sie so oft betrogen hat, gibt ihnen jene lauernde Kühle, sachlich abwartende Haltung, die wir bei Strauss, Pfitzner, Reger etc. beobachten konnten. Einzig Wagner, der Ausdrucksmensch katexochen, scheint auch hier eine Ausnahme gewesen zu sein.

*

Was den Kritikern, besonders den namhaften fehlt, ist
vor allem der Mut. Es klingt zunächst paradox, aber es
ist so: Es fehlt ihnen der Mut der eigenen Meinung, der
sich vor allem darin äußert, diese eigene Meinung einmal zu ändern. Eines meiner Werke führte ich zweimal hintereinander auf. Ein führender Kritiker war, wie
es so die Art dieser Herren ist, mit seinem ablehnenden
Urteil schon nach dem ersten Abend durchaus fertig (in
Wahrheit natürlich schon längst bevor der erste Ton
erklungen). Er ließ sich durch nichts bewegen, ein schwe-
res neues Werk, das noch nicht in Noten erschienen war,
nochmal zu hören. Hat er das nicht nötig? Ist es, um das
eigene Urteil schließlich nicht doch noch zu gefährden?

*

Das restlose Bewundern und sich Anlehnen an ver-
gangene Epochen (Gotik, vorbachsche Zeit usw.) von
modernen Menschen ist dasselbe, wie wenn ein heutiger
extremer Individualist in den Schoß der katholischen
Kirche zurückkehrt; das Bedürfnis, das allzu schmerzlich
gewordene Individuelle auszulöschen, zu vergessen in
einem größeren Allgemeinen. Es heißt aber zugleich
auch, daß der Betreffende es nötig hat, sich auszulöschen, daß er als Individuum nichts mehr ist. Der
Kreis hat sich geschlossen.

*

Warum liebte Goethe die französische Revolution
nicht? Warum war er überhaupt kein Revolutionär? Weil
er die Bindungen neben den Freiheiten, das ist mit den
Freiheiten zugleich sah. Er hatte den Gesamt-Aspekt
der Welt vor sich, wußte, daß die Bindung, das Gesetz aus
der Freiheit, die Freiheit aus dem Gesetz kommt. Und

das überall, wo ge l e b t wird. Wer diesen Gesamt-Aspekt
so in sich aufgenommen hat, ihn so sehr überall aufsucht
wie Goethe, ist geheilt für alle Zeiten von aller Revolution, aller Propaganda.

*

Es ist sonderbar, daß es durchaus andere Leute, d. h. eine
a n d e r e S o r t e von Leuten sind, die in den Zeitungen
etwas bewundern, und andere, die ein Konzert wirklich
fühlen und genießen. Ihre Sprache ist verschieden. Der
Kritiker, der wirklich das aussagt, was das echte und gute
Publikum fühlt, ist der seltenste von der Welt. Und doch
wäre gerade das seine eigentliche Aufgabe.

*

Verantwortung vor der Wahrheit, respektive Echtheit –
auch einfach gesagt: Verantwortung – obwohl dies es
nicht ganz sagt – trägt jeder redlich ausgeübte Beruf in
sich. Verantwortung gegen die Echtheit in sich selbst
bringt die stärksten Selbst-Bindungen mit sich. Goethe,
der Mann der Selbstbindungen, der Selbstbescheidung,
der bescheidenste, der je gelebt hat.

*

Hugo Wolf: *Penthesilea.* Aufbruch, d. h. Darstellung gut.
Das zweite Thema (Rosenfest) zeitgebunden und banal.
Die unmittelbare Empfindung ist das Entscheidende.
Hier Pfitzner besser.

*

Der Dirigent ist je größer, je mehr er eine einfache
Melodie mit Sinn erfüllen kann, d. h. je einfacher die
Melodie ist, die er zu bewältigen imstande ist. Hier heißt

es: »Hic Rhodos, hic salta«. Hier handelt es sich nicht um den »Ausdruck«, nicht um Temperament, Nerven, Wärme, Sinnlichkeit usw., sondern ganz einfach um den richtigen »Ausdruck«. Und das ist schwer!

*

Warum wissen viele nicht mehr, was Religion ist? Der antike Schicksalsglaube entsprach einer Menschheit, die sich ringsum von unsichtbaren und ungreifbaren Feinden umgeben sah. Später sah man, daß es diese Feinde nicht gab, daß sie vielmehr durch Überlegung und Denken zu überwinden seien, daß es also ein Schicksal nicht gibt, das außerhalb dessen liegt, was man sich selbst schafft. Wer tiefer dringt, sieht, daß das aber doch nicht richtig ist. Wie der ewige Himmel über der von Menschen gemachten, von Menschen bewohnten Großstadt, so ist das ewige Schicksal über den Ränken und Überlegungen des einzelnen. Dies richtig begriffen zu haben, ist bereits der erste Schritt zur Religion hin. Wenn man nun inne wird, daß dies Ewige – im Schicksal wie im Himmel – ein Göttliches ist, so begreift man, daß Religion etwas Reales ist, genauso wirklich wie der Himmel selbst.

*

Man kann so wenig Berlin von Wien aus wie Wien von Berlin aus regieren. Die örtlichen Instanzen müssen berücksichtigt werden, da sie das Publikum kennen. Das Publikum ist wichtig. Die Wieder-Schaffung des Publikums, die nur dadurch geschieht, daß man es in seine Rechte und Pflichten einsetzt, ihm eine Rolle zuweist, ist die wichtigste aller Aufgaben.

*

Man sagt mir, meine Konzerte seien ja voll, was ich weiter wollte. Nun, voll waren sie seit meinem 25. Jahr. Ich hätte auch schließlich nichts dagegen, gelegentlich als Gast, als Sensation, als Kassenmagnet tätig zu sein; aber es geht nicht an – wie es heute von mir erwartet wird –, daß die Tätigkeit anstelle einer regulären, aufbauenden, traditionsbildenden Tätigkeit tritt. Das ist Raubbau.

*

Wie kommt es, daß gute, mittelmäßige und ganz miserable Sachen der heutigen »Jungen« von Verlegern und Darstellern ziemlich wahllos in einen Topf geworfen werden? Weil das Solidaritätsgefühl der »Jungen« dahintersteht. Dies »Solidaritätsgefühl« ist das größte Hindernis der Erkenntnis des wirklich Guten, das von jeher selten war.

*

Die Tendenz jedes Künstlers ist es, sein Gleichgewicht – zwischen Seelischem und Stofflichem – zu erreichen. Ist ein Gleichgewicht in seinem Sinne da (Hindemith, Reger), so nennt er das Können. Er substituiert, daß die Welt dasselbe Maß an Wärme, Seele usw. beansprucht, das er, seiner Anlage nach, zu geben in der Lage ist. Das ist aber gerade bei dieser Art Künstlern nicht zutreffend. Sie können das »Können« so in den Vordergrund stellen, weil der Mangel an dominierender seelischer Kraft so ausgeprägt bei ihnen ist. Mit Mahler, Reger, Strauss, Debussy fängt die Technik an, sich vom Erlebnis zu entfernen, selbstherrlich zu werden. Verflüchtigung der Substanz, ästhetische Zeitbedingtheit und zugleich Publikumsform ist charakteristisch.

*

(Grillparzer)⁹

Es gibt kein erkanntes Genie?
Zu unsrer Zeit zum wenigsten nie?
Betrachte dich selber, wenn's beliebt:
So lang's gepriesene Dummköpfe gibt,
Gibt's auch verkanntes Genie!

Nicht, als wär gar so hoch mein Sinn
Ist's, was uns trennt, unendlich;
Vielmehr nur, daß ich ehrlich bin,
Macht mich euch unverständlich.

Die Zeitideen werden sich da am vollsten drängen,
Wo keine eignen ihnen den Platz beengen.

*

Wer der Tradition ausweicht, wer der großen Vergangenheit entflieht einer kleinen Gegenwart wegen, wer dies Kreuz nicht wahrhaft auf sich nimmt, der weicht dem Schicksal aus um eines bequemen Lebens willen.

*

Größe ohne Wärme ist leer. Wärme, Innigkeit ohne Größe ist klein; beides Schicksal der »Enkel«.

*

Liszt, der Komponist des hemmungslosen in die Weite Strebens, Brahms, der Komponist der Sammlung und Selbstbesinnung.

*

Bruckner ist ein besonders merkwürdiger Fall. Daß dem Land, in dem die Musik eigentlichster Ausdruck der Nation ist, mit gut gekonnter Oberflächenmusik nicht

187

genügt ist, dafür ist Bruckners Erfolg in Deutschland ein Zeichen. Lieber die – übrigens zu Tage liegenden – Naivitäten und dafür die Ursprünglichkeit der Natur als alles Können der Welt, und dafür alles aus zweiter Hand.

*

Je weiter von der Natur entfernt, desto unduldsamer. Je intellektueller, naturferner eine Kunstrichtung, desto einseitiger und fanatischer ihre Bekenner, d. h. je enger, je bedrohter die produktive Basis eines Künstlers, desto mehr ist er auf sie angewiesen, desto mehr klammert er sich an sie. Darum ist Spontini soviel engherziger als Wagner, Strawinsky soviel mehr mit Scheuklappen behaftet als Strauss.

*

Der Prediger ist ein Handelnder so wie der Politiker. Er ist ein Ganzes erst mit seinen Hörern, sein Wort hat Wert, soweit es sich in den Hörern umsetzt. Das Wort des Künstlers hat diesen Wert nicht; er ist ein Weiser, er ist schöpferisch aus sich selbst und für sich selbst. Bei Schiller (Briefwechsel) deutlich zu sehen, wieviel schwerer das Los des Künstlers, wieviel höher, schöpferisch-höher er steht. Er ist daher imstande, die Dinge nach ihrem Sein zu sehen und zu werten, während der Prediger (wozu der Philosoph gehört) alles, auch das Kunstwerk, nur im Zusammenhang seines Wirken-Wollens sehen kann. Daher die tiefe Unkenntnis, ja Abneigung aller Philosophen gegenüber dem wahrhaft Künstlerischen.

*

Der Neu-Klassizismus der Busoni, Strawinsky ist nichts als der Wunsch, auch so frei und scheinbar unbeschwert wie die wirklichen »Klassiker« zu schreiben. Er ist an sich daher völlig belanglos. Die wirklichen Klassiker taten das, was nötig, d. h. gesetzmäßig nötig war, während diese nur einem spielerisch-historistischen Instinkt folgen. Neu-Klassizismus, wie überhaupt jede Art von »Klassizismus«, ist stets aus zweiter Hand.

*

Der spielerische Zug bei Strauss: Nicht das Spielen des Kindes, das eigentlich bitterer Ernst ist, sondern das bewußte Spielen des Verantwortungslosen, Inhaltslosen, Überflüssigen. Da er es nie ganz wahr, ganz warm, ganz ernst meint, so wird er vom Hörer auch nie ganz wahr, ganz warm, ganz ernst genommen und empfunden. Er ist unter allen der, der am meisten »kann« und am wenigsten »ist«. (Beides hängt übrigens kausal zusammen.)

*

Wenn einer, wie so oft die »Philosophen«, mehr Verstand besitzt als Anschauung und Sinnlichkeit, so kann er doch oft das Prädikat eines klaren Kopfes erhalten. Die Klarheit ist angeblich die Eigenschaft eines philosophischen, mathematischen Kopfes. Weiß man, wie trügerisch diese Schlußfolgerung ist? Weiß man, daß Klugheit im mathematisch-eingeschränkten sowie auch im rein-philosophisch-begrenzten Sinne mit der Klarheit vor der offenen Welt nichts gemein hat, ja ihr widerstrebt? Klarheit vor der Welt entstammt dem richtigen Gleichmaß von Verstand und Sinnlichkeit; in diesem Sinne gehörten Wagner, Brahms, Beethoven zu den klarsten Köpfen, die es je gegeben.

*

Goethe war Dichter, weil er im Leben keiner sein wollte. Wenn er, wie Grillparzer meint, in späterer Zeit mehr gedichtet hätte, statt sich weiterzubilden, so wäre er nicht Goethe gewesen! Er hatte nichts vom Professional an sich, ebenso wie Leonardo. Für ihn war Dichten eine Krankheit, die er fürchtete und durch die er sich gesund machte. Und man möchte sagen: Nur da, wo es einen wider Willen überkommt – wie in der Liebe –, ist es echt. In diesem Sinne ist Dichten keine Tätigkeit, sondern ein Leiden, ein Erdulden.

*

Interpretieren heißt darstellen, in jedem Stück das Gesetz auffinden. Freilich, wo keines ist, kann auch keines gefunden werden. Diese Werke sind mit Willkür darzustellen.

*

Man glaubt, man könne den Liberalismus, den Intellektualismus, Individualismus, den Mangel an Bindungen in der Kunst durch einen Gewaltakt beseitigen. Das geht wohl in der Politik; in der Kunst aber gibt es keine Gewaltakte, so wenig wie in der Liebe. Alles und jedes ist Geschenk des Himmels, auch die Bindungen, in die man hineingeboren wird und die die Freiheit erst ermöglichen. In der Kunst gilt nur die Natur, die angeborene Substanz. Verstandesmäßige Hygiene, die nachträglich Bindungen aus Einsicht zu schaffen versucht – so wie es im Leben etwa der Sport ist –, ist in der Kunst nicht möglich.

*

Immer dieses Isolieren der Dinge von seiten der Halbgebildeten: Als ob »Künstlerisches« in Wahrheit (z. B. in der Kunst) möglich wäre ohne das Religiöse.

*

Die Musikgeschichte ist gewohnt, die Musiker nach dem Neuen, nach den Freiheiten zu beurteilen, einzuschätzen. Man könnte umgekehrt verfahren und sie nach den Bindungen beurteilen. Jede Freiheit ist durch eine neue Bindung erst möglich geworden.

*

Ich lehne alle die Musik ab, die prinzipiell kein Publikum hat. Welche ist das? Bei jeder wirklichen Musik muß alle Arbeit der Intelligenz getränkt sein von Gefühl, und andererseits jedes Gefühl derart mit Intelligenz geladen, daß es eine Gestalt, eine Form, einen natürlichen Ablauf ergibt. Nur chaotisches Gefühl oder nur Intelligenz ist in der Kunst nicht verpflichtend, springt nicht über. Der Inbegriff solcher Vereinigung aber heißt: Intuition.

*

BRUCKNER-REDE

Rundfrage – wie groß der Anteil des Verstandes beim Komponieren. Strauss – Pfitzner. Der berühmte Strauss müßte es doch wissen. Außerdem ist es so angenehm zu wissen, daß andere auch nicht besser sind und nichts besser können als man selbst. In Wirklichkeit ist die Sache nun ganz anders und zwar sehr einfach. Die Rolle der Intuition und des Verstandes ist bei den verschiedenen Komponisten eine sehr verschiedene. Bei Strauss ist sie sehr groß, und gewiß kommt niemand ohne Kunstverstand aus. Aber das Charakteristikum des Großen ist gerade, daß Seele und Kunstverstand sich so durchdringen, daß kein Rest bleibt. – – –

In einem wirklich ewigen Kunstwerk ist kein Takt unbeseelt, und es wäre nie möglich zu sagen, wo die Intuition, wo der Verstand beginnt.

Nun zeigt sich dieser Tatbestand aber nicht nur in der Stärke der Verbundenheit, sondern zugleich in der Stärke der Intuition überhaupt. Und nicht nur die Stärke der Intuition wird durch einen übermäßigen Kunstverstand beeinträchtigt, ein solcher bleibt auch nicht ohne Einfluß auf die Art dieser Intuition. Er läßt sie nicht frei ausschwingen, nicht ihre ganze beseeligende Kraft auswirken. – Bei Bruckner besonders stark. Dies zeigt schon die Brucknersche Geste, jenes breite gelassene Schwingen in Seligkeit und Verklärung, jene Erfülltheit ohne Sentimentalität, ohne jedes Wollen.

*

Letzte Weisheit der Kunst ist immer noch ihre praktische Ausübung; Sinn der Musik immer noch das Musizieren.

*

Kulturschwätzer. Die einen wissen etwas von den Dingen, die andern reden nur. Der große Überblick, die »historischen« Zusammenhänge werden um so leichter wahrgenommen, je weniger Wert und Gewicht auf das einzelne gelegt wird. Hier ist geradezu ein Eldorado für intellektuelle Spielerei jeder Art. Kunstgeschichte von solchen, die Substantielles wissen und über die Dinge selbst etwas zu sagen wissen, gibt es sehr wenig. Da ist das in den Dingen Steckenbleiben, wie es meistens dem Künstler selbst eignet, noch besser. Es offenbart doch eine Liebesbeziehung.

*

Frühere Zeiten haben das Problem der Allgemeingültigkeit gelöst, indem (Homer, *Tristan*, *Nibelungenlied* etc.) immer viele an demselben Werk geschrieben haben.

Effektiv geschieht das heute nicht mehr, aber in Wirklichkeit ist das nur eine naive Ausformung eines wahren Tatbestandes, der auch heute gilt. Beethoven spricht für Tausende, ja für alle, genau wie Homer, und der Anteil an persönlichem Genie, der bei Homer zu finden ist, ist nicht geringer als der bei Beethoven.

1940

Wagner, der Bedeutendste, der meist Verkannte, so sehr, daß es fast ein Programm bedeutet, sich zu ihm oder gegen ihn zu bekennen. Niemals hat ein Künstler so sehr in Liebe und Haß die Welt entzweit. Dies von Anfang seines Auftretens an und ist ihm über das Grab hinaus geblieben.

Es hat das zunächst mit Größe nicht unmittelbar zu tun. Ein Künstler wirkt so weit, wie er wirken will. Der Beethoven der letzten Zeit wirkt nur auf geläuterte Menschen. Trotzdem ist er nicht geringer, sondern eher größer als alle anderen. Die Welt-Popularität gewisser Wagner-Werke ist beispiellos, sie wird aber von Bizet, Puccini mindestens erreicht. Und doch fühlen wir gleich, daß hier ein Unterschied ist. (Auch Nietzsche wußte das, wenn auch er nach Art eines parteiischen Advokaten das nicht sagt.) Puccini kommt der Welt auf halbem Wege entgegen. Wagner fordert. Er fordert mehr als irgend ein anderer Opernkomponist, von den deutschen Klassikern abgesehen, die deshalb aber auch in ihrem klassischen Himmel bleiben. Wagner aber kommt auf unsere Erde. Er, der größte Hasser des Theaters, ist ihm am allermeisten verfallen. So wird er zum größten Reformator des Theaters, Theater und wiederum nicht nur Theater.

Sinnlichkeit der Musiksprache, Sequenzen, Chromatik usw.; äußerste Sinnfälligkeit usw. sind Vordergrund, gehören zur Sprache, die er spricht, nicht aber sind sie der Inhalt. Leute, die ihn nur von fern kennen, sich nicht wirklich mit ihm auseinandersetzen, halten das für das Wesentliche. Ebenso tut Nietzsche so, aber mit schlechtem Gewissen.

Das ganze Psychologisieren (Nietzsche), wie überhaupt die wesentlich urteilende Haltung, ist durchsetzt, respektive getragen von Ressentiments. Die urteilende Haltung ist wie eine schiefe, verkrümmte Stellung des Körpers; sie hat, wie diese, auf die Dauer beibehalten, Verwachsungen, Mißbildungen zur Folge. Gar zu glauben, daß die Kunst für diese Art Menschen gemacht sei, kann wirklich nur eine ganz miese Menschheit, der von den Winkelzügen und Sprüchen der Psychologie noch imponiert wird.

*

Wenn heute einer wegen seines Körperbaus die Weste etwas höher trägt als der andere, so wird der Beschauer daraus ein neues Bekleidungs-Prinzip folgern und dicke Bücher darüber schreiben – Musikhistoriker!!

*

Jede staatliche »Betreuung« läßt nur Treibhauspflanzen entstehen.

*

BEETHOVEN

Das große B-Dur-Quartett ist im Gegensatz zu den übrigen Quartetten Beethovens, als Ganzes gesehen, mehr ein suiten-ähnliches, freies Gebilde als eine strenge Sonate. Das zeigt schon die große Menge der einzelnen Sätze, nur zusammengehalten durch den großen ersten Satz und den kolossalen Schlußsatz, die berühmte sogenannte *Große Fuge.* Bei Herausgabe des Werkes hat Beethoven diese, auf Vorstellungen von Freunden, des

Verlages usw., der übergroßen Länge des Ganzen wegen durch einen anderen kürzeren Schlußsatz ersetzt – nebenbei, seine letzte Komposition. Daß der monumentale Inhalt der *Großen Fuge* im vollbesetzten Streichorchester besser zur Geltung kommt als im Streichquartett, ist durch die Erfahrung oftmals bestätigt.

Wenn hier versucht wird, diese völlig aus jedem Rahmen fallende *Große Fuge* in den Zusammenhang zu stellen, für den sie von Beethoven gedacht war, so um so mehr als diese anderen Sätze von einer schlichten und unwahrscheinlichen Schönheit sind und trotzdem von höchster Monumentalität.

Im übrigen ist es ein Versuch, der mit der besonderen Artung dieser Sätze zusammenhängt und daher keineswegs die Darstellung in der Original-Besetzung ersetzen soll oder gar auch auf die übrigen Streichquartette von Beethoven ausgedehnt werden will.

*

Der »Apparat« ist ein Götze. Beim Konzertdirigenten ist es noch evident, daß der Künstler wichtiger ist als der Apparat, beim Theater hat die jüngste Berliner Theatergeschichte jedenfalls für unsere Gegenwart einwandfrei das Gegenteil bewiesen.

*

Die Bereitschaft, Buße zu tun, die Bereitschaft zur christlichen Demut, zur Ehrfurcht, die Bereitwilligkeit, die Fehler in sich selbst zu finden, ist das Zeichen der edlen und starken Seele. Eine Haltung, die sie sich selbst und ihrem Gott gegenüber einnimmt. Freilich nicht den andern gegenüber. Denn sie weiß nur allzu gut, daß diese noch schlechter sind als sie. – Das Christentum

entsteht als Beziehung zur eigenen Seele, zu sich und zu
Gott.

*

Das Problem der Romantik! Vorher noch Ganzheit, d. h.
Einheitlichkeit von Seele und Körper, wenn auch schon
seit der Renaissance, die ein gewaltsam auf große Form
Sich-straffen bedeutet, verschiedene Krisen gewesen. Erst
in der Romantik fing die Seele an, sich selbständig zu
machen. Das Mißbehagen, mit dem Goethe z. B. auf
Hölderlin sah. Es zeigt sich, daß er, im allgemeinen
jedenfalls, recht hatte. Die Verfemung der Romantik
kommt daher, und sie als Erlösung für das Heute zu betrachten, weder in ihrer naiven Frühform noch in ihrer
überhitzten Spätform, ist falsch. Sie hat jenen Kultus der
Seele, der Empfindsamkeit usw. angefangen, der heute
einem seelenlosen Kultus des Körpers und der Materie
gewichen ist, der für den Künstler noch unerquicklicher
ist. Aus der Seele entwickelt sich keine Form. Die Form
ist aber der Leib des Kunstwerkes, ohne den es nicht
leben kann.

*

Urteil über Kunst hat zwei Quellen, die Sache, d. h. das
Kunstwerk, und die »Persönlichkeit«. Letztere hat oft mit
Kunst überhaupt nichts zu tun und läßt jeden Schwindel
zu.

*

Ein echt sinfonisches Werk, ein Stück absolute Musik ist
wie ein Meer. Das sind große Wellen, auf diesen kleinere,
auf diesen wieder kleinere. Was man zuerst sieht, und
was die meisten zeitlebens überhaupt nur sehen, sind die

197

kleinsten Wellen. Zur rechten Wiedergabe aber gehört das Begreifen der größten ebenso, ja vor allem.

*

[10]Dacqué *Verlorenes Paradies*. Zuviel zeitraubende Polemik gegen den modernen Intellektualismus, etwas, wovor auch ich mich hüten muß. Menschen mit wachem Gefühl für die tieferen Schichten müssen darauf – d. h. auf ihre Verteidigung, denn sonst ist das nichts – mehr Kraft und Zeit als billig aufwenden.

*

Übermäßige Gedächtnisleistungen, besonders von viel Details wie bei der Oper oder von unorganischen modernen Werken, ist Zeichen eines überspezialisierten, bereits entseelten Typus, ist Dekadenz.

*

Der heutige Intellektualismus braucht Komplemente; sein Wirklichkeitssinn begreift, daß der Verstand allein nicht die ganze Wirklichkeit faßt. Z. B. Kunkel (das Schicksal), Daqué (Mythos usw.). Eigentlich begreift in all diesen modernen Versuchen der sokratische Mensch von heute, daß er nichts weiß, nicht mehr. Da ist Goethe, da ist der Künstler wahrhaftig besser dran. Kunst ist Zugang zum »Mythos« in der eigenen Brust, durch die Darstellung. Einen anderen Zugang als diese »Selbstdarstellung« gibt es heute nicht, es sei denn im rein religiösen Erleben.

*

Hat man schon bedacht, daß die großen »irdischen« Künstler des 19. Jahrhunderts, daß Brahms, ja Wagner

und Verdi, die einzigen waren, die wahrhaft religiöse
Inhalte in Musik setzen konnten? Es ist die Goldprobe
darauf, ob einer das kann. Man denke sich R. Strauss oder
Strawinsky eine »Messe« schreiben! So sieht man, was an
ihnen dran ist. Fern von wirklichen Inhalten. Aber – – –
virtuos.

*

Es gibt Musik, die im großen Zusammenhang erdacht ist,
und solche, die nur im Moment lebt. Bach, auch Chopin
und häufig Wagner verbinden beides am natürlichsten.
Aber schon bei Wagner stammt der Zusammenhang
zugleich aus dem Drama. Die Musiker des Zusammenhangs, Beethoven, Brahms, auch Wagner, müssen im
Zusammenhang dargeboten werden, sollen sie klar verstanden werden. Dies aber ist in einer Zeit, wo sogar der
Begriff des echten Zusammenhangs verloren ist (Debussy, Strawinsky, Reger), leider immer seltener.

*

Man wundert sich über die vielen Korrekturen bei Beet-
hoven, neuerdings bei Bruckner. Es ist dies aber als
Zeichen des Dramatikers zu verstehen, der alles auf den
Begriff, auf den letzten Nenner bringen muß.

*

Der moderne Mensch hat Interesse nicht an der Wärme,
Kraft, Größe, Liebe, am Wohlgewachsenen, sondern am
Abweichenden. Das Abweichende als Prinzip.

*

Strauss' Werke: Als Äußerung schwungvollen Entfesselt-
seins suchen sie ihresgleichen. Was aber entfesselt wird,

ist nicht der Rede wert. Er bezahlt seinen Schwung mit seiner Banalität, respektive diese macht jenen erst möglich. Dies ist in unseren Zeiten, d. h. seit der Renaissance, wo zur Kunst auch die Persönlichkeit gehört, stets so. Diejenigen, die, wie Beethoven und Michelangelo, beides besitzen, sind die wahren Ausnahmen. Der erste dieser Art auf deutschem Boden war Schiller; Goethe bewunderte das und hätte es doch nicht über sich gebracht, eine einzige Zeile wie Schiller zu schreiben.

*

Es geht heute den Künstlern, produktiven wie reproduktiven, bei der heutigen Gleichschaltung der Presse so wie den Hasen und Rehen, als man alle sie bedrohenden Feinde wegschoß – sie degenerierten. Unsere ganzen Kunstzustände degenerieren, sobald der freie Wind schonungsloser und echter Kritik nicht mehr wehen kann.

*

MEINE ANTWORT AN DIE MODERNEN
Allgemeingültige Dinge lassen sich nur in einer allgemeingültigen Sprache sagen. Weil diese Sprache allgemeingültig ist, weil die Dinge, die darin gesagt werden sollen, allgemeingültig sein sollen, brauchen sie noch lange nicht schon dagewesen zu sein. Das Kennzeichen jedes wirklich großen Werkes, sei es von gestern oder von morgen, ist, daß es neu und alt zugleich ist, noch nie dagewesen und doch, als ob man es von alters her kenne. Alles aber, was darüber ist, was auf seine Weise keine Allgemeingültigkeit anstrebt, ist Subjektivismus und nur das ist Subjektivismus. Der aber ist heute wie ehedem und für alle Zeiten – überflüssig.

*

Man kann sagen, daß die moderne Kunst sich von der klassischen (in der Musik) insofern unterscheidet, als der Zug zum künstlichen Originellen ihr vorbehalten blieb, während jene das im eigentlichen Sinne Natürliche, das Gewachsene, Organische über alles stellt, als ersten Wert, oder besser gesagt, als Voraussetzung aller Werte proklamiert. Dies ist der Standpunkt des mit seinen natürlichen Quellen verbundenen Menschen.

*

Bach, Mozart, Haydn erfüllten sich und ihre Zeit. Beethoven war der erste, der das Einzelwerk abtrennte und den Einzelfall schuf. Dies wurde notwendig – – –. Seit er es getán hat, kann man durch keinerlei Reflexionen wieder den früheren Zustand herbeiführen (Hindemith, Reger). Die Isolierung des einzelnen Werkes, die Verobjektivierung des Künstlers. Gerade nicht subjektiv; Mozart in jedem Werk er selbst, Mozart, – Beethoven in jedem ein anderer.

*

Die Möglichkeit der Isolierung ist das größte musikhistorische Ereignis der Beethoven-Zeit. Hier wird das Spielerische der Zwischenzeit wieder abgeworfen, der große Ernst des Deutschen tritt hier hervor wie bei Bach, wie später bei Brahms, Wagner, Bruckner. Er ist heute verlorengegangen, obwohl er gewollt wird (Hessenberg) und als bitterste Notwendigkeit empfunden wird. Dieser Ernst ist nicht irgendeine Stimmung, sondern lediglich das Bewußtsein von der Wirklichkeit, das Realisieren der Wirklichkeit. Er ist die eigentliche Ganzheit und Vollkraft des Lebens!

*

AUFSATZ

Eine doppelte Kunstgeschichte wäre zu schreiben: Die des Materials, der im Material eingefangenen Massenseele und die des Menschen, der die Kunst als wirklichen Ausdruck seiner selbst braucht und sich schafft. Beides geht zuerst zusammen, trennt sich aber, sobald in das Material die Routine kommt. Nun entsteht die Kunst, die dem Diktat des Materials folgt, mehr und mehr auf die Seele verzichtet (Strauss), und die, die das Material dem Diktat der Seele unterwirft. Hier entstehen die titanischen Erscheinungen, von Beethoven angefangen. Hier beginnt der Bereich des Tragischen, der deshalb nie lang dauert. Man nennt das fälschlicherweise subjektiv. Es ist aber im Gegenteil objektiv, insofern das dem Seelischen die notwendige, ihm innewohnende und nicht durch das Material der Zeit aufoktroyierte Form gibt. Hier fängt das Problem der Kunst von heute an. In der Musik haben wir, mehr als in jeder anderen Kunst, ein unmittelbares Barometer über den Grad der Notwendigkeit einer Kunstübung. Versuchen wir es zu lesen und zu verstehen. Und begreifen wir, daß die Entseelung der heutigen Kunst nicht etwa, wie es die nur auf den historischen Ablauf starrenden Historiker wahrhaben wollen, der Ausdruck des Heute ist, sondern das mehr und mehr Überflüssig-werden der Kunst überhaupt bedeutet.

Die großen Künstler der Vergangenheit sind nicht deshalb groß, weil sie die Kunst ihrer Zeit schufen, sozusagen die zeitgemäßen Forderungen des Materials erfüllt haben, sondern weil sie außerdem Menschen waren und als solche sich mythisch-symbolisch ausgesprochen haben. Und zwar nur deshalb. Die Erfüllung des Materials ist ausschließlich für die jeweilige Gegenwart von Interesse.

*

Die Kunstgeschichte, wie sie heute betrieben wird, basiert auf Gesetzen der Entwicklung, die durchaus aus der Realität stammen. Sie ist ihren Grundlagen nach nicht weniger eine »exakte« Wissenschaft wie die Chemie oder Physik, nur in ihren Ergebnissen naturgemäß labiler. Das Entscheidende aber nun ist, daß diese Gesetze – ebenso wie übrigens die parallelen Gesetze der »exakten« Welt – doch irgendwie nicht die ganze Wirklichkeit erfassen. Sie haben ein »Loch«, das gerade da zu suchen ist, wo – der lebendige Mensch erscheint. Es ist tatsächlich heute allmählich nicht mehr an der Zeit, diesen Gesetzen, die inzwischen Gemeingut geworden sind, sich mit Haut und Haaren zu verschreiben.

*

Goethe war ein richtig organisierter Geist, der die Dinge in dem Lagewinkel sah, wie sie vom Menschen aus gesehen werden müssen.

*

Jung schreibt ein dickes Buch über Wandlungen der Libido. Er trennt überall Libido-Betrag und Objekt und erreicht auf diese Weise die völlige Desillusionierung, einen Zustand, der mit dem Buddhismus Verwandtschaft hätte, wenn derselbe nicht wiederum in die Vorstellung der Unabhängigkeit des Weltüberwindens, des Nirwana usw. seine »Libido« hineinlegen würde. Jung legt, wie überhaupt die Psycho-Analytiker, als echter Wissenschaftler seine eigene »Libido« in den Prozeß des

Aufhellens, des Forschens, in diesem Falle des Nieder-
reißens aller sinnlichen Stützpunkte des Menschen-
geistes. Was nachher kommt, d. h., wie man dann mit
seinen Ergebnissen »leben« soll, ohne völlig zu verwil-
dern, verrät er nicht. Er tut, was die Zeit ihm aufträgt, aber
ist mehr klug als weise.

*

In der Kunst zeigt sich der Unterschied von »Bildung«
und wirklicher Berufung mit unerbittlicher Schärfe.
Pfitzner trotz allem irgendwie Bildungsmusiker, »Epi-
gone«, daher die leisen dilettantischen Züge, die sich
immer wieder in seinen Werken finden. Er erfaßt das
Seelische, ohne es gänzlich und natürlich musikalisch zu
erfüllen. Es ist das die höchste Art des Epigonen; der
geringere ist der, der sich an die Technik des Vorbildes
hält und auf diese Weise es leicht hat, »richtig« zu schreiben. Anforderungen und Maßstäbe gibt es aber erst, sobald das Seelische mitspricht.

*

Es gibt eine gewisse Übergescheitheit. Ein Mann wie
Keyserling sagt manchmal in einem Satz mehr gescheite
Dinge als andere in ganzen Büchern – und schreibt
außerdem noch dicke Bücher. Und doch fehlt ihm das
Verweilen, das schlichte zum einzelnen Gedanken ste-
hen, das den wirklichen Großen auszeichnet.

*

Ein Aufsatz über das Wesen von Originalität, Bildung,
Intellektualität und mythischer Kraft.

*

Charakteristisch ist, daß das, auf das ein Künstler glaubt, am meisten stolz sein zu können, in den seltensten Fällen gerade das ist, was sein Haupt-Vorzug, sein Haupt-Können bedeutet. Meistens ist es sogar gerade umgekehrt. Ein Beweis mehr, daß die wirklichen Vorzüge unbewußt, d. h. Gnadengeschenke sind.

*

Einstellung und Anlage beim Künstler, die die Produktion und das, was man so gemeinhin »technisches« Können nennt, befördern und entfalten, z. B. die angeborene Banalität, die Phrase, das falsche Pathos, die Mittelmäßigkeit des Fühlens, das bürgerliche Normalmaß. Kann Strauss kontrapunktisch mehr als Brahms, ist Reger produktiver als Beethoven? Im Gegenteil, sie sind nur hemmungsloser. Dieser wegen seiner Banalität, jener wegen seiner Dekadenz. Reger z. B. »steht« nicht zu seinen Erfindungen; sein Mittel, dies zu erreichen, ist die Polytonalität (besser gesagt, das Mittel, dieser unangenehmen Notwendigkeit überhoben zu werden).

Künstler, die in hoher Form bis ins letzte zu ihren Erfindungen »stehen«, sind Smetana, César Franck. Smetana weicht nicht ins Banale aus wie Dvořák, er ist der wahre Klassiker, der hohe Geist seiner Nation, der freilich den Fluch der Konventionalität nicht immer bannen konnte. Franck ist in seinen besten Werken ein Einzelgänger, einer der seelenvollsten Komponisten, die es je gegeben. Beide »können« enorm viel, aber dies »Können« ist gebändigt und geläutert durch den Ausdruckswillen, das »Seelische«. Bei Reger und Strauss ist dies nur sehr wenig und bedingt der Fall. Sie heißen die Großen, aber nur in der Musikgeschichte. Wie ihr Wert, abgesehen von der »materiellen« Bedeutung, die dem heutigen Geschlecht einzig gilt, sein wird, ist eine andere Frage.

*

Der Goethesche Typ »Dichter« wird heute als »der« Dichter schlechthin genommen. Der Gelegenheitsdichter, der aus dem Leben die Anregungen zu seinen Werken schöpft, ist aber der Lyriker. Der Dramatiker kommt damit nicht aus. Er muß tiefer in das Unbewußte seiner eigenen Natur hineingreifen. Und wenn sein Leben diese »Anregungen« ihm versagt? Shakespeare ist größer als Goethe – nach Goethes Meinung.

*

Zweierlei Musik wird von den Zeitgenossen nicht erkannt: Die, die zu »neu«, und die, die zu »alt« erscheint. Hat in der ersten Hälfte des 19. Jahrhunderts die erstere – da noch eine feste Musikkultur vorhanden war – vorgeherrscht, so hat sich das seit dem Ende des Jahrhunderts (Smetana, Brahms), wo die festen Begriffe sich langsam auflösten, mehr und mehr geändert. Heute wird das »Neue« nicht mehr bekämpft, sondern prinzipiell auf den Schild gehoben. Seit Liszt und Wagner, vollends aber seit Reger und Strauss ist niemand mehr verkannt worden, weil er neu war, wohl aber, weil er nicht neu genug erschien.

*

Das entscheidende Kriterium für die Leistungen des Reproduktiven, sei es Kapellmeister oder Instrumentalist, ist sehr einfach folgendes: Ist er imstande, so zu musizieren, daß ihm und andern die Musik, die er spielt, wirklich »Freude macht«. Alles übrige ist überflüssig.

Der Fall Tschaikowsky oder: Der Fluch der Bildung. Die
Welt erkennt ihn, aber die Musikerschaft, insbesondere
die zeitgenössische russische, lehnt ihn ab als »gewöhn-
lich«. Es braucht auch heute der ganzen Autorität eines
Strawinsky, um ihn für gewisse Leute in die Reihe der
Diskutablen einzustellen. »Fluch« oder »Grenzen« der
Bildung: das gegenwärtige Thema unseres allzu gebilde-
ten Deutschlands.

*

Die Arbeit der Generation Strauss, Reger, Mahler (der
einzige, Pfitzner, hat sich davon ferngehalten) bestand
vorwiegend darin, den Inhalt der vorhergehenden Musik
»gestreckt« – in Mammutformen und entsprechend ver-
dünnt – wiederzugeben. Diese Art »Fortschritt« ist heute
gründlich vorbei.

*

Es gibt zwei Dinge, die sich widersprechen: Originalität
und Natürlichkeit. Wer nicht beides besitzt, wer nicht
originell und trotzdem natürlich, natürlich und trotzdem
originell ist und sein kann, lasse die Originalität. Denn
von beiden – das sei unserer Zeit immer wieder gesagt –
ist die Natürlichkeit das Wichtigere und Größere.

*

Nietzsche ist ein Dekadent. Er macht aus seiner Vorliebe
für alle Art Dekadenz kein Hehl (Heine). Beethoven ist
ihm nicht viel mehr als ein Moral-Trompeter von Säckin-
gen der Musik. Wagners Schrift über Beethoven kann er,
wie er an Wagner schreibt, nicht folgen. Er ist nicht
imstande, sich dem Großen, Produktiven Aug' in Auge
gegenüberzustellen. Hier kann er nicht, wie noch an

Wagner selbst, die Nuancen genießen. Er merkt nicht, daß für Wagner hier ein »geheiligter Bezirk« beginnt.

*

Die historische Anschauung geht davon aus, daß alle Perioden an sich gleich wertvoll seien. Man müsse sich nur genug einfühlen. Und so werden denn auch immer neue Kunstgebiete entdeckt.

*

Ich möchte den sehen, der eine Beethoven-Sonate am Klavier richtig darstellt und dann noch sagt, es sei eine überlebte Kunst.

*

Nicht nur die Mittel, auch die ganzen Inhalte werden »historisch« betrachtet und entsprechend abgetan. Bei Mozart gab es die Liebe, bei Wagner die Brunst und heute – – die Vitalität. Wer also etwa sich in der fatalen Lage befindet, Bedürfnis nach Liebe zu haben, muß sich, ob er will oder nicht, zu Mozart zurückflüchten. Hand aufs Herz – ist die Liebe heute wirklich, wie mir einmal jemand sagte, ein für allemal abgetan? Und alle die anderen Empfindungen – – Demut, Frömmigkeit, Harmonie, aber auch Stolz, Kraft, Größe usw., alles das gibt es nicht in dieser Welt moderner Musik. Nur die Vitalität, ewig dieselbe Vitalität. Welche Verarmung! Welche – sagen wir es nur deutlich – – Lüge!

Über das Wort vital habe ich mir von jeher meine Gedanken gemacht. Es ist ein Wort von Intellektuellen für Intellektuelle – wo würde je einer, dem es wirklich zukäme, etwa einem Soldaten, das anwenden, oder wie lächerlich würde es sich im Munde eines solchen ausnehmen. So sind denn auch Mozart und Beethoven nicht vital, sondern einfach schön, groß, gut, was sie wollen.

Was drückt die hochgelobte moderne Kunst aus: Vitalität. Was drückt sie nicht aus: Demut, Wärme, echte schlichte Einfachheit, Größe usw. Und das soll zeitgemäß sein. Das wäre eine elende Zeit.

*

KOMPONISTEN!

Ein führender heutiger Komponist sagt mir einmal: Man führt uns immer nur einmal auf. Wie machen wir es, so wie die alten Werke, immer wieder aufgeführt zu werden? Die Frage enthielt das ganze Problem.

*

Hauer hat der Welt die Entdeckung verkündigt, daß Beethoven lauter Kadenzen – ja, aber was für Kadenzen!

*

Dr. Goebbels vertreibt die ungetarnte, lediglich auf den Nenner der Partei abgestimmte Auslands-Kultur-Propaganda, verbunden mit schrankenloser Entfesselung und Bevorzugung der Mittelmäßigkeit.

Dazu Bekämpfung aller gesunden Tradition.

*

Niemals war die Kunst den Menschen so nötig wie heute, wo sie sie am meisten und leichtesten entbehren zu können glauben.

*

Bis Brahms, Bruckner, Wagner entwickelte sich die Musik. Was danach wie weitere äußere Entwicklung aussah, war Inflation (Strauss, Reger, Mahler). Sie entstand zum einen Teil unter dem Terrorismus der historischen Anschauung, die überall und immer eine Entwicklung wertet und zu werten berechtigt zu sein glaubt, wie sie in der Vergangenheit stattgehabt hat, zum anderen Teil aus der seelischen Schwäche der Zeit. Pfitzner, auch Debussy, Ravel, sogar z. T. Strawinsky sind darin anders, Hindemith freilich wieder allzu inflationistisch.

*

Wer nicht den Mut hat, das, was er zu sagen hat, auf die einfachste Formel zu bringen, lasse es bleiben, überhaupt etwas auszusagen.

*

Es gibt Künstler, die von innen, von ihrem Selbst ausgehen: die Lyriker. Es gibt solche, die von außen kommen und darstellen: die Epiker. Die, die von innen heraus das Äußere, von außen her das Innere bewegen, sind die seltensten: die wahren Dramatiker.

*

Wenn ich sage, der Mensch hängt vom Göttlichen ab, so heißt das: als Mensch mit und von der Gemeinschaft, als Naturwesen mit und von der Natur, dem Kosmos. Diese beiden Momente umreißen den »Begriff« göttlich. Der zweite aber ist wie das Weltall, das die Erde umgibt, der umfassendere, primäre. Jeder religiös dem Kosmos zugewandte Mensch ist zugleich *eo ipso* Gemeinschaftswesen, auch wenn er Säulenheiliger wäre, nicht aber jeder Gemeinschaftsmensch ohne weiteres religiös. Der Gemeinschaftsfanatismus kann, wie alle Völkerhaßerscheinungen usw. zeigen, flachen, negativen und unproduktiven Bezirken der Seele nur allzusehr entspringen.

*

Die Kritik ist für die Kunst da, nicht aber umgekehrt. Was übrigens genauso von den Künstlern gilt. Beide arbeiten gemeinsam, sitzen im selben Boot, ziehen am selben Strick. Man sagt, sie seien Feinde. Das ist, vom höheren Gesichtspunkt gesehen, nicht richtig. Feind ist nur der schlechte Kritiker für den guten Künstler, der gute Kritiker für den schlechten. Die, die was können, finden sich auch hier, wie auf allen Gebieten, und es ist hohe Zeit, daß sie das begreifen und gemeinsam am Aufbau des neuen deutschen Musiklebens sich beteiligen.

Sie beklagen sich über »Persönlichkeits-Kultus«. Sie verlangen Objektivität vom Künstler, eine Selbstentäußerung, deren nur wenige fähig sind. Und sie selber?

Musikleben muß Musik-Leben sein, d. h. publikumsnah.

Ich weiß im vorhinein, daß das, was ich hier sage, nichts nützt. Trotzdem – – Nach einer Seite hin ist der Beruf des Kritikers ungleich schwerer als der des Künstlers, nach der des Charakters!

*

Wenn Sie den städt. Musikdirektor X genauso besprechen wie etwa Sabata, so schaden Sie nicht Sabata. Sie verraten aber die Kunst, schädigen diese und verwirren das Publikum. Wenn Sie materielle Qualitäten, etwa Technik oder Auswendigdirigieren, überschätzen, prämiieren Sie Fleiß-Aufgaben statt Kunstübung. Sie rangieren sich selbst zu den Dummen, die nicht alle werden und im Konzertsaal den Zirkus vermissen.

*

Die Grundeinstellung des heutigen Europäers zum Leben ist – sobald es sich nicht allein um praktische Wirklichkeit handelt – die des Forschers, d. h. dessen, der die Gesetze dieses Lebens zu ergründen, seinen Ablauf zu verstehen, ihm seine »Geheimnisse« zu entreißen sucht. Etwas vom Forscher hat jeder Deutsche von heute in sich, wenn er sich nicht allein mit der praktischen Wirklichkeit befaßt. Auch der Art, die Musik zu betrachten, ja sie zu genießen, liegt heute etwas von historischem Begreifen-wollen zugrunde.

Das Mittel des Forschers der Kunst gegenüber ist der Vergleich; durch Vergleiche glaubt er die Entwicklung und Unterschiede der Epochen ebensosehr wie das Wesen des einzelnen Kunstwerks zu ergründen.

Demgegenüber hat der Künstler die Pflicht – und heute mehr denn je – immer von neuem zu betonen, daß der Vergleich kein zulängliches Mittel ist, um der Kunst zu begegnen. Man begegnet mit seiner Hilfe wohl der Kunstgeschichte, die aber von der wirklichen Kunst etwa so verschieden ist wie eine Landkarte aus Papier von dem wirklichen Land, das sie darstellt. Durch den »Vergleich« ist niemals ein wahrhaftes Kunstwerk ergründet worden. Wer sich nicht selbst als Mensch dem Kunstwerk gegenüberstellt, verzichte besser darauf, sich mit ihm zu befassen. Auf dem billigen Wege des Vergleichs wird er ihm nie begegnen.

*

Es hat seine Gründe, wenn heute keine Sinfonien mehr geschrieben werden. Eine Sinfonie zu schreiben hat nur Sinn, wenn, wie es schließlich Bruckner in freier Weise noch tat, die ganze Form noch tonal durchfühlt wird, d. h. alles seinen architektonisch-tonalen Ort hat. Von

der modernen Musik ist dies längst aufgegeben, gleichgültig wie sie sich sonst zur Tonalität stellt.

*

Grundlage der Kunst ist, daß das Kunstwerk eine geschlossene Welt, ein Mikrokosmos sein kann. Nur dann
kann es erlösen. Die Historie hat entdeckt, daß dies nicht
nötig ist, daß häufig das im Werk Fehlende durch die
Gemeinschaft, die das Werk umgibt und hält, ersetzt
wird. Sobald das geschieht, bekommt die Kunst symbo-
lischen, wenn nicht den Charakter einer überflüssigen
Spielerei. Sie verliert die wahre Macht über die Menschen, die Menschen verhärten sich, die Welt besteht nur
noch aus Aktion, sie wird halt- und gottlos. Das ist das
Ende, das wir vor uns sehen, wenn nicht – –

*

Sibelius ist neben Tschaikowsky eigentlich der einzige,
der von Nicht-Deutschen wirklich s i n f o n i s c h arbeitet.
Von Deutschen ist es ganz autark nur Haydn, Beethoven,
Bruckner, Brahms. Schubert ist halb, Schumann ganz
»anerzogen«.
    Woher nun diese enorme Seltenheit dieser Gabe???
Bei Smetana, Dvořák, César Franck, Pfitzner reicht es nur
bis zur Kammermusik. Liszt, Strauss kommen von der
anderen Seite, gehen schon von vornherein in »zu weiten
Stiefeln« einher!!

*

Titel: Musikgeschichte, wie sie nicht gelehrt wird.

*

Eine Bemerkung, die immer zeitgemäß ist: Das wirklich
Bedeutende, wirklich Gewichtige wird von der öffent-

lichen Welt mit einem gewissen Neide übersehen, obwohl sie sich der Tatsache seines Daseins nicht entziehen kann. Siehe Brahms.

*

Resignation: das immer Gegenwärtige, das immer Notwendige. Resignation: das Letzte, Verderblichste, das Fluchens- und Hassenswerte.

*

Die »gegenstandslose« Meisterschaft: die Gefahr des Künstlers, besonders im höheren Alter (Mahler, Busoni, Hindemith).

*

Ein gewisser Hochmut ist nötig für den gesunden Menschen, die Natur hat dafür gesorgt. Es scheint aber, daß, je mehr sich ein Mensch von den Quellen alles Ewigen entfernt, er um so mehr das Maß des »natürlichen« Hochmuts überschreitet. Es ist eine unbewußte Regulierung der Natur. Jener dumme Hochmut, der den Halbgebildeten von heute so oft charakterisiert, jener eigentliche »Bildungshochmut« ist dafür ein Beispiel.

*

Alles Impressionistische an der Kunst, alles von außen Kommende, nur in der Materie Begründete usw. wechselt mit den Zeiten und veraltet daher rasch. Alles in sich Zusammenhängende, alles Konstruktive, Organische, in sich Beschlossene, das an sich glaubt und es selbst »ist«, trotzt den Zeiten und währt ewig.

*

Jede Musik, die nicht von außen bewegt wird, sondern sich selber bewegt, wird entweder zur Fuge und Variation

– wenn monothematisch – oder zur Sonate, wenn poly-
thematisch.

*

DER FALL PFITZNER

Pfitzner will »Genie« sein, aber außerdem sein eigenes
Genie, desgleichen die Überlegenheit, die es ihm gibt, als
gewöhnlicher Mensch genießen. Da kann man nur
sagen: Je mehr einer das kann und will, desto weniger ist
er Genie. Pfitzner geht mit dem »Genie« hausieren.

Pfitzner, der Dualismus des Romantikers, der einer
rationalisierten Welt das Genie in Reinzucht gegenüberstellt, ohne eine Verbindung und Durchdringung beider
auf höherer Ebene auch nur anzustreben. Ich kann mir
nicht helfen: Dahinter liegt – wie übrigens auch bei allen
Romantikern – eine tiefe Eitelkeit, ein sich der Wirklichkeit der Welt nicht öffnen Wollen. Der Komponist
Pfitzner ist größer als der Denker; er hat, weil er unbewußter schafft, mehr geleistet, obwohl auch in ihm der
Bruch wahrzunehmen ist. Es wäre der Mühe wert, den
Komponisten vor dem »Denker« in Schutz zu nehmen.

*

Eine Gemeinschaft, die eine wirkliche Kunst geschaffen
hat, oder besser, der sie entsprungen ist, ist stets eine
Liebes-Gemeinschaft gewesen. Mag sie sonst und
außerdem sein, was sie will, eine Zwangs-Gemeinschaft,
eine Wirtschafts-Gemeinschaft – –, allein als solche wird
sie niemals kunstschöpferisch sein. Alles Reden, Wollen,
Kulturgetue hat mit wirklicher Kunst, d. h. mit der
Liebes-Gemeinschaft, die dieser zugrunde liegt, nichts zu
tun. Und ob eine solche Liebes-Gemeinschaft besteht
oder nicht, ist lediglich daran zu sehen, ob eine wahrhafte

Kunst sich entwickelt hat. Daß diese Gemeinschaft mit politischen Gemeinschaften nichts zu tun hat, zeigt die größte Zeit der deutschen Kunstentwicklung zu Anfang des 19. Jahrhunderts, die politisch die ohnmächtigste war. Dennoch war die Liebes-Gemeinschaft der deutschen Nation vollauf da; einer politischen Zwangs-Gemeinschaft bedurfte sie nicht, und eine solche wird auch in Zukunft für wirkliches Kunstschaffen nichts hinzutun und nichts wegnehmen.

1941

Mit dem Überwiegen des Betrachter-Standpunktes hängt zusammen, daß man heute verlernt hat, ein Kunstwerk anzunehmen, wirklich wirksam werden zu lassen. Damit aber – nur damit – hängt das ungeheure Anschwellen der Mittelmäßigkeit zusammen. Die Menschen wissen nicht mehr, was Musik wirklich ist und sein kann; sie würden sich sonst nicht so viel als »Musik« vorsetzen lassen. Der registrierende, der Betrachter-Standpunkt fordert geradezu die Mittelmäßigkeit.

*

Der natürliche Mensch will nicht anerkennen und ablehnen, er will nicht urteilen, sondern er will sich begeistern. Das aber kann er nicht beim Guten, Anständigen, Achtbaren, Gekonnten und wie alle die Ausdrücke für hochstehende Mittelmäßigkeit sind, sondern nur beim Außerordentlichen.

*

Nietzsches Erfolg liegt darin, daß er, selbst im tiefsten unproduktiv, damit Schicksalsgenosse aller Unproduktiven wurde. Er hatte auf der einen Seite die Forderungen des Produktiven, auf der anderen aber nichts, um sie zu rechtfertigen, nichts, womit er sich selbst und der Zeit entfliehen konnte. So blieb er der Zeit ausgeliefert wie kein anderer und mußte leiden wie kein anderer. Das ist seine Größe, seine Art von Größe.

*

»Wer immer strebend sich bemüht«, der ist niemals eitel. Er hat den Blick auf das gerichtet, was er noch nicht kann. Ein gewisser Grad von Einsamkeit ist schon deshalb vonnöten, um nicht eitel sein zu müssen. Dazu wird man durch die Zumutung des Pöbels, wenn man diesem zuviel Platz einräumt, geradezu gezwungen.

*

Nicht wie Rilke, ja wie der unvergleichlich größere Hölderlin, den Inhalt gleichsam geschwätzig breit aussprechen, sondern in das Symbol der »Form« einschließen und ihm damit gleichsam das Naturgeheimnis zurückgeben. Dies die eigentliche Bedeutung der künstlerischen Form, die von unserer Zeit weniger und weniger verstanden wird.

*

Kunst kann nicht verstanden, kann nur erlebt werden. Kluge Köpfe können nachträglich das eigene gehabte Erlebnis zu verstehen suchen. Das setzt aber voraus, daß ein solches vorhanden war. Verstehen wollen vor der Hingabe an das Werk, vor oder während dem »Erleben«, wie es heute so häufig ist, führt nur zu Irrtümern.

*

Das Problem des Musikers: Wie er die Bestimmtheit der Aussage erreicht. Was ein Stück Musik an Bestimmtheit gewinnt, verliert es an Unendlichkeit. Unendlichkeit in der Bestimmtheit, Bestimmtheit in der Unendlichkeit – das ist es, was die wirklich »Großen« kennzeichnet, nicht aber das Eintauschen der Bestimmtheit auf Kosten der Unendlichkeit, wie es in der »naiven« Romantik geschah, oder das Eintauschen der Unendlichkeit auf Kosten der Bestimmtheit, wie es den gegenwärtigen intellektualisierten Zeitläufen entspricht.

Der einzige, der die Bestimmtheit der Aussage, selbst auf Kosten der Weite, auf sich genommen hat, ist Hans Pfitzner. Sein Werk, so schwach und gebrechlich es z. T. scheinen mag, hat jedenfalls eines: Der Geist hat wieder den ihm zukommenden Platz. Seine Bedeutung in dieser Art wird wohl erst später verstanden werden.

*

Wie zeigt sich die Intellektualisierung der Musikbetrachtung? Der Verstand schiebt sich ein, bevor noch das Gefühl Zeit hatte, überhaupt eine Stellung zu nehmen. So verlangt der Verstand die sofortige und am einzelnen Moment hängende »Originalität«, während das Gefühl die im Zusammenhang sich aussprechende Echtheit fordert. Nun ist es aber so, daß beide sich leider weitgehend ausschließen. Auch das wäre noch keine Katastrophe; wir könnten uns sagen, daß wir eben in einer verstandesmäßigen Zeit leben und eine Musik, die eben den Anforderungen des Verstandes zu genügen hat, schreiben müssen. Dem ist aber leider nicht so. Denn der Verstand, in seinen weiteren Konsequenzen, will und braucht die Kunst überhaupt nicht. Er bemächtigt sich ihrer, wie er sich – der Machtgierigste von allen – aller Dinge zu bemächtigen trachtet.

*

Montesquieu sagt: Es ist weniger selten, einen erlesenen Geist zu finden als eine große Seele.

Auch für schöpferische Künstler gilt das, zumal heute.

*

Wer in der Vergangenheit die wahre Größe nicht zu sehen versteht, kann sie auch in der Gegenwart nicht sehen. Denn beides gehört zusammen. Und wer sie in der Gegenwart nicht zu sehen vermag, nun, der sieht sie in Wahrheit auch nicht in der Vergangenheit, so groß und so viel er auch von ihr rede.

*

Gewiß darf die Musik nicht abstrakt, ohne Beziehung für den Apparat, das Instrument, für das sie gedacht ist, erfunden werden. Das Instrument ist die Erdscholle, auf der sie steht, von der aus sie zu sich selbst kommt. Ebenso wenig aber dürfen – und das ist schon seit Wagner und Strauss zu sagen doppelt nötig – das Instrument und seine Notwendigkeiten derart im Vordergrund stehen, daß die Belange der Musik selber zu kurz kommen. Siehe die Einstellung von Strauss zu Beethovens und Brahms' Orchesterstil, Beethovens Streichquartetten usw.

*

BRUCKNER

Es hat sich gefunden – das heißt – Druckvorlage. Haas meint, es habe sich dadurch nichts geändert. Die Tatsache bleibt –. Vergewaltigung Bruckners durch die Schüler. Dies läßt sich weit dehnen. Man kann eher von einer Vergewaltigung der Öffentlichkeit durch Haas-Mythos sprechen. Tatsache ist, daß Bruckner nicht durch die Gesamt-Ausgabe berühmt geworden ist, sondern durch die früheren. Es ist sogar die Frage, ob er es durch die Gesamt-Ausgabe ebenso schnell geworden wäre. Mir liegt nicht am notengetreuen, an dem der »Pharisäer und Schriftgelehrten«, sondern am authentischen Bruckner. Und ich kann nicht allein die Original-Ausgabe als authentisch bezeichnen, wenn eine Stichvorlage aus späterer Zeit vorhanden ist. Dazu ist die Vergewaltigungs-Mythe von Haas nötig, und diese ist nicht authentisch. Sie widerspricht sogar jeder Psychologie eines großen Mannes. Nur unproduktive Geister können ernstlich glauben, daß ein großer Produktiver sich »unter Druck setzen läßt«, auf die Dauer einer Depression unterworfen. Depression und Produktivität sind Wesens-Gegensätze, diese immer nur Reaktion, weiter nichts. Die Fälschung, die hier an der Persönlichkeit Bruckners begangen wurde – Bruckner als Trottel –, ist viel größer als die, die durch die Versuche der ersten Schüler, Löwe und Schalk – – –.

Zur Sache selbst ist zu bemerken: Die Original-Ausgaben sind verschieden. Nur für die Vierte und Fünfte Sinfonie existieren Original-Handschriften. Nicht existieren sie für die Zweite, Dritte, Siebte. In der Zweiten und Dritten hat Haas sie rekonstruiert. Er geht dabei willkürlich vor. – – –

Auf solche Weise zusammengestellte Original-Lesarten haben keinen originalen Wert. Anders ist es bei der Fünften Sinfonie. –

Hier fällt der Vergleich durchaus zu Gunsten der Originalfassung aus.

Obwohl es derselbe Fall ist, so liegt es doch bei der Vierten Sinfonie anders.

Nun aber noch etwas Ästhetisch-Prinzipielles: Was bei der Original-Ausgabe auffällt, ist der Stil: Stilistisch einheitlich, überlegen. Schlußfolgerung: Barockmeister, chorische Instrumentation usw. Gegensatz gegen Romantik Wagners usw. Nun ist der Unterschied eigentlich nur auf dem Papier; ein Unterschied der Praxis. Daß dieser Unterschied so hervorgehoben wird, so viele ernsthafte Verfechter gefunden hat, liegt in unserer Zeit-Tendenz, die den Begriff des Stils geprägt hat. Stil ist für die Gegenwart Selbstverständlichkeit – – –.

*

EITELKEIT UND SELBSTBEWUSSTSEIN

Beide sehen sich zuweilen ähnlich wie Zwillinge. Und doch ist nichts verschiedener. Das eine notwendiger Begleiter jeder großen Leistung, das andere eine Belastung.

Der Fortschritt aller Entwicklung hängt davon ab, daß die Eitelkeit, die immer persönlich, d. i. auf Kosten der Sache geht, in gegebenen Grenzen bleibt.

Nicht das wirkliche Musik-Leben, wohl aber der Musik-Betrieb, der sich einbildet, jenes darzustellen, ist ein Knotenpunkt aller Eitelkeiten.

Leute, die ernst und naiv aus der Stille der Familie oder des Landes in den großstädtischen Musik-Betrieb geraten, fühlen das stark.

Es wäre nun nichts dagegen zu sagen, da ja die Welt sich nie ändert, aber es ist gut, sich das ins Gedächtnis zu rufen, da, zumal in Deutschland, immer mit einem großen Aufwand von Moral am falschen Fleck gearbeitet wird und dadurch der wahre Drahtzieher – eben die Eitelkeit – nicht in Erscheinung tritt. Von Bedeutung ist nur: Wie weit wirkt sie sich auf die Kunst direkt und unmittelbar schädigend aus? Tut sie das überhaupt?

Ja, in hohem Maß. Ja, in solchem Maße, daß sie geradezu als der eigentliche Kunst-Feind betrachtet werden muß.

*

Alles Denken ist nichts als Abwehr. Abwehr in Gestalt einer Klarstellung. Darüber hinaus ist Denken an sich ohne Wert.

1942

Barock ist im Grunde ein Aufsuchen, ein Übersteigern der Kraft, später ein Zur-Schaustellen derselben. Es liegt darin stets eine Idee der Kraft, ein Leitbegriff; in diesem Sinne hat jeder Barock schon etwas Intellektuelles in sich. Dies ist höchst bemerkenswert. Brahms ist ohne jeden barocken Zug. Wagner nicht.

*

Bei den Ankündigungen eines Konservatoriums lese ich: »Meister des Barock: Joh. Seb. Bach, Buxtehude, Telemann« etc. – Bach ist weder ein Barockmeister wie die anderen, noch ist er überhaupt ein Barock-Künstler. Was erreicht man damit? Die Bagatellisierung, die Nivellierung, die Distanzierung von der wahren Größe. Und das soll wohl auch erreicht werden, damit unsere Größen leben können. Nur wird dabei die Musik überhaupt überflüssig. Oder: die Familie der Bache. Ph. Emanuel ist viel zukunftsreicher; trotzdem müsse man Joh. Seb. Bachs Goldberg-Variationen gelten lassen usw. Was für Geschwätz! Es muß endlich gesagt werden: Der Teufel hole die ganze Entwicklung mit ihrer Bedeutung. Wann kommt es uns wieder auf die schöne, die echte, die große Musik an und nicht mehr auf die für die Entwicklung bedeutsame!

*

Der Subjektivismus Nietzsches, der als erster die selbstverständliche Haltung zu den großen Werken, den

223

großen Männern umdrehte, sich nicht nach ihnen richtete, sondern sie nach sich selber sich zurechtmachte, wobei er die leben ließ, bei denen er existieren konnte. Eine Ermüdung an großen Werken gibt es ebensowenig wie eine »Ermüdung« an einer gewachsenen Traube oder Birne. Es ist die Erschöpfung des modernen Menschen, die hier ausschließlich am Werke ist.

*

Eine Zeitlang mochte der Rausch des Fortschritts andauern, heute wissen wir, daß die Fäden nicht abgerissen werden dürfen. Weder zur Vergangenheit, noch zur Zukunft; die Gegenwart kommt gleichsam von selbst, denn sie hat einen großen Vorteil: eben gegenwärtig zu sein. Diesen Vorteil nutzt sie nach Kräften aus. In der Musik etwas anders als in den bildenden Künsten. Sie muß, da Musizieren immer gegenwärtig ist, sich gegen das gute Ältere durchsetzen. Hier entsteht jener bisher uneingestandene Kampf mit den Alten, der, im großen ganzen gesehen, zugleich ein Kampf der Mittelmäßigkeit gegen das Gute ist. Man wird immer sehen, wieviel toleranter große Musiker gegen die Vergangenheit sind, wieviel verbundener mit ihr als die kleinen. Man frage einmal Strauss, was an Mozart und Wagner ist, Strawinsky nach Tschaikowsky. Es gibt wenig Gestrige, aber es gibt auch wenig Gegenwärtige. Sie füllen die Konzertsäle, sie füllen vor allem die Redaktionsstuben. Denn für den geltungsbedürftigen Literaten ist nur die Gegenwart, die Gegenwarts-»Wirkung« existent. Die Gegenwart ist da; sie ist notwendig, sie ist lebendig. Aber sie ist nur ein Durchgang. Wie die vergangenen Geschlechter, so müssen in jedem wahrhaften Kunstwerk die zukünftigen zugleich mit der Gegenwart leben.

*

Es muß zugegeben werden, daß Wagner und Bruckner in bezug auf Einzel-Eingebungen größer sind als die Klassiker (zu letzteren gehört in diesem Zusammenhang auch Brahms). Jene aber sind imstande, eine größere Reihe zusammengehöriger »Eingebungen« zu erfinden, wobei sie in der Gesamt-Endwirkung dann doch als die Stärkeren erscheinen. Sie sind organischer, nicht so sehr auf Originalität angewiesen.

*

Keyserlings Verdienst ist, daß er die Komplexität des Lebens – wie kein anderer – begriffen hat. Es ist dies übrigens eine seltene intellektuelle Gabe, die immer nur sehr vereinzelt bleiben wird. Sein Denken ist in Wahrheit zu »international«, um auf die Dauer Erfolge zu haben. Es ist schlechthin menschlich und wird es immer bleiben, von bestimmten Umwelt-Vorurteilen, die im gegenwärtigen Moment national genannt werden müssen, auszugehen. Wobei ich nicht meine, daß das Nationale nur ein Vorurteil sei.

*

Das Gefühl, organisch – d. h. wie die Natur selbst – bilden zu können, wiegt alles andere weit auf. Mißerfolge, lebenslängliche Verkennung und Ausschaltung, das Bitterste: Trennung von den Menschen, für alles das leistet es Ersatz. Es gibt unsägliche Unabhängigkeit von der Zeit, unsägliche Ruhe in der Natur und in Gott. Freilich, seit Brahms hat in der Musik niemand dies verwirklicht und auch früher nur wenige. Dies ist mein Ziel, ein Ziel, das wohl einige Opfer wert ist.

*

Bei Brahms ist es, als ob jeder Satz zum Hörer sagte: »Mir ist es ganz gleich, ob ich dir gefalle, ich bin wie ich bin, ich lebe und freue mich meines eigenen Lebens«. Wie anders als z. B. bei Wagner.

*

Die guten Deutschen – ebenso: wie sie sich von Literaten die Größten – Wagner und Brahms – vermiesen lassen, ebenso lassen sie sich von solchen die Scheingroßen, die Unklaren – Reger – als Größen aufschwatzen.

*

FÜR DEN REPRODUKTIVEN
Jedes Werk trägt in sich den ihm eigenen »Abstand«, in dem man es betrachten muß. Diesen Abstand herauszufinden, nach ihm zu handeln, ist die vornehmlichste Pflicht des Darstellenden.

*

Ist der Beruf des heutigen Komponisten nicht ein »neurotischer« Beruf? Ist der Zustand »moderner Komponist« sein zu müssen – wenn man nicht im rein Spielerischen sein Genügen findet wie Hindemith – nicht eine einzige Neurose?! (mit Ausnahme der wenigen, die organisch schaffen können) eine Krankheit?

*

Über die Banalität bei Wagner und bei Strauss. Bei Wagner im Rahmen des poetischen Vorwurfs, durch diesen gefordert, bei Strauss ein schlau-effektvoll angewandtes Mittel des Musik-Könners.

*

Reger – Mangel an Tonalität. – Mangel an präziser Aussage. Wir müssen zur präzisen Aussage zurück.

*

Alle Historiker übertreiben das Unterscheidende der Erscheinungen, sehen zu wenig das Verbindende. Um dies zu sehen, muß man produktiv sein.

*

Philosophie ist eine ausgesprochen männliche Disziplin. Deshalb überschätzt sie sich enorm. Gerade weil sie den Anspruch macht, den Sinn des Lebens zu deuten, kann sie es durchaus nicht. Sie ist und bleibt Sache des »großen Kopfes«.

*

Die Grenze der Unnatur zu bestimmen, ist den Zeitgenossen schwer möglich, weil diese mit der Konvention zusammenfällt. Es ist kaum zu glauben, welches Maß von Unnatur fortwährend geschluckt wird.

*

Schon Wagner hat darauf hingewiesen, – Musik – muß sehen – – –. Aber andererseits muß ja alles, zumal auf dem Theater, eine Außenseite haben. Diese die Aufgabe des Regisseurs, die oftmals darin besteht, die Musik nicht zu stören. Nirgends ein selbständiges Vorgehen des Regisseurs weniger am Platz als in der wirklichen Oper.

1943

Geist und Körper in der neuen Musik gehen auseinander. Strauss mehr Körper mit wenig Geist, Bruckner mehr Geist mit zu wenig Körper (rein musikalisch gesprochen) (ebenso Pfitzner). Der Letzte, der beides hatte, war Brahms.

*

Die *Matthäus-Passion* ist das beste Beispiel für die Verlegenheit des modernen Menschen gegenüber der großen Kunst! Das empfindungsstärkste Werk von allem gefühlsmäßigen Nachleben entblößt, nur mit der lächerlichen Sorge um die Stilreinheit, die Vermeidung jeglicher »Sentimentalität«, behaftet – – – welche Komödie.

*

Uns ist heute die »geschlossene Form« zu eng. Wir bewundern Mozart ob seiner Eleganz, aber wie einen Nicht-heutigen. Fälschlicherweise sehen wir Beethovens Form ebenso und begreifen nicht, daß hier in Gestalt eines Seins ein beständiges Werden vor sich geht. Dies ist der Grundirrtum nicht nur gegenüber Beethoven, sondern gegenüber aller »Form« von seiten des modernen Menschen – was sich zumal in aller Reproduktion ausspricht. Im Sein das Werden zu erleben und erleben zu lassen, in der festgewordenen Form das flüchtige Leben des Moments zu fassen, das ist wirkliche Re-Produktion. Alles andere ist ohnmächtiges Gestammel, Schulmeisterei.

*

Was man so »Geist der Zeit« nennt, ist in Wahrheit das
Bewußtseins-Niveau der Zeit. Gegen dieses verstoßen die
Reaktionäre.

*

Der dichterische Erregungszustand, den etwa ein Rilke
oder ein Hölderlin repräsentiert (z. T. sogar noch Nietzsche), muß der Schöpfung des Bildes, der Form vorher-
gehen. Heute wird er im Verhältnis zur fertigen Form
überschätzt, weil die Mystik, der Sinn der zu Ende ge-
stalteten Form nicht begriffen wird (infolge der zu vielen
Klischees).

*

Nie bei historischen Empfindungen stehenbleiben.
Immer, auch angesichts der Kunst der Vergangenheit,
zum Allgemein- und Unmittelbar-Menschlichen durchdringen.

*

Ein Dirigent, der als Interpret, d. h. dem Sach- und Aus-
drucksgehalt des Werkes gegenüber, schwach ist, wird
stets versuchen, von anderen Bezirken her dem Erfolge
nachzuhelfen. Vor allem durch Betonung der Kapell-
meister-Situation, der einzigen Situation in der Kunst,
die den »Herrscher« *coram publico* möglich macht.

*

Alles, was mit Kunst zu tun hat, ist noch in intellek-
tualistischer Weise ganz dem historischen Entwicklungs-
denken verfallen. Es ist an der Zeit, daß das biologische
Denken, das in Landwirtschaft und Medizin von der
Harmonie des organischen Geschehens ausgeht, endlich
auch in der Kunst Platz greift.

*

Goethe sagt: Klassisch ist das Gesunde, romantisch das Kranke. Ich sage: Klassiker ist, wer etwas klar und deutlich, Romantiker, wer es unklar, mit Umschweifen und viel zu vielen Worten ausdrückt. Ich liebe die Klassiker.

*

Wir sind uns darüber einig, daß Erdnähe Kraft des Eros nicht nur im Privaten ist, sondern ihr Mangel geradezu der Mangel des heutigen Deutschlands, des modernen Europa ist. Fragt sich nur, wie dies auszugleichen ist. Die einen besitzen es nicht, reden aber davon, die andern, die es besitzen, reden nicht. Ich habe noch nie einen wirklich »vitalen« Menschen von Vitalität reden hören.

*

Nicht so sehr Bruckner selbst, als die Art, wie er propagiert und aufgeführt wird, zeigt eine empfindliche Schwäche organischen Gestaltens in unserer Zeit auf.

*

Je mehr einer Techniker ist – Hindemith, auch R. Strauss – desto mehr bedeutet ihm der Stil, desto weniger das Werk. Da er selbst auf das Werk weniger achtet, beachtet er es auch bei andern nicht. Strauss' Ablehnung von Bruckner usw.

*

Das eigentliche Bestreben allen Geistes ist, dem »Schicksal« zu entgehen, sich nicht mehr hinzugeben. So dünkt sich der geistvolle Busoni in all seiner Öde und Leere weit über Puccini, der schlicht sein Lebenswerk verrichtet und dafür die Gottesgabe einer in seiner Art noch lebendigen Produktivität sein eigen nennen kann.

*

Kunst ist die Sprache des Kollektivs in uns, Kunst spricht aus, was uns als Gemeinschaftswesen angeht.

*

Zu kurzschlüssige Urteile – das Kennzeichen allen Intellektualismus.

*

In Goethes Denken ist nichts Konstruiertes; kein Satz, der nicht erlebt wäre. Bei Keyserling sind drei Viertel von allem konstruiert, wenn auch richtig konstruiert.

*

PFITZNER

Pfitzner greift in seinem Alter auf seine Anfänge zurück, er ist hier wie dort einfacher Musiker, im Sinne der großen deutschen Musiker der Vergangenheit. Er hat noch nicht teil an jener Neigung zur Übergröße, an jener eigentümlichen Inflation musikalischer Ausdrucksmittel, die in seiner Generation, der Generation der Strauss und Reger, ihren Anfang nahm. Besonders bei den in den letzten Jahren bekanntgewordenen Alterswerken tritt das hervor. Man kann über ihren Wert denken, wie man will – der greise Pfitzner hat hier den Mut zu musizieren, wie »ihm der Schnabel gewachsen ist«. Was das bedeutet, wird erst klar, wenn man bedenkt, daß die andern fast alle diesen Mut nicht mehr haben. Pfitzner hat in diesen Werken einer Kategorie wieder zu ihrem Recht verholfen, die heute fast vergessen ist, der Kategorie der »Natürlichkeit«. Diese Werke sind »natürlich« in demselben Sinne wie die großen Werke der Vergangenheit. Sie stellen damit eine Forderung auf und setzen sich in tiefen Gegensatz zu dem, was heute geschrieben wird.

Oder: Sie stellen damit eine Forderung auf, der – so selbstverständlich sie eigentlich sein müßte – man heute allenthalben ausweicht, und setzen sich somit in einen tiefen Gegensatz zu dem, was heute geschrieben wird.

Die moralische Bedeutung dieser Haltung des greisen Pfitzners kann nicht leicht überschätzt werden, wenn sie auch wie die ganze Musik Pfitzners wenig verstanden wird.

*

[11]R. Wagner hat in späteren Jahren eine größere Schrift über Beethoven veröffentlicht, die, wenn sie auch zum großen Teil mehr von Wagner als von Beethoven aussagt, doch immer noch das Bedeutendste und Hellsichtigste ist, was über Beethoven geschrieben wurde. Es ist bis heute bekannt, daß Nietzsche diese Schrift ablehnte und Wagner offen bestätigte, daß er ihm hier nicht folgen könne. Was Nietzsche hier ablehnt, war aber nicht Wagner – es war damals der Höhepunkt ihrer Freundschaft –, sondern Beethoven. Nietzsche verstand Beethoven nicht, und er verstand daher auch nicht, warum der umfassende und anspruchsvolle Wagner gerade diesem naiv-eigenwilligen Musiker mit jener ganz einzigartigen und grenzenlosen Verehrung begegnete, die ihn schreiben ließ: – – –.

So wie Nietzsche fühlen aber auch viele andere Leute. Insbesondere die Literatur nahm für den Literaten Nietzsche Partei. Wagners Beethoven-Begeisterung wurde kurzerhand als Selbst-Reklame abgetan und damit alles auf das bequeme Geleise des Allzu-Persönlichen geschoben.

Nun ist es wahr: Raffinement oder auch nur das, was man gesteigerte sinnliche Kultur nennen mag, besitzt

Beethoven nicht. Er hat genug natürliche Sinnlichkeit, aber in männlicher, hoher Form. Jedes Schwelgen um seiner selbst willen ist ihm ebenso fremd wie weibliches Sichgehenlassen. Was Wagner an Beethoven erhob und begeisterte, war einmal der ungeheure »Griff«, jene in der ganzen Musik unüberbietbare Eindeutigkeit und grandiose Klarheit der Aussage, jene »oratio directa«, wie Wagner es nennt, Ausdruck des königlichsten Manneswesens. In bezug auf Gewalt und Klarheit des Griffs ist Wagner auf seine Weise ein wahrhafter Nachfahre Beethovens geworden. Was er aber sonst noch in Beethoven gefunden hat, was er sonst in ihm verehrte, war etwas, was er selber nicht war, was ihm völlig unerreichbar blieb, was er aber groß genug war zu erahnen, als über sich stehend zu erkennen – jene nicht zu beschreibende und völlig unsagbare – wir können es nicht anders nennen – Reinheit des Herzens, seine Unschuld, der Adel des Gefühls, der nicht beschrieben noch weniger definiert werden kann, sondern nur erlebt – freilich nur von jemandem, der das Organ dafür hat. Nietzsche hatte das Organ nicht. Es sind nicht alle Menschen gleich, und es ist Nietzsche kein Vorwurf daraus zu machen. Er hatte andere Aufgaben. Von Nietzsche stammt auch jene Gleichung Beethoven – Schiller, die so viel Unheil in den Köpfen angerichtet hat. Schiller soll hier nicht herabgesetzt werden – aber ähnlich sind sich Beethoven und Schiller nur auf den allerersten Anblick –, bei dem es viele freilich bewenden lassen. Gerade das, was Beethoven kennzeichnet, die Unmittelbarkeit, Ursprünglichkeit und Reinheit des Fühlens, geht Schiller bei aller Großartigkeit seiner Konzeption völlig ab.

*

MUSIK UND WELTSTADT
– Zur Psychologie der Großstadt –

Obwohl es mir von Anfang an bewußt war, daß meine
Laufbahn als Dirigent mich auf die Großstadt hinwies als
den Ort, wo die weiteste Auswahl, die größten Ver-
gleichsmöglichkeiten vorhanden waren, und wo daher
wirkliche Qualitäten am ehesten erkannt werden konnten, ging ich doch den eigentlichen Großstädten so lange
ich konnte aus dem Wege. Insbesondere Berlin stieß
mich ab – um so sonderbarer, als ich später gerade mit
Berlin in enge und dauernde Verbindung kam. Aber ist es
wirklich Berlin, mit dem es der Leiter der Berliner Philharmonischen Konzerte zu tun hat? Ist es nicht nur ein
kleiner Ausschnitt der Weltstadt, ein kleiner Teil des
Berliner Publikums?

Es gibt einige Orte, die, wie etwa Wien, in keine Kategorie einzureihen sind, weil sie ihren besonderen Lokal-
Charakter besitzen. Im allgemeinen aber wird man finden, daß die verschiedenen Städte sich, je nach ihrem
Typus, alle ähneln. So kann man vor allem von einem
Charakter der Weltstadt in Musikdingen sprechen, der
überall derselbe bleibt. Man kann von den für die Weltstadt typischen Vorzügen, man kann von den für sie
charakteristischen Nachteilen und Vorurteilen reden. Da
sie einen unverhältnismäßig großen Einfluß auf die sogenannte »Provinz« hat, lohnt es sich wohl, sich über
diese Eigenschaften klar zu werden. Gibt doch die Eigenschaft der Großstadt als Kulturzentrum ihr ein beträcht-
liches Maß von Selbstbewußtsein, das allen ihren Äußerungen und Reaktionen anhaftet. Sie ist durchaus der
Meinung, in allen künstlerischen Dingen das letzte Wort
zu sprechen, kraft der größeren Kenntnis und Routine,
die sie besitzt. Schon diese erste Voraussetzung nun ist

falsch. Sie kennt zwar viel, sie besitzt einen großen Überblick; aber ihre Kenntnis ist oberflächlich und reicht meistens nicht hin zu einem authentischen Urteil. Eben der Zwang, viel zu kennen, bringt zwangsläufig Oberflächlichkeit mit sich. Großer Kunst ist durch oberflächliche Kenntnis nicht gedient. Sie beginnt erst jenseits einer solchen.

An Stelle der wirklichen Kenntnis, für die man in der Weltstadt, abgesehen von der Unfähigkeit dazu, nicht einmal großes Interesse hat, treten die Schlagworte. Sie stehen durchaus im Vordergrund des weltstädtischen Interesses. Sie sind auf wenige Leitsätze zu reduzieren, die aber direkt nicht ausgesprochen werden, sondern bewußt-unbewußt überall angewandt werden und so gleichsam allgegenwärtig die Luft durchdringen. Diese Leitsätze, diese Schlagworte wechseln mit Zeit und Generation; ihre Geschichte ist noch nicht geschrieben, obwohl sie für die Massenpsychologie ein höchst interessantes Objekt bietet. Dies kommt daher, weil ja die Weltstädte mit ihrer charakteristischen Atmosphäre noch nicht alt und außerdem gewohnt sind, alles auf der Welt mit Skepsis und Humor zu nehmen, nur sich selbst nicht. Sich selbst nehmen sie bitter ernst, ja ihr Hochmut in dieser Beziehung ist ohne Grenzen. Indirekt spielt sich die Bildung aller der Vorurteile und Schlagworte in der Weltstadt durchaus im Unbewußten, Unterbewußten ab. Sie besitzt keine Kontrolle und daher keinen Abstand von sich selbst, dafür den ungeheuren Anspruch und daher auch der beträchtliche Schaden, den die Kunst durch diesen Anspruch immer von neuem erleidet.

Die Leit- und Schlagworte, die das Verhalten der Großstadt in Kunstdingen regieren, haben alle moralischen Charakter – einer Moral freilich, wie sie die Großstadt versteht. Einer der wesentlichen Grundsätze dieser Moral ist zum Beispiel, daß ein Kunstwerk nicht langweilig sein darf, d. h., in Kunstdingen muß gesprochen, diskutiert, reflektiert werden können. Allzu große, allzu intensive und selbstlose Hingabe an das Werk wird nicht gewünscht. Trotzdem weiß man, was gut ist, oder besser gesagt, man will es wissen, nur erleben – nein, das ist zu anstrengend, zu entsagungsvoll. Man will sich – und das ist der eigentliche Inhalt aller weltstädtischen Moral – vor allen Dingen als der überlegene Großstädter fühlen. So kommt es dann, daß die eigentlichen Kämpfe um neue Kunstwerke nicht in der Weltstadt ausgefochten werden.

*

Ich bin – in Deutschland wie im Ausland – deutscher Künstler, d. h. ein Vertreter des Deutschlands, das sich in der deutschen Musik manifestiert. Man kann die deutsche Musik als »made in Germany« ablehnen und boykottieren, man kann aber nicht Mozart und Beethoven spielen und diejenigen, die für sie leben und sterben, ablehnen.

Die Botschaft aber, die Beethoven in seinen Werken und zumal in der Neunten Sinfonie an die Menschen richtet, die Botschaft der Güte, des Vertrauens, der Einigkeit vor Gott scheint mir nie nötiger gewesen zu sein als gerade heute.

*

Keyserling besitzt eine geradezu virtuose Klugheit. Die Opposition gegen ihn kann sich tatsächlich nicht gegen das wenden, was er sagt, denn das ist meistens richtig, sondern wie er es sagt. Dadurch, daß er die furchtbaren

Tatsachen als Ergebnis von Beziehungen – Kontrapunkt und dergleichen nennt er es – hinstellt, dadurch, daß er das Beziehungsdenken zu denkbar größter Virtuosität ausgebildet hat, nimmt er dem, was er denkt, einen großen Teil seiner Realität und seines Gewichtes.

*

Wäre eine Hindemith-Partitur auf dieselbe arglos-positive Weise zustande gekommen wie eine Mozartsche, so wäre dagegen nichts zu sagen. Leider sind aber bei Hindemith die Gründe für vieles in Ausweichungen zu suchen. Ein Kunstwerk ist stets etwas Gefundenes; seine Neuheit und Originalität beruht nicht darauf, daß etwas Altes vermieden, als daß etwas Neues gefunden ist.

1944

Strawinsky geht – wie er es übrigens auch ausgesprochen
hat – nicht vom lebendigen, sondern vom künstlichen
Organismus der Puppe, der Maschine aus. Die russisch-
revolutionäre Anbetung der Maschine spricht aus ihm.
Über diese ist Deutschland hinaus. Deutschland strebt
von der Maschine zum Leben, deshalb ist ihm die
»dumme« Musik Bruckners trotz allem lieber als die
»kluge« Strawinskys.

*

Bach, Haydn, Mozart, auch Schubert und Schumann
repräsentieren eine bestimmte Zeitepoche und werden
von unseren raffinierten Genießern als Vertreter einer
solchen konsumiert. Das geht bei Beethoven nicht. Hier
geht die Rechnung nicht auf, und das nennen sie Individualismus. Sie wollen selber nur noch historisch genießen, nur noch Zuschauer sein, sie lehnen ab, was sie
aus dieser bequemen Lage reißen könnte.

*

Die Hälfte oder mehr aller sogenannten ästhetischen
Betrachtungen unserer Tage dienen der Absicht, sich das
Zusammenleben mit der überragenden Größe erträg-
licher zu machen, indem man sie indirekt verkleinert.
Wir alle haben, vielfach ohne es zu wissen, an dieser
Gepflogenheit unser Teil.

*

Originell sein heißt, ein Eigener sein, d. h. anders als die andern. Wenn sie aber wie heute alle originell sind, so ist es in Wahrheit keiner mehr. Der größte Mut ist heute erforderlich, einfach zu schreiben. Eine wirkliche Melodie zu schreiben, ist heute »originell«.

*

Ich bemerke, daß mein ganzes Denken sich um einen einzigen Punkt dreht: Wie der heutigen Herrschaft des einseitigen Verstandes zu begegnen sei, d. h., ich bin auch, soweit ich denke, Künstler, suche die Existenz des Künstlers zu rechtfertigen. Warum alle diese Versuche! Warum nicht einfach als Künstler leben! Diese Versuche sind schließlich nichts als ein Zwang durch meine Umgebung, das ist unser modernes Deutschland, ausgeübt, nichts als eine Konzession an diese Umgebung.

*

Wagner und Brahms – die letzte Zeit, wo Deutschland von innen heraus leben und wirken konnte. Pfitzner mehr Wille als Vermögen dazu, Reger Inflation, Strauss spielerische Virtuosität. Hindemith Versuch einer Synthese mit weitgehender Aufgabe der Seele. Ohne dies von Innen-heraus-Wirken ist wahre Produktivität unmöglich.

*

Um den Sinn aller Tragik zu verstehen, muß man Träger eines Lebensgefühls sein, das nicht in der Klugheit die *ultima ratio* aller Dinge erblickt. Nur der in diesem Sinne nicht-intellektuelle Mensch – nicht-intellektuell, was seine eigentliche Existenz, nicht etwa seine »Überzeugung« betrifft – ist der wirklichen Tragödie fähig. – –

Weshalb die, die sie noch begreifen, heute selten geworden sind.

*

Für den Künstler ist die Form das Gefäß der Schein-
haftigkeit. Ohne sie könnte er seine Gefühle nicht los-
werden. Der Virtuose dagegen besitzt keine Form im
tieferen Sinne, sondern eine »Handschrift«. Er ist der
Individualist.

In diesem Sinne ist das Problem der Form das Zentral-
Problem für jeden wahrhaften Künstler und wird es
immer bleiben.

*

Wenn das Publikum nicht mehr imstande ist, bei Wagner den Schwan, die reitenden Walküren, die Taube usw.
zu sehen, so heißt das, daß es nicht mehr die leibhaftige
Sage sieht, sondern ein realistisches oder symbolisches
Schauspiel, so wie es die Intellektuellen für sich machen
– das Gegenteil Wagnerscher Vorstellungen.

*

Pfitzner und Strauss haben sehr viel mehr Oberflächen-
Sensibilität als Bruckner. Dies ist auch der Grund, weshalb sie jenen nicht anerkennen. Sie sehen nicht, daß
dieser Mangel Bruckners einen ungleich größeren Vorzug einschließt. Die Gesamtpersönlichkeit Bruckners ist
viel mehr erschüttert als die jener, ist daher von Grund
aus produktiver, trotz aller Mängel des Könnens.

*

Entscheidend für das höhere Alter ist, wieweit die Technik sich mit der Eingebung beim Komponisten verbindet. Wenn sie so sehr selbstherrlich wird wie bei Strauss,

so ist sie zwar zu einem langen bequemen Leben, aber von innen heraus nur einer bescheidenen Erneuerung fähig. Auch beim alten Verdi *(Falstaff)* ist viel Technik, die von unseren Auguren bewundert wird, und wenn Wagner nicht sein Dichtertum hätte, das den Musiker immer wieder neu beflügelt, hätte er viel früher mit seiner riesig ausgebildeten Technik nachgelassen. Der ideale Fall ist Brahms und noch mehr Beethoven, wo man sagen kann, daß die Eingebung Technik und die Technik Eingebung ist, wo keine Note geschrieben wird, die nicht zugleich auch als reine Eingebung angesprochen werden kann.

*

Nationen als Lebensgemeinschaft tragen die Kunst. Sie ist durchaus ein Kind der Liebe. Erst die große umfassende Liebesgemeinschaft der Kirche, dann die Nation – – –. Sollten diese einmal verschwinden, durch etwas abgelöst werden, was keine Seele mehr hat, was Interessengemeinschaft ist und nicht mehr Liebesgemeinschaft, dann allerdings wird die Kunst heimatlos, grundlos, überflüssig.

*

Der Begriff der Sublimierung für den Ausdruck wahren künstlerischen Adels falsch.

*

Es gibt Menschen, die sicher scheinen, weil sie unsicher sind. Und es gibt solche, die unsicher scheinen (oder doch es sich leisten zu können glauben), weil sie sicher sind.

*

Das Mittel, für die »Ewigkeit« zu wirken als Künstler: Ein Werk zu einem Organismus, einer Welt zu machen. Die

Stile vergehen ohne Ausnahme, aber die wirklichen Werke bleiben. Sie sind eben deshalb Werke, weil sie mehr als ihr Stil sind. Von den Stilen lebt die Wissenschaft, von den Werken aber leben die Menschen.

*

Unterschied zwischen Schema und Form: Das Schema der Sonatenform tritt bei dem unklaren und verwaschenen Bruckner, gerade weil es gegen den Sinn des Satzes oftmals durchgesetzt wird, als solches stärker hervor als bei dem viel strengeren und klareren Beethoven.

*

In bezug auf die Struktur und das Sich-geben ist R. Strauss den Größten gleich. Wir haben hier gegen ihn so wenig einzuwenden wie gegen Bach und Mozart. Wo aber Einwendungen gemacht werden müssen, das ist in bezug auf das, was er zu sagen hat, in bezug auf Wesen und Inhalt seiner Persönlichkeit. Hier ist er mit den Großen nicht auf eine Stufe zu stellen.

*

Ehrgeizige, deren Substanz schwach ist, warten mit großen Willensleistungen auf. Ob einer die beiden Teile des *Wohltemperierten Klaviers* oder die *Elektra* auswendig wiedergibt – beides ist dasselbe. Es gehört zum Bilde unserer Zeit, solche Leistungen zu überschätzen.

*

Beim Komponieren muß der Wille zum Gebäude genau so stark lebendig sein wie das unmittelbare Gefühl, der »Wille zum Fühlen«.

*

Die verschiedenen Orthodoxien – Bruckner, Brahms, auch die modernen, Strawinsky, Debussy – bleiben an der Materie eines Komponisten hängen. Was einer wirklich bedeutet, zeigt sich erst, wenn die Zeit der Orthodoxien vorbei ist. Manche solcher Orthodoxien, z. B. die Bruckner-Orthodoxie (auch seinerzeit die Bachs), kommen sehr spät. Ihr Charakter als Orthodoxie ist deshalb aber unverändert.

*

Die Natur hat Krisen, aber diese haben Gründe, die Natur macht keine Sprünge, sie wirkt nur in der Folge.

*

Jener heilig große Titanismus, der das Recht und die Freiheit des Individuums innerhalb der Kette des Gesetzes wahren will. Alle seine Äußerungen haben bei aller Schmerzlichkeit etwas tief Ruhiges in sich. Er ist der eigentliche Träger der Tragödie, wann und in welcher Form sie auch auftreten mag (Michelangelo).

*

Die moderne Kunst geht nicht mehr gerade Wege. Sie stellt sich nicht, sie weicht der Entwicklung aus. Sie negiert die Vergangenheit, um sich nicht von ihr erdrücken zu lassen. Das ist vielleicht ein »Ausweg«, aber kein Weg. Sie findet wohl hier und da ein Blümlein am Wege. Im ganzen aber bezahlt sie diese Flucht – etwas anderes ist es nicht – teuer, nämlich mit allzugroßer Abstraktheit, die den Keim des Todes in sich trägt.

*

Es gibt nur zweierlei Arten von Menschen: Die Verantwortlichen und die Unverantwortlichen, die um das

Ganze Bemühten und die am einzelnen Hängenden, die
die Harmonie der Kraft wollen entsprechend der Harmonie Gottes und die die Leidenschaft um ihrer selbst
willen wollen, die Gestaltenden, die die Leidenschaft
kennen, aber auch von Gott wissen, und die nur Revolutionären, die sich an den Umsturz, an die Leidenschaft an
sich verlieren. Die einen haben die Leidenschaft und
suchen sie deshalb zu dämmen, zu gestalten. Die andern
suchen die Leidenschaft, weil sie ihr Lebensgefühl
erhöht.

*

Das Ende des 19. Jahrhunderts und der Beginn des 20. ist
die Zeit, in der das geistige Genießertum auf die Höhe
kam, und in der demzufolge die Erscheinung des Geistes,
die bei den größten Künstlern gegen Ende ihres Lebens
Form gewonnen hatte, unmittelbar registriert und ver-
standesmäßig aufgefaßt wurde. Dadurch nur ist Mahler,
Rilke usw. einzig möglich. Später – Hindemith, Strawinsky – wird die Abstraktheit noch weiter ins Leben
hineingetrieben.

*

Ich ertrage nur eine Art von Kunstgeschichte, bei der das
ursprüngliche Verhältnis zur Kunst, das der Bewunderung vor dem Gefühl des Göttlichen, überall spürbar
bleibt, bei der diese Bewunderung größer ist als die Eitelkeit auf die Erkenntnis der Zusammenhänge. Der Kunst-
liebhaber ist eine höhere Form als der Kunst-Kenner –
solange jener nicht auch Liebhaber bleibt. Kunstgeschichte und wahrhafte Kunstbetrachtung haben denselben Unterschied wie Kirche und Religion. Nur soweit
die eine das notwendige Gefäß für die andere bleibt – – –.

*

Die »moderne Kunst« seit 1900 ist abstrakt. Die Abstraktheit ist ihr Tod, sie muß überwunden werden. Der Geist
muß wieder an die Materie gebunden werden. Der Begriff des Fortschritts an sich ist schon eine Abstraktion.

*

Burckhardts »die Macht ist böse« ist das Resumé eines
Mannes, der tiefer und elastischer in das Gefüge der
historischen Wirklichkeit geblickt hat als andere.

*

Jede Kunst, die auf Originalität aus ist, ist von vornherein
dem Tode verfallen. Originalität ist ein Begriff, der am
toten Objekt haftet. Man denke sich Originalität in
Religion oder in Liebe.

Originalität ist ein Begriff der Literaten und Kunsthistoriker. Der Künstler will nicht »originell« sein, er will
sich aussprechen.

*

Die Kräfte der Vergangenheit sind zugleich Ordnungs-
kräfte. Ordnung selber ist keine Kraft, aber sie macht
Kräfte frei. Ja, man kann sagen: Ohne Ordnung bleiben
die tiefsten und besten Kräfte des Menschen brach
liegen. Wer aber heute gegen eine Welt des Chaos, wie sie
z. B. auch die atonale Musik darstellt, sich auf die
Ordnung der lebendigen Tradition stützt, muß entweder
ein ebenso harmloser, belangloser wie hoffnungsloser
»Idealist« sein oder – – das Wissen in sich tragen, daß er
für die Ewigkeit schreibt.

*

Bei Beurteilung eines Künstlers ist ein Unterschied zu machen zwischen dem Überbau an Geist, der ihm geläufig und eigen ist, und der eigentlichen Substanz. Bei Beethoven ist dieser Überbau sehr gering, die Substanz ungeheuer, bei Bruckner ist die Diskrepanz noch größer. Beim heutigen Künstler ist es meistens umgekehrt. Große »geistige« Haltung und Fähigkeiten können eine ganz schwächliche und verlogene Substanz beherbergen (und tun es meistens auch).

*

Es ist gewiß erfreulich, daß in den gegenwärtigen Zeiten eine Veranstaltung wie das Musikfest in Luzern überhaupt möglich ist. Neben anderem scheint es mir vor allem glänzendes Zeugnis zu sein für die hohe Solidarität der schweizerischen Musikerschaft.

Ein Orchester, das Musiker aus allen Gauen der Schweiz, Konzertmeister und Solisten aller verschiedenen Schweizer Orchester – und damit Künstler der unterschiedlichsten Schulen –, in seinen Reihen vereint und doch einen homogenen, zusammengespielten und damit größten orchestralen Aufgaben gewachsenen Klangkörper zu bilden imstande ist, scheint mir wohl des Stolzes der schweizerischen Musikerschaft wert.

Ich freue mich, mit diesem Orchester arbeiten zu können.

*

Ich bin für mich selber einer der überzeugendsten Beweise, daß das wahre Deutschland lebendig ist und lebendig bleiben wird. Der Lebens- und Wirkenswille in mir ist, wenn ich mich auch noch so kritisch betrachte, der eines völlig ungebrochenen Volkes.

*

Es gibt heute nicht mehr ein Seine-Zeit-erwarten, Seine-Zeit-erfüllen, sondern ein Der-Zeit-nachlaufen, sich An-sie-klammern.

*

Das verderbliche Erbe der Romantik die »Einfallskunst«. Sie zu überwinden, ist die immer neue Aufgabe jedes einzelnen Künstlers seit Beethoven.

*

Neid und Begabung (Pinder), Maß der Begabung – für das niemand etwas kann – schreiben leider auch das Maß des Neides, der Mißgunst, der Unfähigkeit, fremdes Verdienst anzuerkennen oder gar an ihm zu wachsen, vor. Der Größte ist der Neid-Freieste.

Über »Künstler unter sich«.

Das Aller-Unerträglichste ist, wenn begabte Lausejungen den Größten wohlwollend auf die Schultern klopfen, mit ihrer Größe hausieren gehen (z. B. Pinder, Rembrandt).

*

Das Gefängnis der großen Kunst: Die große Kunst ist kein Gefängnis, sondern die Welt. Das Gefängnis ist lediglich der geschichtlich-gefangene Blick von ihr. Geschichtliches Bewußtsein und Liebe sind unvereinbar, und nur die Liebe macht frei, nur sie bedeutet Leben.

*

Der Mensch ist zu gescheit geworden. Er bringt diese seine Gescheitheit in seinem Leben nicht unter.

*

Wir, d. h. die Kunsthistoriker glauben, daß die Zeiten immer recht haben, und daß man daher immer im Recht ist, wenn man das tut, was die oberflächliche Anschauung der Zeit fordert. Abgesehen davon, daß erst festgestellt werden müßte, was die Zeit wirklich fordert, haben Zeiten auch Unrecht. Eine schiefe Massen-Konvention entsteht ebenso leicht wie ein Massenwahn. Wie sehr aber solche Konvention alles Wertvoll-Selbständige verschlingen kann, zeigt die Geschichte allenthalben.

Moral des geschichtlichen Denkens: Bevorzugung der Jugendzeit, womöglich der knospenhaften Kindheit in der Kunst. Eine Alterserscheinung des heutigen Menschen. Die Bewunderung gilt nicht der Kraft des Künstlers, sondern der Gnade der »Epoche«.

*

Bruckner kommt einer Eigenschaft, die heute verbreitet ist, entgegen: Die Planung im Großen überwiegt die Planung im Kleinen, ja, wird zum Teil auf deren Kosten durchgeführt.

*

Bei allen von einzelnen vorgetragenen theoretischen Erkenntnissen muß man stets einen objektiven und einen subjektiven Teil unterscheiden. Letzterer paßt die Theorie den jeweiligen Lebensnotwendigkeiten des Trägers an und kann in hohem Grade alles verfälschen, was vorher schon »objektiv« richtig gesehen wurde.

*

Um eine Erscheinung wie Michelangelo zufriedenbesserwissend als »tragische Figur« einzuordnen und abzutun, dazu gehört ein ungewöhnliches Maß von satter Hartherzigkeit, die der wirklichen Tragik des Daseins noch immer aus dem Wege gegangen ist.

*

Der Fehler des geistigen, besonders des deutschen geistigen Menschen (in gewissem Sinne des Deutschen von jeher) ist das Denken in zu großen Proportionen, politisch wie in der Kunst (Marées). Sie bedenken nicht, daß Leben im Kleinen und Planen im Großen eins sein muß, wenn es Wirklichkeit werden will.

*

Rilke geht noch einen Schritt weiter als Nietzsche. Hat Nietzsche die kraftstrotzenden Phantasien des Schwächlings am Schreibtisch, so ist Rilke der Künstler der Ergebung, der Harmonisierung des Menschen, aber – des Menschen, für den die Harmonisierung die einzige Art ist, mit dem Leben fertig zu werden. Ein absolutes »Ende«.

*

Die Größe von Brahms liegt in seiner Strenge. Jedes seiner Werke, es sei groß oder klein, lieblich oder tragisch, ist wie mit eisernen Klammern zusammengehalten.

*

Reger gehört im Gegensatz zu Brahms zu denen, die die große klassische Musik nicht fortsetzen, sondern voraussetzen. Musik mit Voraussetzungen, die nicht in ihr selber begründet sind, hat kein Dauer-Leben.

*

Warum gibt es so wenig gute Biographien großer Männer, zumal im 19. Jahrhundert? Weil der intellektuell Durchgebildete von heute schon aus der Situation heraus, daß er über einen andern eine Biographie zu schreiben hat, sich ihm überlegen dünkt. So entsteht von vornherein eine von Grund aus verkehrte Situation.

*

Die eigentliche und letzte Krankheit unseres Jahrhunderts ist der Dünkel. Das Christentum wußte, warum es die Demut vor Gott in die Mitte setzte.

*

Es genügt nicht, einzelne Eigenschaften eines großen Meisters zu besitzen. Die Größe liegt, auch bei den Größten, durchaus in der Gesamtkombination. Eine einzige Eigenschaft nicht, und er wäre nicht mehr, wer er ist. Es hat deshalb auch gar keinen Sinn, einzelne Vorzüge sich anzueignen oder nachzuahmen. Die Gesamteinstellung zur Welt an ihrem Ursprung – das ist das einzige, das uns bei einem großen Musiker zum Beispiel dienen kann.

1944/45

Es gibt »frühe« und »späte« Menschen (nach Spengler), unabhängig von Alter, Gesundheit, Begabung, Leistungen. Kunst ist nur in einem mittleren Stadium den Menschen zugänglich. Der »frühe« ist zu dumpf, der »späte« zu klug dazu. Zwischen Menschen verschiedener Grade, zwischen frühen und späten Menschen gibt es niemals ein Verstehen. Ihre Bedürfnisse sind verschieden, und jeder glaubt, die Welt sei wie er. Die heutige Welt ist nicht so einheitlich »spät«, wie es die Buschor, Pinder u. a. wahrhaben wollen, weil sie selber so sind.

Charakteristikum des »späten« Menschen: Sich in der Kunst nicht mehr selbst finden wollen und können. Es ist das erste deutliche Zeichen der Selbstaufgabe, des Untergangs. Man sucht die Kunst der durchaus vergangenen Vergangenheit (d. i. Bach und Mozart) auf, nicht die, zu der man noch Traditions-Beziehung hat. Zugleich macht man selber eine überkluge, konfuse Kunst, die den ganzen Menschen überhaupt nicht mehr ausdrückt. Beides hängt zusammen.

1945

Es ist natürlich mein Standpunkt, da ich den Nationalsozialismus wirklich kenne und nicht nur von außen, wie
hier die meisten in der Schweiz, sondern ihn durch zwölf
Jahre miterlebt habe. Ich weiß, wie viele es gibt, die z. B.
zwangsweise Parteimitglieder werden mußten, um überhaupt existieren zu können. Ich weiß, was das Zwangs-
und Terrorsystem wirklich erreichen konnte und mußte
– bei jedem Menschen, bei jedem Volke. Und ich weiß,
wie fern das deutsche Volk dieser furchtbaren, aus seinem eigenen Schoße aufgestiegenen Erscheinung in
Wirklichkeit war. Ich wäre sonst nicht in Deutschland
geblieben. Mein Bleiben ist der beste Beweis dafür, daß es
noch ein anderes Deutschland gibt, und wer das leugnet,
soll zumindest so lange warten, bis dies andere Deutschland wieder sprechen kann. Daß man glaubt, es existiere
nicht, kommt daher, daß der Nationalsozialismus es
stumm gemacht hat. Wer jene Stimme nicht hört, möge
sich klarmachen, daß sie mundtot gemacht wurde. Ging
die Vergewaltigung der Wahrheit doch so weit, daß auf
dem Hören eines fremden Senders die Todesstrafe stand.
Und solche Strafen wurden vollstreckt!

So beurteile ich auch die Künstler, die nicht protestiert
haben, die mitgemacht haben, weil sie nicht anders konnten, die sich vom Staate schicken ließen, die Stellungen
von diesem Staat annahmen, anders, als man sie vielleicht hier draußen beurteilt. Ich selber war durch das

Schicksal in die Lage versetzt, aufrichtiger sein zu können als sonst ein Mensch in Deutschland.

*

Die Methode des »Wie du mir, so ich dir« ist die Methode des niederen Menschen. Wenn mir einer eine Ohrfeige gibt, muß ich sie ihm unter allen Umständen zurückgeben. Ich stelle mich auf seinen Standpunkt, statt den meinen zu behalten, denke blind an Vergeltung, statt an meine Pflicht, statt an Gerechtigkeit. Das ist der Standpunkt Hitlers gewesen – jetzt ist es der der Alliierten.

*

Das wirklich Heroische, zumal das tragisch-Heroische, ist stets etwas Individuelles, auf die einzelne, verantwortliche Person Begrenztes. Der Nationalsozialismus, der das Heroische als Massenansteckung, als Massen-Empfindung gepflegt hat, hat das wirklich-Heroische, den verantwortlichen Aufstand des einzelnen nicht geduldet. Daher die zwiespältigen Empfindungen, die sein Untergang erweckt. Hier haben Dummheit, Verblendung, vor allem aber Massen-Ansteckung ein allzu großes Wort.

*

Ist es Kälte, Dekadenz, Gefühlsarmut, daß ich in diesen fürchterlichen Tagen arbeite, arbeiten kann?

*

Die kollektive Verantwortlichkeit habe ich nie verstanden. Antisemitismus ebenso unverständlich wie Nazismus. Er ist eine Nazi-Erfindung. Aber wie die Nazis

zuerst mit der Ausradierung der Städte begannen, eine
Waffe, die die andern dann nachmachten und gegen sie
richteten, so wurde der Antisemitismus mit dem Deut-
schenhaß beantwortet und nachgemacht, es wurde gegen
alle Vernunft, gegen alles realistische Gefühl, gegen jedes
christliche Bekenntnis, gegen jede Gerechtigkeit ein ganzes Volk verantwortlich gemacht für das, was eine ver-
brecherische Clique mit Hilfe aller verfügbaren Mittel
von Terror und Lüge und Verhetzung mit ihren Organen
gesündigt hat.

*

Die Dinge haben ihr Eigenleben, und die Seele hat ihr
Eigenleben. Das ist das Ende, das Ergebnis der Kultur-
entwicklung, der Geschichte. Alle frühere Kultur, alle
Religion und schließlich auch alle Kunst hat es damit zu
tun, den Dingen wieder ihre Seele, der Seele wieder die
lebendig-dingliche Wirklichkeit zu verleihen. Die
»Selbstentwicklung« der Seele, wie man es zu Zeiten von
Franz Marc und Rilke dachte, ist ein deutscher Irrtum,
eine übergroße Introversion. Rilke war obendrein –
besser als sein Wollen – noch ein Dichter, zu seinem
Glück.

*

Von dem Haß, den dieses System bei den aufrechten
Deutschen schon längst ausgelöst hat, als man im Ausland noch nicht Bescheid wußte, macht man sich
draußen keine Vorstellung. Es war eine Mischung von
Haß, Verachtung und wiederum Nicht-ernst-nehmen-
können. Zu letzterem wurde man nun allerdings – gerade
weil die Nazis das fühlten – allmählich doch gezwungen,
freilich in einem anderen Sinne, als manche glaubten.

*

Hitler wurde begrüßt als Einiger Deutschlands. Als das hat er, im Großen gesehen, in Deutschland seinen Erfolg gehabt. Es wird für keinen Deutschen jemals einzusehen sein, warum Deutschland das, was alle andern großen Völker besitzen, England, Frankreich, Rußland usw., nicht auch besitzen soll: die Einigung. Auch das Rüsten wurde darauf begründet, daß die andern das gemeinsame Abrüsten abgelehnt hatten.

Die fernere Entwicklung, die schließlich zum Kriege mit der ganzen Welt führte, war seine eigene Sache. Hier ist ihm das deutsche Volk nicht gefolgt, und er brauchte alle seine Lügen- und Verdrehungskunststücke, um es davon zu überzeugen, daß nur die bösen Juden, nur die bösen Engländer, Russen, immer wieder schuld seien. Es kann dies nur derjenige wirklich beurteilen, der in Deutschland gelebt hat. Denn die Hitler-Propaganda hat das wirkliche Deutschland in steigendem Maße mundtot gemacht. Der Terror ist das Zeichen dafür. Er war notwendig, er war unerläßlich. Ich möchte wissen, wie sich ein anderes Volk, sei es welches es sei, unter diesem Kreuzfeuer von Terror und geschicktesten Lügen benommen hätte. Wer heute über Deutschland urteilt, dem ist nur zu sagen, daß er Deutschland nicht kennt. Denn Deutschland ist ja seit zwölf Jahren stumm geworden.

Der Vertrag von Versailles – es ist das oft genug gesagt worden – mit seinem Grundprinzip der Entehrung Deutschlands war die Leiter zu Hitlers Aufstieg. Was heute geschieht, ist dasselbe, nur noch viel stärker. Wer das ganze Volk für die Konzentrationslagergreuel verantwortlich macht, denkt in den Geleisen der Nazis. Sie haben die Massenverantwortlichkeit in der Judenfrage zum erstenmal erklärt und praktiziert. Er tut aber noch etwas Schlimmeres: Einem ganzen großen Volke die

Ehre absprechen – einem Volke, das an innerem Adel
mit jedem andern Volk wetteifern kann, denn es hat
Goethe und Beethoven und unendlich viele andere
Große hervorgebracht – ist nicht nur gefährlich, es ist
furchtbar. Niemals wird sich das deutsche Volk dies
gefallen lassen. Dann ist es schon besser, man sei ehrlich
und konsequent und rotte es völlig aus.

*

Es ist die Überzeugung der Deutschen von der tiefen Ver-
werflichkeit des Nazitums in Gefahr umzuschlagen.
Man verlange von ihm alles, was recht ist, jede Wieder-
gutmachung, jede Leistung, aber man entehre es nicht.
Man bringe das Volk selber nicht in Verbindung mit
diesen Greueln.

*

Das Originelle der heutigen Musik (Strawinsky) geht
bewußt und ausdrücklich auf Kosten des Organischen.
Daß eine andere Kunst als eine organische in Wahrheit
weder sinnvoll, noch notwendig, noch auch nur auf die
Dauer möglich ist, weiß die heutige Generation noch
nicht. Hier liegt die eigentliche Krise alles modernen
Kunstwollens.

*

Häufung von Komplikationen wirkt auf das Gefühl ver-
einfachend. Es summarisiert sie. Beschränkung auf einfache Linien wirkt bereichernd, weil jede Linie erlebt
wird (z. B. Instrumentation Tschaikowsky im Gegensatz
zu Strauss). Die größere Kraft liegt im Allgemeinen,
immer in der Vereinfachung.

*

Warum hat der Zusammenhang im Kunstwerk so große
Bedeutung? Weil er, und n u r er, die Kraft und Größe des
Schöpferprozesses dartut. Niemals tut das der einzelne
Einzelfall allein, dem immer etwas von »Gelegenheit«,
von »Glücksfall« anhaftet.

*

Wenn ich denke, wie etwa Hindemith oder Strauss
irgendeine wunderschöne Phrase bei Beethoven oder
Brahms musizieren, mit welcher kalten, gelassenen Überlegenheit, so weiß ich: Das eigentliche Maß der Wärme
und Innigkeit dieser Musik haben sie nie erfaßt. Das aber
ist auch Dekadenz, so gut wie die übertriebene Innigkeit
à la Schumann.

*

Das individuelle Mittel, die Dämonen zu besiegen: Klarheit und Richtigkeit des Denkens. Das kollektive Mittel:
Religion und Liebe.

*

Jeder einzelne muß beides, Klarheit des Denkens und die
Liebe, in sich verbinden, um den Dämonen nicht zu
unterliegen. Klarheit des Denkens heißt aber vor allem
auch: Die Liebe nicht außer acht lassen. Und Liebe heißt
vor allem auch: Der Klarheit des Denkens nicht etwa
entraten, sondern sie überall einzusetzen.

*

Pfitzners Geist ist weitgehend dialektisch-journalistisch.
Er erfaßt die Oberfläche sehr lebendig, aber die tieferen
konstruktiven Zusammenhänge nicht genügend. Das ist ·

in den Kompositionen genauso wie in den Aufsätzen zu
spüren.

*

Ein Kritiker hat versucht, die Tatsache, daß man auf
neuere Kompositionen nicht ebenso wie auf die älteren
immer wieder zurückgreift, damit zu erklären, daß sie
nicht bekannt genug wären und nicht oft genug wiederholt würden. Gerade das aber ist es, was zu erklären ist.
Was den produktiven Geistern von heute fehlt, ist die
Möglichkeit, sich schlicht auf den einzelnen Fall zu
beschränken. Sie können es nicht, weil ihr Wissen von zu
vielen ähnlichen Fällen weiß. Das Wissen zerstört den
Glauben – immer und überall dasselbe!

*

Die Situation, daß Goethe von kleinen Caféhaus-Litera-
ten belächelt, Newton vom Physik-Lehrer in der Klasse
zurechtgewiesen wird usw., ist eine typische. Sie wiederholt sich immer wieder.
In der Musik besonders im Falle Tschaikowsky.

*

Es ist die Aufgabe der Tagespresse, die Mittelmäßigkeit
über Gebühr hervorzuheben. Sie steht gegenüber dem
wirklich Guten sonst gar zu sehr im Schatten. Nicht
selten aber übertreibt die Presse in diesem Bestreben.

*

Der höhere Verstand in Kunstdingen äußert sich darin,
daß man imstande ist, dem Gefühl die entscheidende
Urteilsfunktion anzuvertrauen. Es gehört daher unendlich viel mehr Verstand dazu, eine Sinfonie von Bruck-

ner, ja eine von Tschaikowsky zu schreiben, als ein Stück
von Hindemith oder Strawinsky. Die atonale Musik
stellt ein Abgleiten des Verstandes in die tieferen Gebiete
bloßer »Kombinationen« usw. dar.

*

Hier konnte ich mehr für das wahre Deutschland und
damit für den Frieden und die Künste der Welt tun, als
überall anders.

*

Jede Kunstwirkung ist eine Raumwirkung. Wer nicht in
den Raum eintritt, kann die Wirkung nicht erleben. Das
sei vor allem auch den Historikern gesagt, die die Räume
als solche intellektuell zu deuten und dann gegenein-
ander auszuspielen versuchen, um so der Tatsache, daß es
verschiedene Räume gibt, gerecht zu werden. Dem
Reichtum der Natur wird man aber nur mit einem gerecht: indem man ihn absichtslos-dankbar auf sich wirken läßt. Dies aber scheint für den intellektuell-macht-
besessenen Menschen von heute das Schwerste überhaupt.

*

Beweis der Existenz Gottes: Unendlichkeit des Raumes,
Unendlichkeit der Zeit. Unendliche Vielfalt der Schöpfung. Letzteres begreift der Mensch von heute von allem
am wenigsten.

*

Der Schritt von Wagner zu Schönberg bedeutet keinen
Fortschritt, sondern eine Katastrophe. In dieser Katastrophe sind wir mitten drin. Es gilt, sich auf die natür-

lichen Wachstums-Kräfte zu besinnen. Dazu gehört, daß der Verstand nicht vorlaut und rechthaberisch wird, daß dem Künstler erlaubt ist, sich natürlich weiterzuentwickeln, aufzubauen, anstatt einer unproduktiven, sensationellen Originalität nachzujagen.

*

Musik ist nicht möglich ohne »verantwortliche Melodie«. Wo kein Ausgangspunkt geschaffen ist, kann sich auch nichts bewegen. Daher bewegt sich auch bei Hindemith trotz der vielen Noten aus sich heraus nicht viel.

Hindemiths Erfolg ruht darin, daß er eine Ordnungsmacht ist. Man sieht dies in seinem Leben ebenso wie in seiner Kunst. Leider aber ist bei ihm die Substanz so verflüchtigt, daß es bei ihm zwar geordnet zugeht, aber im Grunde nichts mehr zu ordnen ist. Das erste große Beispiel von europäischem Chinesentum.

*

Man sagt, die Gefühle religiöser Hingabe, Erhebung usw. »liegen nicht in der Zeit«, weil sie nicht bei Strawinsky zu finden sind. Sie haben selten »in der Zeit« gelegen; sie sind Sache des Niveaus, der tieferen Schicht des Lebens.

*

Wenn in der modernen Kunst das Ordnungsprinzip so viel geringer erscheint als in früheren, so, weil der viel stärker kontrollierende Intellekt das Chaos als seinen Gegensatz fordert, um sich selbst zu entfliehen, und so jedenfalls sich selbst das Schauspiel, »schöpferisch« zu sein, zu geben. Dies auch der tiefere Grund der Geringschätzung der großen Vereinfacher, der Brahms, Tschaikowsky (um von früheren zu schweigen) und der Überschätzung der »Komplizierten«, der Reger, Hindemith etc. Bei den Vereinfachern, z. B. Brahms, glaubt der Intellekt am Ende zu sein und ist noch nicht einmal bis zum Anfang gelangt.

*

Es gehört zur Natur, den geraden klaren Verhältnissen, den Entsprechungen offenzustehen. Sie konsequent zu vermeiden, ist ein tiefgehender Intellektualismus, der im Grunde sich selbst entfliehen will (und muß!).

*

Wagner will verwirklichen – Nietzsche will kämpfen. Wagner will hoffen und sich und das Leben erfüllen – Nietzsche steht bereits daneben mit all den klugen Bemerkungen des Außenstehenden, die dennoch dem Handelnden – ach! – so wenig von Nutzen sein können.

*

Meine Autorität als Künstler, d. h. als beratender Künstler, ersparte Wien viel. Das Ganze war die Sache eines Moments. Später, unter Schirach, wurde darüber zur Tagesordnung übergegangen. Im einzelnen habe ich fortwährend gegen nationalsozialistischen Terror und Rassenpolitik gewirkt, und allein, was ich hier tun konnte, rechtfertigt in meinen Augen, daß ich in Deutschland geblieben bin. Eines freilich mußte ich in Kauf nehmen, über mich ergehen lassen, die nationalsozialistische Propaganda. Dieser Propaganda war ich mehr ausgesetzt als andere. Der Nationalsozialismus hatte trotz aller Großsprecherei wenig Selbstvertrauen: Er liebte es, Größen, die von anderen, zu anderen Zeiten gestempelt waren, für sich auszunutzen. Mit mir wurde Propaganda gemacht,

weil ich schon vorher berühmt war, genauso, wie man
– mutatis mutandis – Wagner und Beethoven für den
Nationalsozialismus in Anspruch nahm.

*

Das Wesentliche für alle wirklich großen Wirkungen der
Materie »Musik« ist die Formwirkung, das »Formhören«.
Dies ist in der modernen Musik mit modern-atonalen
Mitteln nicht möglich. Damit richtet diese sich selbst,
erledigt sich in sich selbst. Man wird deshalb eines Tages
einfach über sie »zur Tagesordnung« übergehen.

*

Die heutige Musik erweckt Staunen, Neugier, Reiz, even-
tuell Respekt, Bewunderung, aber keine Liebe. Der Komponist erweckt nicht selten eine Liebe, die mit dem Mitleid verwandt ist. Mitleid mit einem, der ein Schicksal
ähnlich dem des Tantalus hat. Aber die Kunst selber, die
Musik ist nicht zur Liebe und zur Freude da.

*

Was ist organisch? Ein Doppeltes ist in diesem Worte
einbegriffen. Etwas In-Sich-lebendes, Abgetrenntes, ein
lebendiges, individuelles Wesen, eine Welt, ein Kosmos,
eine Atmosphäre – –
    und zugleich etwas, das in den Strom des organischen
Geschehens, in den Strom der Generationen eingebettet
ist, das damit den Zugang zum Unendlichen inmitten
seiner Endlichkeit trägt und so über sich hinausweist.
Das eine ist so wichtig wie das andere, ja, es gehört beides
aufs innigste zusammen.
    Der unorganischen Fühl- und Denkweise geht das
Bewußtsein von beidem verloren. Alles Organische ist

immer und überall tief religiös gebunden. Es ist zugleich frei, unabhängig, stolz, denn es ist zugleich das, was Goethe höchstes Glück der Erdenkinder nennt: die Persönlichkeit.

*

Der Durchschnitts-Geschmack kennt das *sfumato* nicht in der Interpretation. Daher werden weder Farben noch Formkräfte lebendig. Das Ideal ist die Photographie – das ist die »notengetreue« Wiedergabe.

*

Wenn Mussolini von »gefährlich leben« redet, und Schönberg von »kühn« redet, so ist das dasselbe. Es gibt gar kein gefährliches Leben in unserem heutigen organisierten Leben, und es gibt keine Kühnheit in der modernen Musik.

*

Das Entscheidende ist: Wie konnte der Nationalsozialismus der ganzen Welt und schließlich sogar den Deutschen vormachen, daß er Deutschland sei, wo er doch nicht Deutschland, sondern das Gegenteil, im besten Fall ein innerlich mißverstandenes Deutschland war?

*

Diejenigen, die Emigranten geworden sind oder verlangten, daß man es werden sollte, haben Hitler vor allem eines abgenommen: daß er das deutsche Volk repräsentiere. Sie meinten, aus einem Nazi-Deutschland müsse man herausgehen. Gerade dies aber ist nicht richtig. Deutschland war nie ein Nazi-Deutschland, sondern ein von Nazis beherrschtes Deutschland.

Synthese als Folge, als Abfall von Analyse ist oft nicht die wirkliche Synthese. Die wirkliche Synthese ist immer etwas Mystisches.

*

Der Sinn aller Tradition ist Konzentration des Seelischen. Das Wesen allen »Fortschritts« ist Zerstreuung, Macht und damit Verlassen des eigenen Zentrums. Daher, wer kein eigenes Zentrum mehr hat, wirft sich dem Fortschritt in die Arme.

Form oder Formlosigkeit, Tradition oder Fortschritt – so heißen heute oftmals die Alternativen des modernen Kunstbetriebs.

*

Infolge der großen Kommunikation im Geistigen wie im Physischen haben wir uns gewöhnt, zu große Komplexe zusammenzufassen. Dadurch wird unsere ganze Psychologie unsicher und häufig völlig falsch. Es gibt keinen »Menschen des 20. Jahrhunderts«, außer in ganz wenigen gemeinsamen Eigenschaften. Es gibt nicht einmal den Deutschen Nietzsches, geschweige des Nationalsozialismus. Gewiß, es gibt Kollektivwesen, aber nur nach gewissen Richtungen hin. Was es wirklich gibt, ist nur ein Arbeiten mit diesen Begriffen in einem nie bisher gekannten Ausmaß, das ist »Politik« und »Literatur«!

*

Entscheidender Unterschied zwischen der modernen Musik und aller großen Kunst ist, daß hier die Kategorie der Natürlichkeit nicht mehr gültig ist. Ohne diese gibt es keine wahrhafte, d. h. keine verbindliche, zwingende Kunstaussage.

*

Die Welt tritt heute politisch in ein neues Stadium ein. Die Zeit der grenzenlosen Ausdehnung und Eroberung ist vorbei. Es handelt sich jetzt um die Nutzbarmachung der bekannten Erde. Ebenso in der Kunst. Damit treten auch andere Maßstäbe ein. Pioniere wie Liszt, Schönberg u. a. werden nicht mehr überschätzt. Die Zeit der Pioniere, d. h. der billigen Lorbeeren, ist vorbei. Erst jetzt kommt überhaupt die eigentliche wirkliche Probe, wo es nicht mehr gilt, in »Fortschritt«, sondern in wirklichen Werten zu machen. Eine völlige Revision der Geschichte ist vonnöten!

*

Was nötig ist: »wissenschaftlich« nachzuweisen, daß es das Edle wirklich gibt und daß es biologisch »nötig« ist (Solowjew). Die heutige Welt ist nämlich vom Gegenteil durchaus überzeugt.

*

Als »neu«, »zeitgemäß« wird von der Durchschnitts-öffentlichkeit immer nur diejenige Kunst empfunden, die über das jeweilige Bewußtseinsniveau hinausgeht, die dem Verstand Nüsse zu knacken gibt. Wo das nicht der Fall ist, mag die Intuition noch so stark sein – Brahms, Tschaikowsky erkennt man nicht an, beugt man sich nicht. Die Anerkenntnis eines Künstlers bedeutet heute nicht, daß er etwas ausspricht, das unserem Empfinden entspricht, sondern daß er klüger ist als wir.

*

Ich werde mit diesen Ausführungen sehr angegriffen werden. Wenn man die eigentliche Arbeits-Basis jemandem entzieht, so ist das eigentlich der schlimmste, der recht eigentlich existenzielle Angriff. Ich möchte deshalb alles von vornherein auf das Niveau der Diskussion bringen, das diesem Thema im Grunde zukommt, jenseits jeder Politik. Was freilich dazu gehört, und wo ich meine Hörer bitten muß, mit mir zu gehen, ist das mitleidslose Abstreifen liebgewordener Illusionen und Ideologien, die Fähigkeit, der Wahrheit ins Gesicht zu sehen. Das ist heute schwer!

*

Die Periode, da die historische Bedeutung eines Kunstwerks über die menschliche und künstlerische gestellt wird, naht ihrem Abschluß. Eine völlige Umkehr ist vonnöten. Schenker! Ähnliche Bestrebungen im nationalsozialistischen Deutschland sind zum Scheitern verurteilt gewesen. Abgesehen davon, daß im Grunde die Kunst nur als Vorspann zur Politik diente, so war hier die ganze Bewegung eine solche der bequemen Mittelmäßigkeit, eine eigentliche Re-aktion, das Verzichten auf ein Weiterschreiten.

1946

SINFONISCHE MUSIK

(Geschrieben im Arrest in Innsbruck, 6/7 II.)[12]
Unmöglichkeit ohne Ortsbestimmung, von der Ortsbestimmung ausgehend der Durchgang einer Strecke, das
Werden eines Weges, das Werden überhaupt, das Schicksal, das Anfang und Ende hat. Bach hat noch kein Schicksal, er ist schicksalslos, überirdisch und daher noch
nicht sinfonisch. Wagner ist hingegeben an die Dämonen der Welt, an die Farbigkeit der Welt; er musiziert die
Dinge der Erde in ihrer leiblichen Dinglichkeit, seine
Musik ist hineingestellt in eine Tragödie stofflich-dich-
terischer Art, nicht musikalischer. Es ist nicht mehr
musikalisches Schicksal, nicht mehr sinfonisch.

Diese Ortsbestimmung hängt an folgenden Tatsachen: Erfüllung des Momentes innerhalb eines größeren
Weges. Jedes einzelne hat eine Funktion für sich (Lokal-
farbe) und eine solche innerhalb der Entwicklung des
Ganzen. Beide treffen und überschneiden sich jeden
Moment. Da ist zunächst der Beginn. Schon Schumann
machte auf die Anfänge Beethovenscher Sinfonien aufmerksam. Man beachte die Bruckners, die zum Schönsten und Großartigsten gehören, das die Welt kennt.
Dann das sogenannte Hauptthema. Dies kann als Beginn
stehen (Thema: Beethoven: achte Sinfonie; Brahms:
vierte Sinfonie; Schumann: dritte Sinfonie), es kann als
Zitat erscheinen (Beethoven: fünfte Sinfonie), d. h. die
Anfänge sind vielfältig wie die Natur selbst, aber – – sie
sind Anfänge, d. h. sie stellen einen Punkt fest, von dem
aus dann weitergeschritten wird. Schon dies ist bemer-

267

kenswert: Vom ersten Ton an hat sich in der Sinfonie, die recht eigentlich in der Musik dem Drama, der Tragödie innerhalb der Dichtkunst entspricht, diese Ortsbestimmung auszuwirken. Sie ist das eigentlich Schicksalsträchtige, wie es allem wahrhaft-sinfonischen Geschehen anhaftet. Wenn man viele Musikstücke als einen Blumengarten bezeichnen kann, so ist in der Sinfonie der Weg zwar nicht der einzige, aber doch die Hauptsache. Die Tatsache, daß jede Einzelheit im Ganzen ihre Funktion hat, nicht nur in diesem Ganzen »geordnet« ist, sondern zu diesem Ganzen oftmals eine seine Einzelbedeutung weit überschreitende Wirkung erhält, ist vom Standpunkt des Hörers, oder besser gesagt, dessen, der das Werk (wie alle Interpreten) als fertiges kennenlernt, zunächst nicht immer leicht zu ersehen. Ob etwas eine Suite, eine Ouvertüre, ein Divertissement respektive Sonate im alten Stil, eine musikalische Phantasie oder aber eine Sinfonie ist, ist zunächst nicht zu erkennen. Erst im Verlaufe zeigen sich für denjenigen, der überhaupt weiß, was eine Sinfonie ist, die Unterschiede. Es muß hier gesagt werden, daß die eigentlichen Sinfonien in dem hier gemeinten Sinne überhaupt selten sind. Innerhalb der ganzen großen musikalischen Produktion sind es nur ganz wenige, die wirkliche Sinfonien schreiben konnten oder auch nur wollten. Was ich hier unter Sinfonie verstehe, ist eng mit der Form der »Sonate« verbunden. Ich will hier nicht auf Formbetrachtungen eingehen, möchte nur sagen: Die »Sonate« ist zunächst an Themen gebunden, nämlich daran, daß sich der musikalische Inhalt in einem bestimmten Moment, an einem bestimmten Ort, in einer bestimmten Phrase manifestiert. Dies ist nicht alle Musik. Das sinfonische Thema ist z. B. ein anderes wie das der Fuge, das immer wiederkehrt und in sich selbst sich nicht wandelt. Das Sonatenthema kann niemals zweimal wiederkehren, ohne nicht völlig verändert zu sein. Das Fugenthema hilft zur Entfaltung des Stückes, das Sonatenthema erlebt an sich und in sich selbst ein Schicksal. Mit der Ortsbestimmung hängt zusammen, daß es eine Weiterführung haben muß, was keineswegs selbstverständlich ist. Suitenthemen z. B. haben keine Weiterführung, sondern ein Ausspinnen, bis ein neues Thema oder Gebilde beginnt. Natürlich gibt es sehr viele Übergänge zwischen Suite und Sonate – bei weitem die meisten Sonaten des 19. Jahrhunderts gehören dazu. Es macht die eigentliche Sinfonie respektive Sonate in dem hier gemeinten sinfonischen Sinne (wie er sich vor allem in Beethovens Musik manifestiert hat) vor allem die Energie des Werdens, die Unentrinnbarkeit und Gewalt des Vorwärtsgehens aus. Die Sinfonie hat immer etwas Zielstrebiges, das Zielstrebige der Tragödie auch da, wo sie scheinbar wie bei Schubert oder Bruckner, »unter Blumen« zu wandeln scheint. Die Idyllen gibt es auch hier, aber sie bleiben Episoden.

Dieses Zielstrebige, dieser klare und unmißverständliche Zusammenhang des Ganzen kann nur durch reale, in der Natur begründete Gesetze geschaffen werden. Für die Musik ist dieses Gesetz die Tonalität. Hier nur so viel: Jedenfalls ist Sinfonie, sinfonisches Denken ohne Tonalität nicht denkbar. Nur in der Beobachtung der tieferen Gesetze der Tonalität – Gesetze, die außerordentlich tief sind – gelangt man zu jener völligen Entspannung, die Gegenstück und Voraussetzung zur großen, über große Flächen hinwegtragenden sinfonischen Spannung ist. Ohne Tonalität ist eigentliche Sinfonik nicht denkbar. Alle Versuche, mit modern-atonalen oder polytonalen Mitteln (oder mittels tonaler »Inseln«) Sinfonien zu schreiben, sind von vornherein zum Scheitern verurteilt, da sie mit untauglichen Mitteln unternommen werden. Wirkliche Meister – Reger, Hindemith – haben das auch nie versucht.

Es gibt Leute, die sagen, daß die Tonalität tot ist – man muß sich klar sein, daß das heißt, daß auch die Sinfonie tot ist. Was aber wäre mit ihr tot: Nicht mehr oder weniger als die Sprache des Schicksals, die Ordnung der Klarheit des natürlichen Werdens. Man kann jedenfalls leicht sagen – und es entspricht unserem heutigen hoffnungslos-materialistischen Denken –, daß die Tonalität tot ist. – Ich glaube das nicht, da die Tonalität so wenig tot ist wie die Sprache, beide nur ein Mittel des Ausdrucks, nicht Ausdruck selber – aber man sei sich zugleich klar, daß damit die natürlichen Werte des klaren geordneten Werdens ebenfalls »tot« sind. Jedenfalls in der Musik. Und es entsteht doch wohl die Frage – die nicht von der Hand zu weisen ist –, ob es dann überhaupt noch groß der Mühe wert ist, Musik zu machen. Ganz zweifellos entspricht die tragische, schicksalsträchtige sinfonische Sprache dem abendländischen Denken im tieferen Sinne. Eines aber ist sicher: Die Sinfonie ist entstanden und läßt sich nicht mehr rückgängig machen. Auch wenn wir uns noch so bewußt theoretisch auf die engste Nur-Gegenwart beschränken, wie es heute von Kritikern und den Musikern selber in vielfach geradezu krampfhafter Weise geschieht, so ist dennoch die Situation dadurch völlig verändert, weil eben die Sinfonie existiert. Eine einzige Beethovensche Sinfonie sagt durch ihre bloße Existenz von Möglichkeiten und Wirklichkeiten, die durch keine Theorie wegzuleugnen sind, mehr aus und straft den größten Teil der modernen Produktion von innen heraus Lügen.

In den letzten Jahrzehnten ist die unbewußte Beziehung zur Sinfonie – Sonate unter den allzu grell beleuchteten Tages-Theorien in den Hintergrund getreten. Daß sie nicht tot ist, bedeuten die Programme, das praktische Musikleben. Wenn Orchester-Konzerte etwas bedeuten, so tun sie es letzten Endes wegen und mit der Sinfonie; die Rolle, die sie spielt, ist nicht zu verkennen. Es dürfte im modernen Konzertleben nur ausnahmsweise und unter besonderen Umständen möglich sein, ohne sie auszukommen. Wie wenig man sich aber andererseits über ihre wirkliche Wesenheit klar ist, zeigen die Aufführungen, die ästhetischen Begriffe, die Versuche mit untauglichen Mitteln, sie fortzusetzen usw. Man kann sagen, die Tragödie sei tot, die Sinfonie sei tot, die große Kunst, das Monumentale überhaupt sei tot – ein jeder sagt alles das tot, was nicht er ist. Ob etwas wirklich lebt, kann nur der ermessen, der sich ihm nicht von vornherein entziehen will. Wenn man Werden und Vergehen, wenn man überhaupt die eigentlichen dramatisch-plastischen Werte, die jeder Zukunft eigen sind, wenn man die biologischen Werte der Spannung und Entspannung, des Kampfes und der Befriedung aufrechterhält, wenn man noch glaubt, daß man die tragische Schuld wie die Kraft der Erlösung bejahen und weiterleben muß, so muß man die Sinfonie bejahen. Es gibt freilich Leute, die zu zart, zu sensibel sind, um das noch zu können, oder die zu klug sind. Sie mögen für sich Recht haben – sie sollen uns nur nicht sagen, daß sie und nur sie die »moderne Seele« darstellen, was sie mit der Absicht der Selbstverteidigung und Selbsterhöhung bis zum Überdruß tun. Wenn irgend etwas, so spricht die Sinfonie, die letzte ganz autonome musikalische Gestalt, sie aus.   *

In bezug auf viele Partien der Walküre kann man sagen:
Das Maß der Begnadung und das Künstlerische spotten
hier aller Begriffe.

*

Das materielle Leben und das echte geistig-seelische
Leben des Künstlers sind etwas völlig Verschiedenes. Mit
materiellem Leben meine ich in der Kunst die Tatsache,
daß das Kunstleben weitergeht, daß Künstler leben und
für ein Publikum arbeiten, das seinerseits ihre Werke
mehr oder weniger willfährig entgegennimmt. An all
diesem ist das echte geistig-seelische Leben nur ganz
minimal beteiligt. Daher hebt ein einziges wirklich aus
der Seele geborenes Werk den ganzen »Betrieb«, und was
dazu gehört, aus den Angeln, macht ihn überflüssig. Das
andere aber ist, daß dieser ganze Betrieb, von höherer
Warte gesehen, doch nur wegen der ganz wenigen echten
Werke und Werte da ist. Da offenbart sich die tiefe – in
diesem Sinne von der Romantik doch richtig gesehen –
Tragik alles wahrhaft seelischen Lebens. Ein Chopin ist
eine ungeheuer gefährdete Erscheinung – materiell gesehen – und aber eine ebenso ungeheuere seelische Kraft-
quelle über alle Zeiten hinaus.

Hierbei zeigt sich, daß die romantische Vision des
gefährdeten Übermenschen, des »Genies«, des Seelen-
menschen keine »Romantik«, wie es beim Anblick des
heutigen Lebens den Anschein haben möchte, sondern
Wirklichkeit ist, freilich Wirklichkeit nicht der Oberfläche, sondern der Tiefe. Die Gefahr heute ist, daß, je
schärfer mit den modernen Mitteln der Wissenschaft
(Psychologie usw.) die Wirklichkeit der Oberfläche gesehen wird, desto mehr gerät die Wirklichkeit der Tiefe
außerhalb des Gesichtskreises der heutigen Menschen.

*

Als Masse hat der Mensch keine höheren Eigenschaften, keine Tugend. Diese ist durchaus Sache des Individualismus.

*

Sinnliche Gegenwart, »Gewicht« des Daseins, gehört ebenso zur Erhaltung der Gesundheit wie klare und entschiedene Stellungnahme in allen Dingen des geistigen oder materiellen »Mein und Dein«.

*

AUFSATZ!
Coriolan-Ouvertüre Beethoven, das kürzeste Stück! R. Strauss – das längste Stück zu vergleichen.

*

Die Sucht, die Geschichte nach den Bedürfnissen und dem Ehrgeiz des Ichs zurechtzubiegen, ist heute allgemein. Die großen Künstler, die etwa im Laufe des 19./ 20. Jahrhunderts dies nicht getan haben, die Brahms, Goethe usw., sind an einer Hand herzuzählen. Entweder sind sie gänzlich unhistorisch oder, wie Strawinsky, Wagner, Strauss usw., »bewußte« Geschichtsfälscher. Kann man ihnen das noch nachsehen, so ist es schlimm, daß diejenigen, deren Aufgabe Objektivität ist, die »Historiker«, es heute ebenso machen. Das historische Zeitalter der Buschor, Preetorius usw. ist ebenso eine Geschichts-Vergewaltigung *ad majorem gloriam* des Ich. Der produktive Zustand des Künstlers wird gekennzeichnet durch das: Hier stehe ich, ich kann nicht anders, d. h. das völlige schicksalsmäßige Verhaftetsein an den eigenen Ausdruckswillen und Zustand. Dies ist auch heute immer wieder einigen auferlegt.

*

Bei der Reprise der Brucknerschen Sinfoniesätze rächt sich die freie und nicht genug gültige Prägung, die von gewissen Leuten als vorbildlich hingestellt wird. Wiederholen, wie Beethoven oder auch noch Brahms, kann er nicht. Was aber dann? – Daher das Loch, das vor allem die ersten Sätze meistens an dieser Stelle aufweisen (Vierte, Siebte Sinfonie).

*

Zwei Dinge fehlen mir bei der modernen Musik, die eigentlich dasselbe bedeuten: Die Klarheit der Aussage und die Allgemeingültigkeit der Prägung. Das eine hat seinen Grund im herrschenden Mangel an kosmisch-organischem Gefühl, das andere in einem trotz aller Klagen darüber das Feld behauptenden hemmungslosen Individualismus. Der moderne Komponist versteckt sich hinter der Originalität.

*

Die eigentümliche Art Pfitzners, ein geistiges Bild mit Gewalt auf die Außenwelt übertragen zu wollen! Darin liegt etwas »Nationalsozialistisches« der Anlage nach.

*

In der modernen Harmonik – z. B. Regers – ist die Fülle eine Folge der Unsicherheit. Die Sicherheit der Stufen bringt von selber die Einfachheit.

*

Bach – Menuhin. Weil Geige Gesangs-Instrument ist, deshalb hier die objektive Darstellung am Platze.

*

Die Gefahr beim monumentalen Kunstwerk ist die Ermüdung. Es hängt das mit der Vereinfachung zusammen, die leicht als allzu einfach empfunden wird und dann nicht mehr in ihrem eigentlichen Sinne als Aufgabe begriffen wird, sowohl vom Hörer wie vom Interpreten. Hier hilft nur Vorstellung und Durcharbeitung der organischen Zusammenhänge, die sofort den »Sinn« dieser scheinbaren Vereinfachungen aufdecken.

*

Als sie merkten, daß alle ihre Gefühle verlogen waren und wurden, begannen sie mit der Forderung, die Kunst müsse ohne Gefühl sein.

*

Der intellektuellen Überhelle des heutigen Menschen entspricht beim heutigen Künstler die Tendenz zur Vernebelung des Eindrucks. Es ist überall dasselbe: Wenn der Künstler sich nur unklar genug ausspricht, sind die anderen gezwungen, auszulegen, unterzulegen. Es ist soweit gekommen, daß Unklarheit und Tiefe gleichgesetzt werden. Freilich, um die Tiefe der Klarheit zu erkennen, dazu gehört wirklich »Tiefe«, die selten ist.

*

Geld, Macht, Ruhm – alles Erfindungen der inneren Schwäche, des Mißtrauens, Erfindungen des unproduktiven Menschen! Dem in sich selbst Produktiven sagen sie wenig.

*

Hermann Hesse: Aufrichtigkeit ist eine gute Sache, aber sie ist wertlos ohne die Liebe!

*

Die Unschuld des Werkes, d. h. seine »organische« Unabhängigkeit, ist das einzige Mittel gegen alle Art von Subjektivität. Im Werke objektiviert und vollendet sich alles Nur-Ichsein, nicht aber darin, daß man sozusagen nichtichbezogene Inhalte habe usw. Die Inhalte Mozarts sind genauso ichbezogen wie die Beethovens, es sei denn, man lehne die Tragödie als zu subjektiv ab, wie es ja auch heute geschieht.

*

Die gnadenlose Klarheit des Toscaninischen Musizierens wird nicht umsonst heute als repräsentativ empfunden.

*

Für den fehlenden Organismus des einzelnen Werkes kann die Gemeinschaft eintreten – z. B. im Byzantinischen, im Gotischen –, aber nur bis zu einem gewissen Grade. Daß es hier Grenzen gibt, daß nicht in allen Fällen die Zugehörigkeit zu einem Zeitstil den Künstler und sein Werk der Notwendigkeit entheben, einen eigenen organischen Wert zu erstreben und zu besitzen, das nicht zu sehen, nicht sehen zu wollen, ist das eigentliche Versagen aller Kunstgeschichte. Es ist vor allem auch das Versagen der jeweiligen Zeitästhetik, die hier ihren kunstgeschichtlichen Aspekt offenbart.

*

Es gab einen großen Theoretiker: Schenker. Was ihn eigentlich beherrschte, war der Begriff des »Fernhörens«. Artikel über Schenker!

*

Casals hat seine Mitwirkung eingestellt. Ich fürchte, daß Casals die Bedeutung dieses Schrittes für den Gang der

Weltereignisse ebenso überschätzt, wie er die kriegsver-
längernde Wirkung meines Dirigierens für die Arbeiter
von Siemens – die er mir vorwirft – überschätzt. Besonders erstaunt mich, daß gerade er, der unvergleich-
liche große Künstler, mein hochverehrter Freund, in
diesem Augenblick in der Musik, seiner heiligen Kunst,
offenbar auch nichts anderes zu sehen vermag als – wie
alle die Politiker von heute – eine politische Demonstration. Ist es wirklich kriegsverlängernd, wenn der
Arbeiter in seinem gequälten Dasein einmal durch die
Botschaft der großen Meister an seine göttliche Abstam-
mung erinnert wird? Ich habe mich der Aufgabe, für
Arbeiter zu dirigieren, nie entzogen und werde mich ihr
nie entziehen, wo und wie es auch sei. Denn niemals
werden Bach, Beethoven, Schubert u. a. kriegsverlängernd wirken können.

*

Die in sich selbst ruhende sinfonische »Form« der Deutschen beruht auf einer Fähigkeit tiefer Entspannung,
tiefer Harmonie aus sich selbst heraus. Es ist dies eine
reale »Fähigkeit«, die durch nichts anderes ersetzt werden
kann und die die unabdingbare Weltgeltung der deutschen Musik ausmacht.

*

Für die Rilkes, Proust u. a. bedeutet die Tragödie, d. h.
alles tragische Erleben einfach intellektuelle Rückstän-
digkeit. Dasselbe gilt für sie gegenüber der eigentlichen
Religion.

*

Die Anpassung, wie es Kolbenheyer z. B. tut, in den
Mittelpunkt des Denkens zu stellen, führt zu völlig

falschen Schlußfolgerungen. Denn stets ist das Gemein-
ste das Anpassungsfähigste. Aller Kampf des Gemeinen
gegen den Höheren geschieht im Namen der besseren
Anpassung, und es ist heute im Zeitalter des gemeinen
Denkens – eben des Anpassungsdenkens – schwer, die
Notwendigkeit des Höheren überhaupt zu beweisen. Es
»darf« existieren, um den Gemeinen zu deren Zwecken
zu dienen – im besten Fall.

*

Musik ist – was man heute nicht mehr weiß – nicht ein
Ablaufen von Tonfolgen, sondern ein Ringen von
Kräften.

*

Die Welt glaubte, Hitler-Deutschland sei der Dämon,
durch dessen Bekämpfung und Niederringung alles gut
wird. Nun sieht sie mit Entsetzen, daß dies nur die erste
Verkörperung dieses Dämons war, der immer weiter rast.

*

Was dem »Natürlichen« bei uns den Rang abgelaufen
hat, ist das »Neue«. Die Erwägung aber ist nicht von der
Hand zu weisen: Das Neue wird sehr bald alt, das Natürliche aber bleibt immer natürlich.

*

Es ist nie etwas Großes in Wissenschaft und Kunst geleistet worden, ohne den Glauben an die Freiheit von
Wissenschaft und Kunst.

*

Das Fernhören drängte zur großen Form, war Voraussetzung derselben. Mit den Mitteln von heute ist die

große Form nicht möglich, ist sie ein Widersinn. Das gilt auch für die Reproduktion. Trotzdem bleibt sie rätselhafterweise auch den Heutigen eine Art Wunschbild.

*

Intellektualismus heißt: Solche Dinge mit dem grellen Scheinwerferlicht des Intellektes zu beleuchten, die verborgen sein und verborgen bleiben müssen. Das mangelnde Gefühl dafür, wie weit der Verstand zu gehen hat – bis hierher und nicht weiter – und wo das Reich des Instinkts beginnt, ist das eigentliche Zeichen beginnender Dekadenz. Hierbei kommt der Verstand in die sonderbare Lage, sich vor sich selber schützen zu müssen – unsere Situation.

*

Das nachkontrollierende Hören und das das Musikstück produktiv Aufnehmende ist etwas Verschiedenes. Ich mache meine Musik ausschließlich für das letztere, d. h. der jeweilige Ausdruck steht im Vordergrund. Dies verlangt eine von Grund aus andere Einstellung und eine von Grund aus andere Technik.

*

Es gibt Leute, die einem niemals verzeihen, daß man Erfolg hat. Für sie ist Erfolg das Gegenargument gegen jeden Wert.

*

Wir befinden uns in der Musik – Darstellung wie Produktion – in einer Periode technischen Hochstands, wie er noch nie da war, und gefühlsmäßigen Tiefstands, wie

er ebenfalls bestimmt noch nie da war. Eines hängt mit
dem andern zusammen, ruft es hervor, bedingt es.

*

WERTUNGEN DER GESCHICHTE

Mozarts Wertung ersichtlich daher, weil bei ihm die
Materialwirkung infolge der Zeitform am geringsten.
Wagner und Brahms vorläufig Opfer ihrer Materialnähe.
Heute ist das Material Hindemiths en vogue. Es ist nicht
schwer zu erraten, wie lange das dauern wird. Die eigent-
liche Bewährung aber kommt erst danach.

Ablehnung Händels durch Mozarts Epoche, Mozarts
durch die Romantiker usw. Niemals aber ist der bloße
Materialstandpunkt so stur auf die Spitze getrieben
worden wie heute.

*

Die heutige Zeit müht sich um die Methodik des Lebens,
des Wollens, des Fühlens. Man glaubt, Wille käme vor
Wissen, man könne aber das Wollen durch das Wissen
darüber (über diese Methodik) erreichen oder jedenfalls
stärken. Das ist nicht richtig. Der Mittelpunkt des Menschen, j e d e s Menschen, sei er wer er sei, bleibt seine
religiöse Gebundenheit an Gott, an seinen Gott, der freilich verschieden sein kann. Nur der heutige amerika-
nisch-europäische Zivilisationsmensch versucht ein
Leben ohne Gott, aus der »Methode« heraus. Deshalb ist
er so lernbegierig für Methoden. Er ahnt selber nicht, wie
leer und hohl sein Leben geworden ist.

*

MUSIK UND RATIO

In der Kunst muß, wie im ganzen menschlichen Bereich,
rationell Übersichtliches und Irrationales gemischt sein.

Das eine muß das andere tragen, decken, beschützen. Der
natürliche Zustand ist, daß die Ratio auf der Oberfläche
herrscht, die Irrationalität im Hintergrund. Vordergrund
und Hintergrund des Kunstwerks sind wie Vordergrund
und Hintergrund im menschlichen Leben. Der ungeheure Prozeß der Rationalisierung, der heute durch die
europäisch-amerikanische, ja die ganze bekannte Welt
hindurchgeht, bedroht diesen natürlichen Zustand aufs
tiefste. Der überrationalisierte, an seiner eigenen Intelligenz ermüdete moderne Mensch verlangt nach der
Irrationalität unmittelbar. Der Hintergrund soll im
Vordergrund wahrnehmbar sein. Kubismus, Dadaismus,
Expressionismus aller Art, Atonalität, die bis zur Ablehnung jeder ordnenden Funktion innerhalb der Töne
geht, gehören hierher. Damit ist der Gang der Natur
aufgehoben, die überall auf ihrer Oberfläche streng ratio-
nal verfährt, um dann allerdings in ihren Hintergründen
um so irrationaler zu erscheinen.

Das ganze Leben ist komplett aus Bewußtsein und
Unbewußtem gemischt. Der Betonung des einen hier
entspricht das Überquellen des anderen dort. Zu unterdrücken ist das eine sowenig wie das andere. Ebensowenig kann irgendeines forciert werden. Das Ziel ist
immer dasselbe: Zu sich selbst zu gelangen, das Unbewußte auszusprechen. Es kann nur auf dem naturge-
gebenen Wege erreicht werden: Das Bewußte dem Bewußtsein preisgeben, durch das das Tiefere, Unbewußte
durchscheinen kann. Jedes wahre Kunstwerk hat eine
doppelte Existenz: den rationalen Vordergrund und den
irrationalen Hintergrund. Wenn dieses Verhältnis außer
acht gelassen wird, wenn man schon im Vordergrund auf
die Ratio verzichtet, ins Irrationale vorstößt, so betrügt
man sich um die Kategorie der Natürlichkeit. Und man

gelangt nicht zum Unbewußten, das nie mit Gewalt zu erreichen ist oder mit Theorie. Es hat seinen tiefen Sinn, daß die Wurzeln im dunklen Erdreich sind, während der Stamm, die Blätter sich dem Himmel entgegenstrecken. Dieser selbe Prozeß, der anders gelagert, auch im organischen Wesen sich ausdrückt, kann nicht, wie es überheftige Theorie, wie es intellektueller Kurzschluß – das eigentlichste Kennzeichen der letzten Generationen – fordert, außer acht gelassen oder gar umgedacht werden.

Die Vergangenheit wird durch die Ratio erledigt. Die Zukunft aber wird durch sie belastet. Es ist, als ob der Mensch unter der übermächtigen Last der eigenen Ratio stöhnend zusammenbricht.

*

Während die bildende Kunst auf richtige Deutung der Denkmäler schlechthin angewiesen ist, ist bei der Musik ein Zwischenglied eingeschaltet, das die Analyse erleichtert: die Interpretation. Die Interpretation als solche findet im Sinne des Zeitbewußtseins statt. Da sie sich aber auch auf Objekte der Vergangenheit bezieht, so entstehen hier die merkwürdigsten Mißverhältnisse. Dynamisch-intendierte Werke werden statisch interpretiert, malerische zeichnerisch wiedergegeben. Besonders aber spricht sich das Verhältnis zur Ratio, das Kultur-Bewußtsein in der Interpretation aus. Notengetreue Darstellung, übermäßige technische Kontrolle, damit mehr und mehr Abhandenkommen des Bewußtseins, daß es überhaupt einen Hintergrund gibt. Darin liegt begründet das Absterben der großen klassischen Literatur. Daß mit dieser mehr abstirbt als nur eine Epoche, daß hier die Möglichkeit hintergründiger Musik überhaupt untergeht, sehen die Beteiligten moderner Musik noch nicht. In gewissem Sinne kann man sagen: Je stärker die Ratio des Vordergrunds, desto irrationaler, unendlicher der Hintergrund (Beethoven). Im Gegensatz zu den modernen Bestrebungen.

Mengelberg – Anfang Neunte Sinfonie. Nicht-Erfassen des Hintergrunds. Aber man frage: Auf welche Weise soll eigentlich Beethoven die verschleierte Sextole ausdrücken?

. Die allgemeine Intellektualisierung hat sich der Interpretation bemächtigt – die Musik selber wird überflüssig – die Maschine tritt an Stelle des lebendigen Wesens – und eines Tages langweilt uns die allzu perfekte Maschine. – Die Kunst ist nicht mehr nötig, nicht mehr Ausdruck des Unterbewußten, ist erledigt.

Wir sind heute klug und vorurteilslos – man kann auch sagen: mutig – genug, dies offenen Auges vorauszusehen. Liegt in dieser Tatsache die Möglichkeit, diesem Prozeß entgegenzutreten? Halten wir uns an alle diejenigen unter den Schaffenden und Nachschaffenden, die um die Gefahr wissen und ihr zu begegnen versuchen.

*

Als Dirigent muß ich an das Ganze der Musikentwicklung denken, an das Ganze des Musikpublikums. Ich kann nicht allein für die musizieren, die an der bekannten Musik übersättigt sind und etwas Neues um jeden Preis hören wollen. Ich kann aber auch nicht für die allein Musik machen, die alles Neue von vornherein ablehnen. Ich muß in Programmen wie in der Ausführung die Musik da fassen, wo sie am lebendigsten ist, und muß damit oft einzelnen, zumal Komponisten, ins Gedächtnis rufen, daß ich nicht nur für sie allein da bin.

Die entscheidende Frage beim Dirigenten – abgesehen von seiner Tätigkeit selber, bei der ausschließlich das Wort gilt: Bilde Künstler, rede nicht – ist die seiner Programme. In den Jahren nach dem ersten Weltkrieg, kurz bevor ich 1923 die Nachfolge Nikischs in Berlin übernahm, suchte ich mich einmal durch den damals existierenden Programm-Austausch über alles zu informieren. Es war damals eine ähnliche Situation wie heute. Man wollte endlich nicht immer und immer wieder dieselben Werke hören, man wollte fühlen, daß man in der Welt und nicht nur in Deutschland sei. Man wollte den ganzen Reichtum der Literatur kennenlernen, man wollte vor allem die Gegenwart, die jungen Kräfte zu Worte kommen lassen. Die Folge war zunächst, daß die Klassiker und großen Romantiker bis auf einige seltener gespielte Nebenwerke fast ganz verschwanden. Daß neben guten neuen Werken unendlich vieles auftauchte, was lediglich neu war.

*

Zwischen Komponist und Dirigent besteht seit Jahren jene Art von Spannung, wie sie vielfach zwischen den Angehörigen einzelner geistiger Berufe stattfindet. Daß z. B. der Historiker, der alles relativ, d. h. historisch sieht, und der schöpferische Künstler, der die Dinge von sich aus, d. h. egozentrisch sieht und sehen muß, natürliche Gegner sind, nimmt nicht Wunder. Ähnlich ist es mit dem Komponisten und dem Kapellmeister. Nicht, solange sie zusammenarbeiten, d. h. solange der eine das Werk des andern wiedergibt.

In jeder historischen Situation anders. Der Kapellmeister fühlt der Zeit im eigentlichen Sinne den Puls. Er muß werten im wahrhaft verantwortlichen, überschauenden Sinne, er kann nicht nur für irgendetwas eintreten, sondern muß jedem seinen Platz anweisen, und das allerdings macht verhaßt. Es ist höchst lächerlich, wenn von mir, der ich alles gebracht habe – – gesagt wird, ich sei »reaktionär«. Aber gerade ich konnte mich einer einseitig-hemmungslosen Propagierung der neuen Musik auf Kosten der alten nicht verschreiben. Nicht die eine oder die andere, sondern die eine aus der anderen hervorgewachsen, und beide nach Maßgabe des ihnen innewohnenden echten Lebens zu Worte kommen zu lassen, ist die Aufgabe, die freilich von den einzelnen Parteien selten begriffen wird und für deren Durchführung man keinen Dank erntet.

*

Der grenzenlose Appetit nach Abwechslung im modernen Musikleben – eines der besonderen Zeichen der Dekadenz.

1947

(HÖLDERLIN) DEUTSCHLAND!
Was lebt, ist unvertilgbar, bleibt in seiner tiefsten
Knechtsform frei, bleibt eins. Und wenn Du es zerstörst
bis auf den Grund, und wenn Du es bis ins Mark zer-
schlägst, doch bleibt es eigentlich unverwundet, und sein
Wesen entfliegt Dir nur siegend unter den Händen!

*

Diese Illusionen waren in der Selbstentwicklung der
Materie begründet. Man träumte von der Befreiung
durch die Atonalität. Da die Materie sich seit vor 20
Jahren nicht weiterentwickelt hat, es auch nicht kann, so
hütet man auch heute, nur lange nicht mehr mit dem
Schwung und der Überzeugung von ehedem, dieselben
Illusionen. Langsam tritt die unbeweisbare Notwendigkeit ein, über das Stadium der Wünsche, Ressentiments
usw. hinauszukommen. Immerhin wird auch noch heute
jeder – zumal seit diese Illusionen sich mit einem politischen Mäntelchen bekleiden konnten –, der diesen
Fragen ernsthafter und nüchterner zu Leibe geht, ge-
steinigt.

*

Die Abschnürung ist nicht deutsch – im Gegenteil. Die
Abschnürung bringt aber auch keine Stärke, ist kein
Zeichen von Stärke – im Gegenteil. Die Nazis hatten
merkwürdige Begriffe von deutsch – Beethoven –
Gounod – Brahms – Dvořák – Lehár usw. Ihre ganzen

Wertungen, soweit sie offiziell sind, sind teils durch den Größenwahn Hitlers, teils durch primitivste politische Erwägungen bestimmt. Es lohnt sich nicht einmal, sie auch nur zu widerlegen, und das Einzig-Bedeutsame war der Terror, mit dem sie vorgetragen wurden.

*

Dekadenz beginnt, wo die Beschäftigung mit der Kunst nicht aus Religion und Lebensfreude, sondern aus Wissenwollen fließt. Streng genommen ist alle Wissenschaft, auf die Kunst angewendet, bereits Dekadenz.

*

Die übermäßig-einseitige Beanspruchung der Intelligenz beim heutigen Menschen bringt es mit sich, daß wir gegen die Verführungen der Intelligenz nicht mehr immun sind. Diese bestehen darin, auch die Dinge als Wissenschaft zu betrachten, die es nicht sind. Jenes »das Unerforschliche ruhig zu verehren« scheint uns schwer möglich.

*

Der größte französische Musiker ist der Pole Chopin.

*

AUFSATZ
WAGNER UND BEETHOVEN

Wagners Verständnis für Beethoven ist tiefer als das von Strauss und Pfitzner (Missa). Ein Verständnis »über sich hinaus«, für den allumfassenden Wagnerschen Geist charakteristisch. Wenn wir *Über das Dirigieren* lesen, so denken wir zunächst: Warum regt er sich so auf? Wir wissen das heute doch alles viel besser. Es handelt sich bei Wagner aber um ganz etwas anderes: um das Niveau.

*

Bartók: ein überabstrakter Kopf, ein komponierendes Geist-Gespenst. Die Metronomisierung bis zur Teilung von x-tel Sekunden ist eine Abstraktion. Im selben Sinne die ganze Musik angepackt. Machtlosigkeit, Hybris des Abstrakten!!

*

Die gegenwärtige Musik steht – seit 30 Jahren – unter dem Zeichen der Auflösung. Es ist nur natürlich, daß die Zukunft die entgegengesetzte Welle, die »Zusammenfassung« bringen wird.

Gesetze der Auflösung – Gesetze der Zusammenfassung. Beide in ihrer Art ewig und stationär. Zeitperioden haben vorwiegend einen Charakter, was aber mit dem Wert nichts zu tun hat. Im Gegenteil. Jedes wahre Kunstwerk steht im Gleichgewicht; das ist das Wesen der Kunst wie alles Lebendigen. Die großen Ausnahmefälle. Das völlige Ausgeliefertsein an eine Seite, das sich heute zur Politik verdichtet, entspringt der erhöhten Intellektualität und der erhöhten Kommunikation und Suggestibilität. Es kommen sonderbare Erscheinungen – – –.

*

Selbst Buddha fürchtet die Tugend der kleinen Dichter (japanisches Sprichwort).

*

Das Monumentale ist menschlich. Es ist auch dem Zeitalter der Massen nicht fremd. Aber der modernen Musik – der sogenannten neuen Musik – scheint es unbekannt.

*

Über Bizet und Puccini ist man einigermaßen einig, über Beethoven und Brahms nicht. Woher? Nicht die Menschen sind so »verschieden«, sondern ihre Vorurteile.

Mächtiger als die größten und evidentesten Werte erweisen sich in unserer im Gefängnis des eigenen Intellektes schmachtenden Menschheit ihre Vorurteile. Es ist fast aussichtslos, etwa das Vorurteil anzugehen, das die Welt gegen einen komponierenden Kapellmeister hat. Hindemith sagte mir einmal: »Wenn Sie als Komponist in der Welt ›ernst‹ genommen werden wollen, müssen Sie das Dirigieren aufgeben.« Ist das richtig? Nun, ich habe das Dirigieren »aufgegeben« und habe es nicht aufgegeben und will dennoch ernst genommen werden.

Das Vorurteil gegen komponierende Dirigenten gründet sich darauf, daß diese ihre Erfahrungen als Dirigenten gleichsam beim Komponieren verwerten; die eine Tätigkeit wächst aus der anderen. Dies ist falsch. – – Wohl aber ist sehr wohl ein dirigierender Komponist denkbar.

*

Es gibt Leute, die die Liebe für »erledigt« erklären. Diese Art des Ressentiments, die das Denken der Welt seit Anbeginn nur allzusehr beherrscht, kann uns nicht hindern, denen beizupflichten, die noch etwas von der Liebe halten. Ebenso mit der Tonalität!

1948

Allgemeingültigkeit der Aussage – – –. Dazu gehört vor allem eines: Wille und Kraft zur Monumentalität, oder besser gesagt, zur Einfachheit. Die Einfachheit der Kindheit, der Haydn und Mozart, ist uns Nachgeborenen verwehrt. Die bewußte Einfachheit aber, die Fähigkeit, einen Inhalt auf seine einfachste Form zu bringen, ihn zu konzentrieren, ist heute wie von jeher schöpferisches Gebot.

*

Aufsatz: Der Tempel und die Kaschemme.

*

Früher galt in der Musik Originalität auf Kosten der Natürlichkeit für unanständig. Heute ist es umgekehrt. Man wagt nicht mehr, konventionell zu sein; die widerlichste Form der Konvention. Keiner will das sein, was er ist. Jeder will mehr scheinen, als er ist. Keiner will die Verantwortung für das übernehmen, was er ist. Das Ganze ist eine Komödie, die nicht wert ist, daß man bei ihr verweilt.

*

Statt zu bemerken, daß man es hier immerhin mit einem gewachsenen Stück Musik zu tun hat, bei dem Anklänge, auch wenn sie zufällig vorhanden wären, genauso bedeutungslos sind wie bei anderen gewachsenen Stücken – man könnte sonst sagen, daß etwa der ganze frühere Beethoven aus Anklängen aus Mozart und Haydn besteht –, statt dessen beschäftigt man sich – seit jeher unter Kritikern und »Kennern« ein beliebtes Gesellschaftsspiel – mit dem Suchen von eben diesen Anklängen! Was manche da alles gefunden haben, ist wirklich erstaunlich. Natürlich, es ist ja sonnenklar, was mag dem berufsmäßigen Dirigenten nicht da alles unversehens aus seiner »Praxis« in die Feder geflossen sein. Das ist ja gar nicht anders möglich!

*

Mir liegt nichts daran, ob etwas neu erscheint, sondern ob es »ans Herz greift«! Vom Herzen, d. h. vom ganzen Menschen glaube ich etwas zu verstehen!

*

Ich habe nach jahrelanger Arbeit und Selbstprüfung eine Sinfonie der Öffentlichkeit zu Gehör gebracht. Ein Teil der Presse hat, wie es so deren Art ist, schnell darüber ihr Urteil fertig gehabt. Ja, es war dieses Urteil, das z. T. von Dingen, Einflüssen usw. sprach, die beim besten Willen im Werk nicht zu finden sind, ganz offensichtlich schon vorher fertig. Es sei mir deshalb gestattet, einige Worte zu meinem »Fall« als Komponist zu sagen.

Es ist verständlich, daß die Öffentlichkeit einem Mann, den sie bisher nur als Dirigenten kennenlernte, den Komponisten nicht glaubt. Es liegt dem die im Grunde durchaus richtige Anschauung zugrunde, daß beides verschiedene Dinge sind, die sich nicht miteinander vertragen. Es ist tatsächlich die Hingabe an ein bereits vorgestaltetes fertiges Werk etwas prinzipiell anderes als die Entstehung eines Neuen. Es ist daher nicht möglich, daß man sozusagen zu gleicher Zeit Dirigent und Komponist ist. Die Vermengung von beiden ist absolut von Übel. Daher sei in meinem besonderen Falle mitgeteilt, daß ich allerdings sehr viel früher und sehr viel ausschließlicher Komponist war als Dirigent. Daß ich erst relativ sehr spät – und zunächst durchaus unter dem Gesichtspunkt des Broterwerbs – an Dirigieren dachte. Daß ich auch weiterhin das Komponieren – wenn auch in die übrigbleibenden stillen Sommermonate gedrängt – stets als Hauptsache betrachtet habe. Weshalb seit vielen Jahren das Dirigieren zeitmäßig ein solches Übergewicht erhielt, – – über diese Entwicklung zu sprechen, ist hier nicht der Ort.

Es steht ganz außer Zweifel, daß jede wirkliche Schöpfung ein Vorstoßen in Neuland – auch für den Schöpfer selbst – sein muß. Ist sie das nicht, so wird sie Wiederholung und Routine, wird Epigonen-Werk. Nur ist die eigentliche Frage, was unter Neuem zu verstehen ist, ob etwas Materielles, etwa eine neue Harmonik oder Rhythmik oder eine Weiter-Entwicklung des Geistes, wie es oft in langen Perioden der Geschichte statthatte. So hat etwa der Beethoven der achten Sinfonie im Jahre 1812 kaum etwas materiell Neues gegenüber dem 60 Jahre früher tätigen Haydn gebracht, oder hat Brahms 1890 so ziemlich dieselben Mittel verwandt wie Schubert und Beethoven 1820. Brahms wird heute freilich von vielen als Belanglosigkeit angesehen. Ja, man kann sich das Neue überhaupt nicht anders als aus der Materie kommend, in der Materie erscheinend vorstellen. Wer nicht neue Mittel bringt oder zum mindesten jene Mittel der Zeit anwendet, die sich prinzipiell von der Vergangenheit unterscheiden, gilt nicht. Jeder einfache Dreiklang ist verdächtig. Es ist mit uns wie mit dem Affen, den an allem, was er in die Hand nimmt, nur interessiert, wie weit es etwas Eßbares ist.

Demgegenüber möchte ich mit aller Entschiedenheit
sagen, daß mich das »materiell« Neue, eine neue Harmonik, Rhythmik usw. immer nur »historisch«, d. h. sehr
begrenzt, interessiert hat. Daß die Zeit gekommen ist, wo
die Materie der Musik ausgeschöpft, nicht mehr wesentlich erweiterbar erscheint. Der auf die Materie geheftete
Blick, der nur an die Materie glaubt, alles von ihr erwartet, hat uns unendliches Unglück gebracht. Wenn
heute vom Ende der Musik gesprochen wird, so ist es das
Ende ihrer materiellen Entwicklung. Als ob nicht der
Geist unendliche Möglichkeiten habe. Freilich wird jede
neue Formwerdung des Geistes nicht spurlos an der
Materie vorübergehen, aber die heute mögliche und notwendige Erweiterung, die Erneuerung geht nicht von der
Materie aus, ist nicht an sie gebunden.

Da wir heute nur an die Materie glauben, sind wir in
bezug auf die geistige Wesenheit der Musik – auch der
Werke der Vergangenheit – ahnungslos wie die Kinder
geworden, gehen wir daran vorüber und wissen nichts
mehr davon.

An eines freilich ist der Geist gebunden: daran, daß
die Menschen, d. i. das Publikum, nicht durch vorgekaute
Begriffe um die Sicherheit seines Urteils gebracht, zu sich
selber, zu seinem eigenen Urteil gelange. Meine Musik
wendet sich – darin aller lebendigen Musik der Vergangenheit ähnlich – an ein wirkliches Publikum.

*

In Amerika – Journalist – daß es keine Tragödie gäbe,
sondern nur noch prosperity oder deren Gegenteil. Ich
bin anderer Anschauung, finde sogar, daß unser gegen-
wärtiges Leben die größte aller Tragödien ist. Möglich,
daß von diesem Bewußtsein auch etwas auf meine Musik

abgefärbt hat. Die daran Anstoß nehmen, mögen sich anderer Musik zuwenden. Sie sollen aber nicht behaupten, daß ich die Musik von heute schriebe.

*

Wir stehen alle vor demselben Publikum. Was wir behaupten, ist völlig gleichgültig. Warte man ab, was dieses Publikum zu sagen habe. Gebe man ihm die Gelegenheit zuzuhören.

*

Über das Was meiner Musik kann man im Zweifel sein. Über das Wie nicht; denn sie ist ein Ganzes, kein zusammengesetztes Gebilde. Gerade das, was Kritiker, die sich immer gern mit dem hübschen Spiel des Anklang-Findens abgeben, behaupten, daß sie von hier und dort beeinflußt ist, ist nicht richtig!

*

Es gibt Menschen, die das abendländische Schicksal miterleiden – sie werden Wagner, Beethoven, Michelangelo verstehen. Es gibt solche, die kein Schicksal haben, die jenseits des Schicksals geboren werden, spielende Drohnen des Menschengeschlechts, frech, zynisch, klug und unmutig – könnte man nicht sagen, sie haben keine »Seele«, sie wissen nicht, was Europa war und noch ist.

*

Die Berliner Philharmoniker sind das erste Orchester Berlins seit über 60 Jahren. Sie haben den einstigen beispiellosen Aufstieg dieser Stadt – besonders als Musikstadt – mitgemacht und mitgetragen. Ja, man kann sagen, sie hatten einen sehr wesentlichen Anteil daran, sie waren durch über 50 Jahre das maßgebende Konzert-Orchester Deutschlands.

Heute, unter veränderten Verhältnissen, der Philharmonie, der Stätte ihres einstigen Wirkens beraubt, sind sie doch mehr als je ein Symbol des ungebrochenen Kunstwillens Deutschlands, im engeren Sinn des vielgeprüften Berlin. Ich persönlich fühle mich mit diesem Orchester verbunden und hoffe zuversichtlich, daß die Berliner Philharmoniker zum Heil deutscher Musik auch weiterhin bleiben mögen, was sie waren. Persönlich hoffe ich, bald – d. h. im Herbst – wieder Gelegenheit zu haben, mit ihnen wie in alten Zeiten zu musizieren.

*

Unnatur ist kollektiv, Natur ist individuelle Selbstverantwortung. Unnatur hat viele Gründe, meist flache, aber auch sehr tiefe. Natur hat nur einen Grund: Der Mensch Maß des Menschen. Ein sicherer Grund. Gerade jetzt werden wir von Ismen aller Art oder sagen wir: Terroristen geschüttelt. Es wird eine Zeit kommen, wo uns die in sich selbst ruhende Haltung des alten Pfitzner mehr bedeuten wird.

*

[14] Aus der Form wie aus dem Inhalt Ihres Schreibens vom – – – geht hervor, daß es sich im Fall Furtwängler für Sie nicht um Feststellung des w a h r e n Tatbestandes, nicht um Wahrhaftigkeit und Gerechtigkeit, sondern lediglich um Wahrung Ihres eigenen Prestiges handelt. Auf Ihnen unbequeme, von mir vorgebrachte Tatsachen gehen Sie nicht ein. Statt dessen bringen Sie neue Anklagen: Was hat es mit meinem »Fall« zu tun, wenn die französische Regierung im Juni 1939 ein Operngastspiel mit deutschen Sängern absagt? (Daß es sich dabei nicht um meine Person handelte, beweist, daß dieselbe Regierung durch

ihren Botschafter in Berlin mich noch im Juli desselben Jahres zum Kommandanten der französischen Ehrenlegion ernennen ließ, – eine Ehrung, die auf Hitlers Befehl in Deutschland nicht mehr veröffentlicht werden durfte.)

Was hat es weiter mit meinem Fall zu tun, daß ich auch nach dem »Anschluß« in Österreich dirigierte?

Ist derjenige, der weder finanzielle noch vertragliche Bindungen mit dem Staat hat, der aber in der Lage war, die Mitwirkung bei offiziellen Gelegenheiten, die Mitwirkung an Propagandafilmen, das Dirigieren in kriegsbesetzten Ländern zu verweigern, freier als diejenigen, die alles dieses getan haben, heute aber unangefochten in der Schweiz dirigieren?

Will man daraus, daß ich zwar die Emigration des Rosé-Quartettes nach London nicht verhindern konnte – zumal ich damals nicht in Wien war –, aber immerhin später, als ich auf den Hilferuf der Wiener dorthin kam, noch die Existenz der Halbjuden und der mit Jüdinnen Verheirateten gerettet habe, folgern, ich sei eine der »verhängnisvollsten« Figuren des Dritten Reiches?

Man hatte mir leider nicht deutlich genug gesagt, daß Sie – wie ich heute weiß – seit vielen Jahren Ihr Leben vom Hasse leiten lassen, auf Kosten des Fühlens, ja selbst des Denkens. Die innige Befriedigung, sich als Richter zu fühlen über ganze Völker und über einzelne, sei Ihnen gegönnt. Ich denke eher an den Bibelspruch: Richtet nicht, damit ihr nicht gerichtet werdet. Warum ich zu Ihnen kam – nun, weil ich die E. von früher noch im Gedächtnis hatte. Ich hätte Ihnen – und vor allem mir selber – die peinliche Stunde erspart, hätte ich geahnt, wie sehr Sie sich untreu geworden sind.

*

Was ich über Vorurteile schrieb, bleibt bestehen auch
unabhängig von dem besonderen Anlaß der Aufführung
eines eigenen Werkes. Es ist von allgemeiner Bedeutung;
wir alle sind der Macht des Vorurteils weit mehr unterworfen, als wir selber wissen. Woher kommen denn die
Fehlurteile, von denen uns die Musikgeschichte immer
wieder berichtet, die sinnlosen Über- und Unterschät-
zungen einzelner Musiker und Gruppen?

Vor allem aber schützt fachliches Wissen keineswegs
vor Vorurteilen. So schätzenswert es ist – zur produktiven Urteilsbildung trägt es wenig bei. Im Gegenteil: Es
war seit jeher die Orthodoxie der fachlich geschulten
Musiker, die Wagner, die Bruckner, Strauss und wie sie
alle heißen, ablehnten, und es war das Urteil des unver-
bildeten Publikums, das diese Meister durchgesetzt hat.
Vergessen wir nicht, daß Musik sich an den ganzen
Menschen wendet – weit jenseits aller fachlichen Spezialisierung. Versuchen wir nicht, mit dem Kopfe klüger
sein zu wollen als mit dem Herzen.

*

Das Gefühl der Unfruchtbarkeit unserer Zeit auf musika-
lischem Gebiet ist stark und unabweisbar geworden, auch
bei denen, die nach außen das Gegenteil zur Schau tragen
und sich als die künstlerische Avantgarde fühlen. Wir
haben kein gutes Gewissen mehr, wenn wir den Fortschritt propagieren, so wie wir es noch nach dem ersten
Weltkrieg getan haben, als die erste große Welle der
Atonalität anhob. Nichts ist notwendiger als abseits von
den üblichen »Parolen«, die nichts anderes als »Wahlauf-
rufe« für Parteien, als Arbeitshypothesen sind, die das
Komponieren möglich machen sollen, sachlich und
nüchtern festzustellen, was eigentlich ist und wie weit

Möglichkeiten einer weiteren Entwicklung überhaupt vorhanden sind. Jene Nüchternheit, die die Entwicklung, d. h. das über den gegenwärtigen Zustand Hinausgelangen überhaupt möglich machte, darf uns auch weiter nicht verlassen. Wir wollen vor allem die Wahrheit – die Wahrheit über die Dinge wie über uns selbst.

Wenn wir die Vergangenheit betrachten, so sehen wir, daß Perioden von großen materiellen Fortschritten abwechseln mit solchen materiellen relativen Stillstandes, statt dessen aber großer geistiger Entfaltung. Die Materie Bachs wurde von seinen Vorgängern geschaffen, was er hinzufügte, war eine wesentliche geistige Entwicklung. Daß materielle und geistige Entwicklung zusammenfallen, ist zwar ein modernes Postulat, aber entspricht keineswegs der Geschichte. Hier ist es so wie im Leben der einzelnen. Hier kann man etwa sagen, daß das erste Drittel in der Übernahme und persönlichen Prägung der Zeitsprache besteht, das zweite Drittel in materieller Erneuerung, das dritte in einer auf der erreichten materiellen Basis erstehenden geistigen Entwicklung, die wir am besten mit dem von Freud geprägten Ausdruck Sublimierung bezeichnen. So gibt es tatsächlich zweierlei Entwicklungen, die sich gegenseitig befruchten und ablösen, in der Art, daß stets der größere Akzent auf der einen oder der anderen Art liegt. Bach ebenso wie Beethoven in seiner späteren Periode haben Leistungen der Sublimierung vollbracht; dasselbe muß von den Romantikern Schumann, Brahms, Bizet usw. gesagt werden, während der große Wagner, der späte Reger, Debussy und überhaupt die letzte Entwicklung sich einseitig der materiellen Seite verschrieben haben.

*

ENGLAND

Es gibt Leute, die daran Anstoß nehmen, daß der Dirigent, der mit den Wiener Philharmonikern im Ausland konzertiert, in Deutschland geboren ist. Ob dieselben wohl auch daran Anstoß nehmen, daß Beethoven, Brahms, Hebbel, R. Strauss nicht in Wien geboren sind und deshalb vom österreichischen Standpunkt aus abzulehnen seien?

Wir lassen uns gerne von Italienern über italienische, von Franzosen über französische Musik belehren. Es ist einigermaßen erstaunlich, wenn man in England uns darüber belehren will, wie die Wiener Klassiker, wie Beethoven zu spielen seien.

Es liegt hier aber noch ein tieferes Problem verborgen. Die Routine modernen Musizierens, noch vergrößert durch die Einwirkung von Radio und Schallplatte, wirkt sich nirgends verhängnisvoller aus als bei der Darstellung der großen absoluten, aus rein-musikalischen Formen entstandenen »klassischen« Musik. Hier hat Europa wahrhaftig »heiligste Güter« zu wahren. Man erhebt zur Devise das Wort von der »notengetreuen« Darstellung. Es kann aber gar keine Rede sein, daß die Darstellung Beethovenscher Sinfonien, wie sie in Wien gepflegt und (etwa früher von Weingartner) verwirklicht wurde, weniger notengetreu ist als die, die man heute so vielfach draußen gewohnt zu sein scheint! Der Unterschied ist, daß die eine noch den Duft des Lebens hat oder sich zu haben bemüht, während die andere, für die klassische Kunst und veraltete, uns nichts mehr angehende Kunst, Synonima sind, von vornherein mit der mechanisch-rationellen Routine, mit dem Konservenbüchsen-Geschmack alles »Klassischen« sich abfindet, ja nicht glücklich ist ohne diesen Geschmack.

Um dem Kind einen Namen zu geben, erfindet man Devisen wie die von der »notengetreuen« Darstellung. So, als ob man erst in England und Amerika die Klassiker wirklich notengetreu aufführe. Es kann aber gar keine Rede davon sein, daß die Art, wie etwa Beethoven-Sinfonien in Wien seit Richter, Weingartner u. a. gepflegt und gespielt wurden, weniger notengetreu wäre als heutige Aufführungen in England und Amerika. Ein entscheidender Unterschied ist allerdings: In Wien ist Beethoven lebendig, er ist Blut vom eigenen Blut, Fleisch vom eigenen Fleische. Drüben gehört er – bei aller Achtung – zu den Wiener Klassikern, die vor 150 Jahren gelebt haben und uns im Grunde nichts mehr angehen. Man kann sie daher nur noch als Konserven genießen; für uns haben sie noch den Duft des blühenden Lebens. Aus dieser veränderten Grund-Einstellung ergeben sich von selber alle übrigen Unterschiede.

Übrigens ist man sich über diesen Sachverhalt dort, von wo er ausgegangen ist, in Amerika, heute darüber viel klarer als in vielen europäischen Ländern.

1949

Es ist eigentümlich, daß es den heutigen Menschen eine Beruhigung gibt, wenn sie etwas zeitlich, historisch einordnen können. Sie können nicht genießen, ohne dies zu wissen. Es ist die Unfähigkeit, den Moment zu genießen; es ist aber auch die Unfähigkeit, die Folge, die eine Reihe von Momenten darstellt, zu genießen. Es ist die mangelnde Lebenskraft, die nicht mehr »lebt«, sondern sich vor allem schützen will, d. h. wissen will.

*

Wenn nicht so und so viel Unkontrolliertes zugleich in uns wäre – das Kontrollierte wäre dann nicht mehr der Mühe wert!!

*

Wenn Herr Strobel die Neunte Sinfonie von Beethoven für ein mittelmäßiges Werk hält und es als seine Aufgabe erachtet, frei nach Strawinsky uns Deutschen »Wagner aus den Ohren zu waschen«, so bedeutet das für uns Deutsche, wie es auch sei, das Selbstabgraben von Quellen, von denen wir leben.

Wenn der Schöpfer Strawinsky solche abstrusen Meinungen vertritt, so ist das von Interesse zur Erkenntnis der Strawinskyschen Ästhetik. Er ist schließlich Strawinsky. Wenn aber der deutsche Musikschriftsteller Strobel solche Dinge behauptet – ehemals las man es bei ihm anders – so – –.

*

MODERNE MUSIK

Die ganze Diskussion auf ein falsches Geleise geschoben. Statt im Rausch der Musik scheint man heute in einem Rausch der Worte zu leben. Es handelt sich hier wie überall um eine sehr nüchterne und präzise Feststellung: Wie weit entspricht das, was aus den Tönen herauskommt, dem, was wir in sie hineinlegen? Wie weit ist die zutage tretende Leistung objektiv und nicht nur subjektiv da? Daß die Gefahr des Subjektivismus sehr groß ist, muß objektiv festgestellt werden. Sektenbildung, Worte, Ausschaltung des kontrollierenden Publikums. Ich finde, daß diese Ausschaltung zu weit geht.

Auf meiner Suche nun nach dem Objektiv-Existierenden innerhalb der Töne stieß ich auf die Kadenz. Die Kadenz, wie sie in meinem Büchlein[15] erwähnt ist, ist vielfach mißverstanden worden. Sie ist ein Begriff von außerordentlicher Weite. Sie liegt aller europäischen Musik bis Strawinsky und Debussy und Strauss zugrunde. Man denke dabei nicht an die Harmonielehre, sondern an die in Kompositionen größten Ausmaßes erscheinenden Konsequenzen. Wenn man sich an dem Wort Kadenz stößt, so mache man sich klar, daß es doch wohl etwas geben muß, das in der Musik objektiv, d. h. aus den Tönen selber heraus einen Anfang und ein Ende, einen Durchgang und Fortschreiten ausdrücken muß, d. h. etwas geben muß, was ihr eine Form gibt. Das Problem der Form ist und bleibt immer wieder das künstlerische Problem katexochen.

Zu behaupten – wie es in tendenziöser Weise immer wieder geschieht –, ich lehnte die moderne Musik in Bausch und Bogen ab, ist geradezu lächerlich. Ich würde es mir selber nie verzeihen, wenn ich nicht mit tiefster Anteilnahme den Lösungen und Bemühungen der

Strawinsky, Honegger, Hindemith, Bartók und so manchen anderen begegnete. Daß ich aber im übrigen ein eigenes Urteil deren Werken gegenüber so wenig zu verleugnen wünsche wie alten, ist richtig. Das, was ich höre, das, was aus der Musik kommt, ist das Wesentliche, nicht was ich darüber denke oder darüber lese. Im richtigen wohlverstandenen Kontakt mit dem Publikum wird auch die moderne Musik ihr unabdingbares Leben führen.

Wenn ich im übrigen mich besonders der alten Musik annehme, so deshalb, weil mir dies heute notwendig erscheint. Wir werden die moderne uns aneignen, wenn sie danach ist. Es ist ihre Sache, uns zu überzeugen. Sie wird es tun, soweit sie kann, denn hinter ihr stehen lebendige Menschen mit ihren Interessen. Die alte hat keine solchen Fürsprecher. Wenn es so weitergeht, stehen wir bald vor einem riesenhaften Herculaneum und Pompeji. – – erwirb es, um es zu besitzen. In diesem Zusammenhang etwas über meine Programme: Wenn ich auf einer Reise – in jeder Stadt ein Konzert – musiziere, müssen die Programme vor allem konzentriert und monumental sein. Und wenn ich bei dieser ersten Reise, die ich nach dem furchtbaren Kriege in Deutschland mache, neben alten Werken des eben dahingegangenen Pfitzner und des 85jährigen Strauss gedachte, so ist das keine Ablehnung der Jungen. Oder wird – wie es manchmal fast den Anschein hat – einem heutigen Dirigenten in Deutschland vorgeworfen, daß er überhaupt eine Beethoven-Sinfonie aufführt? Versteht man so wenig die Zeichen der Zeit, die Not der Seelen?

Ich spreche Bedenken aus gegen gewisse Mittel der modernen Musik, Bedenken, die alle teilen (Ansermet, Hindemith etc.) und werde als Erzreaktionär verschrien und schlecht gemacht. Mir ist es an sich gleich, ich vertrage etwas, aber es ist leider nicht richtig. Was sich ausspricht, ist etwas ganz anderes: Der Neid gegen den Darsteller überhaupt.

Das Wesentliche ist, daß es sich hier um eine mit Terror arbeitende Meinung handelt, als ob man nur auf eine Art heute Musik machen könne. Und auf welche Art, ist dazu noch Sache nicht von Künstlern, sondern von Theorien.

Es scheint mir aber, mit gewissen anderen, an der Zeit, daß das Wesen der Tonalität, der Tonalitäts-Erweiterung und der konsequenten Atonalität erkannt wird. An der biologischen Superiorität, die ich konstatiert habe, ist nicht zu zweifeln. Auf ihr gründet sich immerhin das, was wir bisher als Musikleben betrachtet haben, und es scheint, als ob auch die Musiker, die die Begegnung mit der Atonalität am eigenen Leibe durchgemacht haben, – – –. Die Tonalität ist nicht die Vergangenheit, sondern die Zukunft.

*

Bruckner ist bisher, darüber kann kein Zweifel sein, nicht im selben Sinne Allgemeingut geworden wie Brahms, Wagner, auch der später lebende Strauss. Das kommt daher, daß er beim Hörer Dinge voraussetzt, die nicht überall gegeben sind. Es gibt eine große Literatur, die aber doch dem von außen Kommenden wenig nützt. Sicher ist, daß ein Werk wie die achte Sinfonie ohne die Doppelgrundlage einer alles in sich ziehenden mystischen Religiosität und zugleich eines grandiosen barokken Heroismus nicht zu denken ist. Beides ist, wenn es auch die aus der Improvisation erwachsene klassische

Form der Sinfonie bis an seine Grenzen treibt, tief menschlich und ein großes, erschütterndes Zeugnis menschlicher Schaffenskraft.

*

Tiefere Gründe der notengetreuen Darstellung und der zu schnellen Tempi. Die innere Aushöhlung des Verhältnisses zur großen Musik überhaupt, die naturgemäß ihrer Entthronung vorhergeht respektive -ging.

*

Der Mensch von heute schätzt die Kompliziertheit des Komplizierten, der säkulare Mensch die Kompliziertheit des Einfachen. Diese ist zugleich unendlich viel »komplizierter«.

*

Der intellektuelle Teil der heutigen Menschheit ist sehr suggestibel und empfindlich. Er ist dank seiner übergroßen Klugheit der einfachen, komplexen Musik, die bisher gemacht wurde, müde und fordert eine neue, ihm entsprechende, und zwar um so heftiger, je weniger eine solche Musik bereits vorhanden ist. Leider, denn es läßt sich durch nichts in der Retorte Zusammengestelltes, durch keine Methode oder Spielregel (12 Töne) die Zeugung der freien Liebe ersetzen. Ich bleibe bei der alten bescheidenen Art und mache Musik, wie es die letzten Jahrhunderte hindurch üblich war. Ich bin, wie ich bin – wobei es durchaus sekundär ist, was aufgrund von Theorien irgend jemand von mir fordern zu müssen glaubt.

*

Die heutige Menschheit lehnt in der Kadenz das End-
gültige, mit sich selbst im Einklang Stehende ab. Sie ist
selber eine wollende, sehnende, irrende und gerade
darum ohne Interesse an andersartigen Erlebnissen. Sie
ist es so sehr, daß sie sich in sich selbst nicht mehr wohl
fühlt und das Glück des Lebens und Schaffens nur in
anderen Epochen zu schätzen weiß, denen sich hingeben
zu können die zweifelhafte Kompensation für ihre
eigene armselige Rastlosigkeit ist.

Was auch darüber geredet wurde – in Wirklichkeit befindet sich unsere heutige Welt mit Haut und Haar im
Gefängnis ihres mutwilligen Fortschritts-Wahns. Dieser
Wahn ist wie eine Schraube ohne Ende, denn was heute
neu ist, ist notwendig morgen alt. Es ist oft gesagt worden
und bleibt trotzdem wahr: Wir haben darüber eines vergessen: uns selbst, den Menschen. Es ist einfach nicht
mehr an der Zeit, »kühne« Musik – der Begriff schon ist
nackteste, primitivste Fortschritts-Terminologie – zu
schreiben, nicht mehr an der Zeit, »neu« zu sein. Es ist
aber endlich sehr an der Zeit zu versuchen, menschlich
echt, einfach – kurz so zu sein, wie wir sind. Statt mit aller
Kraft zu versuchen, uns zu entfliehen in einen wüsten
Begriff hinein, sollten wir mit aller Kraft versuchen, uns
zu entdecken, wenn wir uns nicht völlig verlieren wollen.
Was heißt Romantik oder Moderne? Es gibt nur einen
Gegensatz: den von Echtheit und Verlogenheit. In einer
einzigen gewachsenen Melodie liegt mehr von dem drin,
was uns not tut, als in allen Theorien über das »Neue«, das
nur so lange neu bleibt, wie es uns unbekannt ist. Freilich,
zur solch gewachsenen Melodie gehört Gnade, zu allem
anderen nur Wille und Intellekt. Die aber findet man
heute auf der Straße – – –.

*

Die Entwicklung der europäischen Musik ist einheitlich und zusammenhängend. Ich konnte versuchen, alte Werke so aufzuführen, daß sie gegenwärtig erschienen, denn ich suchte den Menschen in ihnen. Und wenn ich heute mit einem eigenen gegenwärtigen Werk hervortrete, so bemühe ich mich auch hier, nach Maßgabe meiner Kräfte vom Menschen in uns allen zu sprechen. Schon dadurch allein wird auch ein Zusammenhang mit den alten Werken sichtbar, den, um des Neuheits-Wahnes einer müden originalitätssüchtigen Welt willen zu verleugnen oder gar ihm auszuweichen, ich als Verrat an mir selber betrachten müßte!!

*

Eine Reihe namhafter amerikanischer Künstler hat dagegen protestiert, daß ich nach Amerika komme. Selbst für wenige Wochen als Gast wollen sie es nicht erlauben. Dieser Protest von Künstlern gegen einen anderen Künstler ist ein völliges Novum, in der Geschichte der Musik eine Ungeheuerlichkeit, die alle bisherigen Begriffe von idealer Solidarität unter Künstlern, von der völkerverbindenden, dem Frieden dienenden Funktion der Kunst geradezu ins Gesicht schlägt. Man ist in dieser Sache sehr persönlich gegen mich vorgegangen, man gestatte mir deshalb auch, etwas persönlich zu werden.

Zu Beginn der Reihe sehe ich den erlauchten Namen A. Toscaninis. Was wohl mag ihn, den Großen, über den Gegensätzen Stehenden veranlaßt haben, sich an diesem kurzsichtigen und schlecht fundierten Protest zu beteiligen? War er es nicht, der mich 1936 als seinen Nachfolger nach New York eingeladen hat und mir einige Monate später in Paris große Vorwürfe gemacht hat, daß ich diese Stellung nicht trotz der herrschenden Widerstände angenommen habe? Und damals war es längst offenbar geworden, daß ich trotz meines Rücktritts von meinen offiziellen Stellungen in Deutschland bleiben würde. Allerdings meinte er ein Jahr später, als ich neben ihm erfolgreich in Salzburg dirigierte, plötzlich, daß man Beethoven nicht in einem geknechteten und in einem freien Lande zugleich dirigieren könne, während ich der Meinung war, daß Beethoven immer und überall, wo er erklingt, seine Hörer »frei« mache. Was aber ist der Grund, daß er mir heute, im freien demokratischen Amerika zu dirigieren verweigert? Vier Jahre nach dem Kriege? Ich stehe vor einem Rätsel! Da ist weiter Arthur Rubinstein, den ich nicht kenne, der aber auch mich ersichtlich nicht kennt, denn es sollte ihm bekannt sein, daß gerade ich der in Deutschland verbliebene Künstler war, der sich für Juden bis zuletzt nachdrücklich eingesetzt hat. Ich sehe weiter Herrn Brailowsky und Herrn Isaac Stern. Haben nicht beide im vergangenen Jahr bei den Festspielen in Luzern mitzuwirken nicht verschmäht, obwohl sie wissen mußten, daß ich hier als Dirigent maßgeblich beteiligt bin? Ich sehe weiter meinen alten Freund Gregor Piatigorsky, den langjährigen Solocellisten der Berliner Philharmoniker. Die Anfänge seines Aufstiegs geschahen unter meinen Augen, und noch kurz vor dem Kriege, als es längst klar war, daß ich in Deutschland bleibe, verkehrten wir in Paris auf das freundschaftlichste.

Haben sie in Europa ein anderes Gewissen als in Amerika, das ihnen erlaubt, in Luzern zu tun, was sie in Chicago ablehnen müssen?

Was ist der Grund für alles dies? Das Ganze ist organisiert. Es handelt sich um einen zielbewußt eingeleiteten Boykott. Die einzelnen erhielten, wie mir mitgeteilt wurde, anonyme telefonische Anrufe mit der Drohung, man würde sie in Amerika »unmöglich« zu machen wissen, wenn sie sich von dem Boykott gegen Furtwängler ausschlössen. Und hier auch die Erklärung dafür, daß die Absagen aller der Kapellmeister und Solisten, die das Orchester in Chicago eingeladen hatte, alle an e i n e m Tage erfolgten. Das Orchester wurde einfach in eine Zwangslage versetzt.

Wenn man bedenkt, daß dieser Boykott ausschließlich auf Anklagen beruht, die in einem eineinhalbjährigen Verfahren gegen mich, das wahrhaftig nicht von meinen Freunden inszeniert und durchgeführt wurde, des langen und breiten widerlegt wurden, so fragt man sich unwillkürlich: Was sind denn die w i r k l i c h e n Gründe für dieses Vorgehen, für diese Splitterrichterei, diese Ehrabschneiderei gegenüber einem in der ganzen übrigen Welt angesehenen Künstler? Sollte es damit zusammenhängen, daß ich Deutscher bin? Ist nicht die Aufgabe von Kunst und Künstler, die Völker zu verbinden und dem Frieden zu dienen, nicht vier Jahre nach Beendigung des Krieges nochmals den Haß zu verewigen versuchen?

Ich erspare mir die Antwort.

*

Herr Strobel verübelt es mir, daß ich andere Maßstäbe heranziehe als rein-musikalische. Gerade dafür sollte er mir dankbar sein. Daß die Musiker sich ernst nehmen, ist verständlich. Daß es auch andere tun, darauf kommt es an.

Seit ihrer Entstehung nach dem ersten Weltkrieg wollte die neue Musik leider immer zu sehr eine Musik der Zukunft sein, die als »historische Entwicklung« zu verstehen sei. Aber der Historismus, zumal in Deutschland, ist im Begriff, sich selber ad absurdum zu führen. Nicht eine Musik der Zukunft, eine solche der Gegenwart – – –. Und dies ist die neue Musik nur zum kleinen Teil. Darüber, wieweit sie das wird, entscheidet nicht der Musiker in uns, sondern der »Mensch«. Der Mensch ist wichtiger als Tonalität, Atonalität, 12-Ton-Technik und alle technischen Probleme zusammen.

1950

[16]ZAUBERFLÖTE

Wir haben heute mehr denn je das Bedürfnis, auch dem Kunstwerk gegenüber, zu definieren, einzuordnen. Wir versuchen, die Typen, die den verschiedenen Werken zugrunde liegen, zu erkennen, sie in einen Zusammenhang zu bringen. Wir zerbrechen uns den Kopf, ob etwa die *Zauberflöte* mehr Märchen oder mehr Bühnenweihfestspiel, mehr Singspiel oder mehr große Oper, mehr Volksstück oder mehr *opera seria*, mehr frei phantastisch oder mehr freimaurerisch gebunden sei, und eine »Auffassung« müssen wir doch haben. – Für welche Auffassung wir uns entschließen, danach werden wir auch die Darstellung einrichten, die Darstellung als Regisseur wie als Musiker, als Sänger wie als Schauspieler.

Es sei nun gleich gesagt: Vor einem Werk wie der *Zauberflöte* versagt jede Nomenklatur, jede Typen-Einteilung. Sie ist nicht dies oder jenes, nicht heiter und nicht ernst, nicht phantastisch oder streng, nicht Tragödie oder Komödie, sie ist – wenn man so will – alles zugleich, alles in einem. Unser Drang zu klassifizieren, würde hier vielleicht einen neuen »Typus« zu erkennen versuchen, wenn sie nicht als Typus und Kunstwerk in der Geschichte der Oper allein, durchaus *sui generis* geblieben wäre. Die *Zauberflöte* ist das Leben selbst; hier versagt jede Klassifizierung. Es ist eine arge Verkennung, wenn man in ihr – in bezug auf die Sarastro-Szene – ein Bühnenweihfestspiel à la *Parsifal* sehen will. Es ist aber ebenso abseitig, die komischen Szenen – in Beziehung

auf Papageno – als Wiener Lokal-Posse anzusprechen.
Der Ernst Sarastros ist lockerer, menschlicher, edler, aber
darum gewiß nicht weniger tief als der des Parsifal, und
die Weisen Papagenos sind so wenig nur »wienerisch« im
Sinne der späteren Wiener Operette, wie Mozart überhaupt kein Wiener, ja nicht einmal eine österreichische,
sondern – das stellt sich immer mehr heraus – eine Welt-
Erscheinung, eben Mozart durchaus *sui generis* ist.

Wenn man auf den Grund der *Zauberflöte* kommen
will, muß man schon tiefer loten als bis zu den Typen, die
wir vorher nannten, wenn auch in ihrer äußeren Erscheinung von allen etwas in ihr ist. Sie verwendet die Mittel
von allen; aber diese Mittel sind nur Vordergrund, nur
Mittel. Es ist alles zugleich symbolisch, aber symbolisch
wie das Leben selbst, wirklich und unwirklich, phantastisch und real zugleich. So kam es, daß sich in der
Zauberflöte derart heterogene Elemente zusammen-
fanden, derart wesensverschiedene Einzelteile dennoch
(durch das einzigartige Genie Mozarts) zu einem einheitlichen Ganzen, einem lebendigen Werk zusammenge-
schweißt wurden, wie sonst niemals in der gesamten
Weltliteratur. Denn – und das ist das Merkwürdigste – sie
ist nicht ein Konglomerat verschiedener Einzelteile,
sondern vom Standpunkt des Künstlers aus, wie nur je
ein Werk einheitlich in seinem Stile bis ins letzte, das
reifste, durchgebildetste, ausgeglichenste Werk Mozarts.

Was liegt ihr zugrunde, wo finden wir die Grundlagen
zu ihrem Verständnis, die Ausgangspunkte zu ihrer
Darstellung?

Soviel ist sicher: Sie sind inkommensurabel. Die
Zauberflöte ist weniger als irgendein anderes Werk der
Opernliteratur das, was sie auf den ersten Blick zu sein
scheint. Ihre ganze farbige Außenseite ist mehr als bei

jedem anderen Werk. All das ist sie, und all dies ist sie doch wiederum nicht. Alle diese heterogenen Elemente, die Weisheit und Menschlichkeit Sarastros wie die Torheit Papagenos, die aufblühende Liebe Taminos wie der Schmerz der Pamina, die Chöre der Priester wie die Terzette der Damen und Knaben, der Ausdruck des Esoterisch-Sakralsten wie die schrankenlose und doch »klassische« Volkstümlichkeit – alles hat seine Bindung, seine Einheit, seinen Stil in der Menschlichkeit seines Schöpfers. Es ist Blut vom Blute Mozarts, das in allem kreist. Ein durchaus schlichter und durchaus wirklicher und doch unendlich reiner Sinn, eine, wie die moderne Wissenschaft sich ausdrückt, außerordentliche »Sublimierung«, ohne das geringste Anzeichen der Übertreibung, des Dekadenten, wunderbar rein, ohne das geringste Anzeichen von Isolierung und Weltflucht – nur so konnte das Werk so werden, wie es ist –, bis in die letzte Faser Oper, Außenfläche, und doch wiederum bis in die letzte Faser ein Weihefestspiel, eine Messe des Lebens, eine Heiligung des Lebens, eine Verlebendigung alles Hohen und Edlen. Die schlichte süße Menschlichkeit Mozarts, dieses »Christus der Musik«, wie ihn einmal ein großer Musiker genannt hat, spricht in keinem seiner Werke vollständiger, umfassender und selbstverständlicher als in diesem Wunderwerk.

*

In einer Zeit wie heute, in der die künstlerische Weiterentwicklung so vielfach in Frage gestellt ist, ist das Denkmal großen ungebrochenen Menschentums, das Sibelius mit seiner Musik errichtet hat, von um so größerem Wert. Die Welt gedenkt mit Bewunderung dieses Man-

nes, der für sein Land mehr getan hat, als es einem
Musiker sonst gemeiniglich vergönnt ist.

*

Man möge nicht vergessen, daß es eine Reihe wunder-
barer Meisterwerke aus der Vergangenheit gibt und daß
es eine Reihe von Experimenten aus der Gegenwart gibt.
Möglich, daß die Vergangenheit, d. h. das geschlossene
harmonische Weltbild den Menschen entspricht und
die moderne Kunst der Welt, wie sie der Mensch des
Atomzeitalters zu begreifen vermeint. Aber abgesehen
davon, daß auch dies nicht richtig ist – ist der Mensch
nichts? Ist es uns Menschen erlaubt, ja auch nur möglich,
vom »Menschen« zu abstrahieren, uns selbst außer acht
zu lassen, zu verlieren? – – –

*

[17]HINDEMITH

Ich erhielt Ihren Vortrag über Bach zugeschickt. Wie
anders ist das, was Sie sagen, gegenüber dem Geschwätz,
das uns das Bach-Jahr vielfach bescherte.

*

Ernst Jünger erklärt einmal, daß der Wert der Literatur
der letzten Zeit im Grunde davon abhinge, wie sie sich
gegenüber den Hauptthesen unseres heutigen Lebens
zum Nihilismus verhalte. Unter Nihilismus versteht er
jene Gesinnung, die es unternimmt, die Welt auf Basis
der Vernunft neu zu regeln, die es sich angelegen sein
läßt, ihr das Wunder, das Staunen, das Unberechenbare
zu nehmen, sie rechenhaft geordnet, d. h. maschinell
organisiert, übersehbar, reduziert zu machen. Wenn
Jünger sagt, daß dieser Geist seit Generationen keine

angelegentlichere Sorge habe als die Namensnennung, Durchdringung, Überwindung des »Nihilismus«, so hat er zweifellos recht. Und ich weiß heute, daß alle die Sorgen, die mich seit Beginn meiner Musikerlaufbahn bedrängten, diesem Gedanken galten.

Im Musikleben ist der Nihilismus mit Händen zu greifen. Wie überall ist es gut, sich darüber klar zu werden. Musikleben heißt vor allem, daß die Musik imstande ist, Leben, d. i. gemeinsames Leben, Leben als Gemeinsamkeit zu schaffen. Das Kunstwerk überhaupt, in der Musik besonders sichtbar, ist ebensosehr Gemeinsamkeitsprodukt wie gemeinsamkeitsschaffend, d. h., es ist von der Gemeinsamkeit abhängig, es setzt sie voraus. Es setzt voraus jene Werte, die deshalb Gemeinsamkeit schaffen können, weil sie von Werten ausgehen, die über dem einzelnen, über dem bloßen Rechnen stehen. Wir erkennen den Nihilismus daran, daß er hier, also im Zentrum seines Wesens, die Musik angreift.

1951

TIBURTIUS

Da ich annehme, daß es Ihnen, Herr Senator, bei Regelung der das Philharmonische Orchester betreffenden Fragen nicht nur um Überwindung der Schwierigkeiten des Augenblicks, sondern zugleich auch um eine höhere, von weiteren Gesichtspunkten ausgehende Planung zu tun ist, möchte ich Ihnen hiermit noch einmal meinen Standpunkt darlegen.

Als ich Anfang der zwanziger Jahre als Nachfolger A. Nikischs die Philharmonischen Konzerte übernahm, war es mir darum zu tun, die großen deutschen Sinfoniker Beethoven, Brahms und Bruckner in die Stellung wieder einzusetzen, die ihnen innerhalb des deutschen Musiklebens gebührt und diesem damit einen Halt, eine Richtung und einen Charakter zu geben, die ihm damals verlorenzugehen drohten. Daneben natürlich stand die angemessene Pflege der Musik der Lebenden. Unbeschadet der gerade hier sich bekämpfenden Richtungen sind – vom Konservativen bis zum extremen Radikalen – nach Maßgabe ihrer historischen und künstlerischen Bedeutung innerhalb meiner Konzerte wohl alle bemerkenswerten Werke dieser Art zu Gehör gelangt. Ich konnte das, weil die betreffenden Faktoren – zuerst der Konzertdirektor Wolff, dann die verschiedenen Intendanten des Orchesters, deren letzter Herr von Westerman war – reibungslos und verständnisvoll mit mir zusammenarbeiteten.

Die Zeiten sind seitdem nicht besser geworden. Die allgemeine Verwirrung – nicht so sehr des Publikums, das immer dasselbe bleibt, als vielmehr der am Musikbetrieb beteiligten Kräfte – ist nach dem zweiten Weltkrieg noch größer geworden als nach dem ersten. Das Gebaren von Agenten und Virtuosen ist noch gewachsen, und Männer mit Gesichtspunkten, die über das bloß Gesellschaftlich-Virtuose des Vordergrunds heutigen Musiklebens hinausgehen, sind nie so nötig gewesen wie jetzt. Um hier das meinige beizusteuern, bin ich in Verhandlungen mit Berlin eingetreten.

Ich muß darauf aufmerksam machen, daß, wenn man einen Intendanten wählt, der meinen Anforderungen nicht entspricht, eine fernere vertragliche Bindung zwischen mir und dem Orchester mir nicht gut möglich erscheint. Es erscheint mir daher besser, daß wir uns über die Person des Intendanten v o r h e r verständigen, vorausgesetzt, Sie legen noch Wert auf meine Tätigkeit im übernächsten Jahr. Sollte dies freilich nicht der Fall sein – ich konnte dies Ihrer Antwort nicht entnehmen –, so bitte ich um eine diesbezügliche klare Äußerung.

*

Wenn man über Musik spricht, läuft man Gefahr, nebeneinander herzureden. Es fehlen die gemeinsamen Voraussetzungen; ohne solche kann es keine fruchtbaren Auseinandersetzungen geben. Was ich etwa sage, kann nicht verstanden werden; was nicht verstanden werden kann, bleibt ebensogut ungesagt. Aus diesem Grunde habe ich bisher nur sehr wenig von dem, was ich aus meinen Erfahrungen heraus zu sagen hätte, gesagt. Ich mache immer wieder von neuem die Erfahrung, nicht nur halb, nicht nur falsch, sondern überhaupt nicht verstanden zu werden. Ich will deshalb diesmal einen anderen Weg der Verständigung versuchen. Ich werde meinen Ausführungen ein bestimmtes Werk zugrunde legen – möglichst eines, das alle kennen. Das Werk betrachte ich nicht als Zweck, sondern als Ausgangspunkt für alle meine Überlegungen. Es stellt jene bisher so fehlende gemeinsame Voraussetzung dar, die jedem lebendigen Austausch vorausgehen, zugrunde liegen muß.

Es muß allerdings ein Werk sein, das nicht nur bedeutend, von markantem Gewicht, das nicht nur möglichst allgemein bekannt ist, es muß auch ein Werk sein von solcher Klarheit und Eindeutigkeit der Erscheinung, daß die Dinge, auf die es mir hier ankommt, daran demonstriert und klar abgelesen werden können. Ich wähle hierzu zunächst den 1. Satz der fünften Sinfonie von Beethoven.

Warum zweite Fermate länger? (Weingartners Theorie, Tiefstand aller Theorie überhaupt.) Das theoretische Denken speziell in der Musik sehr wenig ausgebildet. Es fehlt hier an der Kontrolle durch die Natur, die Kontrolle durch das »Experiment«. Die Fortschritte der Wissenschaft sind durch die beständige Wechselwirkung schöpferischer Theorie und kontrollierenden Experiments hervorgerufen. Was in der Musik nun das Experiment darstellt, davon versuche ich, Ihnen hier einen Begriff zu geben.

Es handelt sich hier (⌒ – Frage) um ein Versagen des architektonischen Musikdenkens (oder Fühlens!). Der Fehler, den Weingartner machte, war der Fehler eines höhergearteten Musikers, eines Musikers mit klassischer Erziehung und Erfahrung. Der Fehler eines Musikers, dem musikarchitektonisches Denken jedenfalls nicht fremd war. Und trotzdem diese faustdicken Irrtümer.

Wie wenig ein solches Denken selbst gerade bei denen
durchgreifend bekannt ist, die sich darauf zugute tun,
zeigen auch andere Beispiele, die zu instruktiv sind, um
sie nicht hier zu erwähnen. (*Pastorale,* Heuss, usw.).
Anfang Adagio der vierten Sinfonie von Beethoven.
Hier sehen wir zugleich, wie wesentlich in solchen Fällen
die richtige Erkenntnis für den Darstellenden ist. Die
Logik des Gefühls ist genauso zwingend-unausweichlich,
wie die Logik des Gedankens. Es liegt in der Natur der
Sache, daß sich die letztere gegenüber allen Faseleien
immer wieder durchsetzt. Auf dem Gebiet des Fühlens
ist das deshalb weniger der Fall, weil man immer noch der
Meinung einer veralteten romantischen Epoche ist, als
ob Fühlen »Geschmackssache« sei. Immerhin ist die
Primitivität des musikalisch-architektonischen Denkens
bei Leuten wie Halm doch erstaunlich. Dieser Mann, der
sich als bedeutender Musikschriftsteller betätigt mit
wirklichen Ansätzen zu einer eigenen Auffassung der
Dinge, ist doch selbst einfachen Fällen so wenig gewachsen.

Gehen wir nun weiter in unserer Darstellung der fünften Sinfonie. Ersten Teil überblicken, drei völlig verschiedene Inhalte. Der fruchtbare Kontrast; das bietet
die Möglichkeit für das Thema, das sich entwickelt.

Alles härteste Tatsachen, nichts Stimmung. Ist das der
Klassiker? Jedenfalls kein Romantiker. Es hat mit diesen
historischen Begriffen überhaupt nichts zu tun. Es ist der
Plastiker, oder besser gesagt, der Dramatiker, der hier
spricht. Es ist alles Entwicklung, alles während der
Aktion dargestellt. Was soll man nun sagen zu den-
jenigen, die diese fruchtbare Aktion in ein gemütliches
Referieren verwandeln, die sich hinter notengetreuer
Darstellung verschanzen (ihre eigene Ahnungslosigkeit),

– denn – und das ist eine Grund-Wahrheit aller Darstellung, die wir vor allem den Komponisten, die mit den Darstellenden im Kampfe liegen, zurufen müssen: Es kommt in einer Darstellung nichts ganz heraus, was nicht vorher »drin« war, d. h. im Kopf des Darstellenden. Die Auflösung der gegensätzlichen Charaktere der Phrasen in hübsche Allgemeinverbindlichkeit, die niemand weh tut, aber auch niemand mehr etwas sagt – die Entwicklung der Kunst der Darstellung – vom Kritiker aus gesehen – von der verantwortlichen und charaktervollen Darstellung zur »Tadellosigkeit« von heute, die dann noch mit Pose verbrämt als »moderne« Entwicklung gewertet wird.

*

Wagner selbst betonte stets, daß in ihm der Dichter das Primäre sei, der Musiker gleichsam die Weisungen des Dichters empfange, Intentionen des Dichters ausführe. Wie dem auch sei, innerhalb des Wagnerschen Gesamtwerkes steht der Musiker gewiß nicht an zweiter Stelle. Durch den Musiker erst erhält es die lebendige Oberfläche, die strömende, blutvolle Gegenwart. Und wenn Wagner selbst auch sich treu bleibend, stets bei Aufführungen auf die Bedeutung hinwies, die dem deutlich und klar zu verstehenden Worte zukäme – eben der Sprache des Dichters – (eindringlich tritt dies hervor bei Schaffung des Bayreuther Festspielhauses mit seinem verdeckten Orchester) –, so müssen wir heute doch sagen, daß eine klare und sinnentsprechende Darstellung der Musik für die Endwirkung nicht weniger wichtig ist, daß so viele unzulängliche Aufführungen Wagnerscher Werke dadurch entstehen, daß das Musikalische und das Dichterische nicht richtig aufeinander abgestimmt, nicht inhaltlich aufeinander eingestellt erscheinen.

Gewiß kann eine Aufführung der *Götterdämmerung* der Bühne nicht entraten; und es kann niemals unsere Absicht sein, eine konzertmäßige Aufführung der Musik anstelle einer szenisch-theatralischen Gesamtaufführung des Werkes zu setzen. Eine wirkliche Aufführung etwa der *Götterdämmerung* kann nur auf dem Theater erfolgen. Dennoch hat eine Aufführung, bei der die Musik zu ihrem Recht kommt und z. B. nicht durch das falsche Theater übertriebener »Gesten« der Sänger-Darsteller banalisiert und gestört wird, heute – und gerade heute, wo viele den Zugang zu Wagner wieder neu finden müssen – ihre Bedeutung. Und wer das Werk nur aus Gesamtaufführungen kennt, wird mit Erstaunen feststellen, welch gewaltige Kraft von dieser Musik gerade auch dann ausgeht, wenn sie auf sich selbst gestellt erscheint, gleichsam alleiniger Träger des Gesamtgeschehens ist.

*

Das Schlimme ist, daß durch die heutigen Methoden die Auslese erschwert, wenn nicht unmöglich gemacht wird. Gerade darauf aber, daß diese Auslese sich auf natürliche Weise vollziehen kann, kommt für eine gedeihliche Weiter-Entwicklung unserer Musik alles an. Wir lassen uns vorreden, was wir für gut und schlecht zu halten haben, fragen bald diesen, bald jenen, ob wir dies oder jenes schön oder nicht schön finden sollen (oder besser für »überlebt« oder »nicht überlebt«). Mit aller Gründlichkeit der Deutschen verlassen wir uns gerade in dem einzigen Punkte auf etwas Von-Außen-Kommendes (seien es historische, wissenschaftliche, gesellschaftliche Tatsachen oder auch nur die Meinung anderer), in dem es auf unsere Meinung und Entscheidung ankommt. Die

Entscheidung, was wir – auch in der Kunst – für gut und
für schlecht zu halten haben, kann uns auf die Dauer
niemand abnehmen und kann und darf uns auch
niemand abnehmen.

*

In unseren Zeiten erhöhter Kommunikation sind Reisen
ganzer Orchester häufig geworden. Damit tritt auch hier,
auch auf dem Gebiet der Orchestermusik, der Apparat,
der Darstellende – hier in Gestalt ganzer Orchester – in
den Vordergrund. Einem unproduktiven, formelhaft-
spielerischen Abwechslungsbedürfnis des Molochs
Publikum wird damit entsprochen. Nicht welche Musik
gemacht wird, sondern wer die Musik macht, wird die
Hauptsache. Ob solche Reisen als Bereicherung des
Musiklebens zu begrüßen oder als Veräußerlichung,
Zersplitterung zu bedauern sind, ist eine Frage für sich.
Jedenfalls liegen sie im Zuge der Zeit, wir müssen mit
ihnen rechnen.

*

Nicht nur Kulturphilosophen, nicht nur Biologen haben
es seit längerem gelernt, den Gesundheitszustand einer
Kultur, eines einzelnen von der »Moral«, die er verkündet, von dem, was er für gut und schlecht, für wünschenswert und für verächtlich hält, abzulesen – diese
Moral also für eine der Hauptquellen anzusehen dafür,
wes Geistes Kind er eigentlich ist. Wenden wir diese
Methode auf die Welt der Kunst, der Künstler an, so
haben wir damit eine reichlich ergiebige Quelle gewonnen; denn auf wenigen Gebieten spielt die Moral –
jedenfalls die zur Schau getragene – eine solche Rolle wie
gerade auf dem Gebiet der Kunst. Unser ganzes Musik-

leben trieft von Moral; und wenn alles wahr wäre, was mit moralischem Augenaufschlag alle Tage geschrieben und gelesen wird, so gäbe es längst kein Musik-»Leben« mehr, sondern nur noch Forderungen, Programme, Postulate, Richtungen, d. h. Theorien.

Jeder Musiker, der es wagt, in die »Niederungen« des wirklichen Musiklebens herabzusteigen, d. h. statt Theorie, Besserwissen und Geschwätz schlecht und recht »Musik« zu machen, setzt sich dem Trommelfeuer der Moral-Prediger aus.

Da sind z. B. die Dirigenten; sie machen etwa eine Reise an der Spitze eines Orchesters, wie es in letzter Zeit wieder sehr in Aufnahme gekommen ist. Es müßte jedermann klar sein, daß eine solche Reise finanziert werden muß. Daß eine solche Finanzierung ohne ein zugkräftiges Programm nicht möglich ist. Wenn aber auf dem Programm eine jener monumentalen bekannten Sinfonien von Beethoven usw., die nach Anschauung der Fachleute – hier vor allem der Agenten – ein Programm zugkräftig machen, erscheint, fühlt sich die Presse regelmäßig bemüßigt, darauf hinzuweisen, wie moralischminderwertig solch ein Programm wohl sei, wie es offenbar ausschließlich von der Sorge um den eigenen Erfolg des Dirigenten diktiert sei, und wie man den armen Kritiker und mit ihm den intelligenten Teil des Publikums zum soundsovielten Male zwinge, die altbekannte Sinfonie, über die längst die Akten geschlossen sind, zu hören.

Es wäre nun falsch anzunehmen, daß dies der Standpunkt einzelner »Kritiker« wäre. Wohl mögen einzelne ihm besonders prononciert Ausdruck verleihen, aber doch nur deshalb, weil er tatsächlich der Stellungnahme der Zeit überhaupt entspricht. Es ist dies ein Stück »Moral« der heutigen »Öffentlichkeit«. Nichts aber ist verräterischer, nichts läßt tiefer blicken in den eigentlichen Zustand unseres Musiklebens als die willkürlich unwillkürlichen Äußerungen dieser »Moral der Öffentlichkeit«.

Um bei unserem Beispiel zu bleiben: Was bedeutet die Tatsache, daß die Wahl einer Beethoven-Sinfonie eo ipso als eine moralisch-anfechtbare, nur auf den Erfolg der eigenen Person gerichtete Konzession an das Publikum gewertet wird?

Es bedeutet dies:

1) Über Beethoven sind die Akten geschlossen. Er bietet dem gegenwärtigen Menschen keine Probleme, wir wissen längst, wie er aufzuführen ist. Er ist 150 Jahre alt, hat mit unserem modernen Leben und Lebensgefühl nichts zu tun, ist nur noch historisch zu werten.

2) Beethovens Sinfonien bedeuten für den heutigen Menschen ein bequemes, daher unmoralisches Genußmittel.

3) Nicht um des künstlerischen Genusses, sondern um unserer eigenen Weiterbildung, Weiter-Entwicklung willen gehen wir ins Konzert.

Beethoven ist hier nur ein Beispiel für viele.

*

Es muß einmal gesagt werden: Das Wichtigste für das praktische Musikleben ist, soweit es die Zukunft betrifft, daß der große Auslese-Prozeß reibungslos vor sich geht, d. h. der Prozeß, der ebenso das Echte und Produktive hereinbringt und ihm seinen Platz anweist wie das Falsche, Angemaßte und Verlogene entlarvt und abschüttelt. Dieser Prozeß findet vor und an dem statt, was man – man muß es immer wieder sagen – das Publikum nennt. Ohne die Stellungnahme dieses – in weitestem Sinne – Publikums geht es nicht. Es ist nicht der Kenner – wo sind schon heute die Kenner –, es ist nicht der Fachmann, es ist nicht die Gesellschaft, es ist am allerwenigsten das jedem äußerlichen »Eindruck«, jeder echten oder falschen Suggestion gleichermaßen ausgesetzte Publikum, das scheinbar – aber nur scheinbar – heute den Ausschlag gibt. Es sind aber auch nicht die Verächter dieses Publikums, die dadurch, daß sie die Hohlheit dieses Publikums-Eindrucks erkennen, glauben, ohne Kontakt mit einer übergeordneten Gemeinschaft kraft ihrer subjektiven Kennerschaft urteilen zu dürfen. Es ist – das muß immer wieder gesagt werden – diese übergeordnete Gemeinschaft selbst, um die schlechterdings nicht herumzukommen ist. Man mag sie ebenfalls Publikum nennen – wir haben kein anderes Wort –, ohne sie ohne weiteres mit dem üblichen urteilslosen äußerlichen »Publikum«, das einen großen Teil unserer Theater und Konzerte füllt, zu identifizieren. Es ist ein weiteres, ein größeres Publikum, das dann freilich wirklich das entscheidende Wort spricht. Es ist der Mensch in uns, der den Ausschlag gibt, nicht der Kenner.

Der Auslese-Prozeß, von dem anfangs gesprochen wurde, ist nichts anderes, als daß der Künstler an d i e s e s »Publikum« unmittelbar herangebracht werde. Wir sehen aber, daß gerade dies immer wieder und wieder mit allen Mitteln verhindert wird. Teils von denen, die Geschäfte machen mit den schlechten Instinkten des Molochs Publikum. Und teilweise von denen, die dies Publikum nach ihrem Kopf und ihren Theorien glauben vergewaltigen zu können. Die einen gehen zu sehr mit dem Publikum, die andern glauben, ganz ohne es auskommen zu können. Der übergeordnete Gemeinschaftsbegriff des Publikums ist das k ü n s t l e r i s c h e G e w i s s e n des heutigen Menschen. Ihm zu folgen bedeutet – es muß immer wieder gesagt werden – vor allem, dem eigenen Urteil zu folgen, dem Menschen in uns selber Raum zu geben. Wenn der Auslese-Prozeß heute nicht mehr funktioniert, so, weil wir nicht mehr den Mut zum eigenen Urteil haben. Wir finden gut, was man uns vorredet, daß wir gut finden müssen, um fortschrittlich auf der Höhe der Zeit zu bleiben. Wir leben nicht in der Gegenwart, sondern in einer eingebildeten Zukunft.

*

Ich bin seit 35 Jahren als Kapellmeister, nicht als Komponist bekannt. In solchen Fällen pflegt die »Welt« im vorhinein Kompositionen nicht »ernst« zu nehmen, sie als »Kapellmeister-Musik« – meistens mit Recht – abzulehnen. In meinem Fall möchte ich anführen, daß ich als Komponist begann, längst bevor ich dirigierte, und daß ich mich zeitlebens vielleicht als einen dirigierenden Komponisten, niemals aber als komponierenden Kapellmeister betrachtet habe. Beide Tätigkeiten sind völlig voneinander verschieden. Wenn wirklich der Komponist Anregungen vom Kapellmeister empfangen kann, so ist es schlimm um sein Werk bestellt. Wohl aber ist das Umgekehrte möglich. Wagner, Strauss, aber auch Bach und Händel waren Kapellmeister; es ist dies sogar der natürliche Zustand für den Musiker. Daß ich allerdings meine Kompositionen der Öffentlichkeit in weiterem Maße vorenthalten habe, hat andere Gründe, die hier zu erörtern zu weit führen würde.

*

Die Entwicklung der modernen Natur-Wissenschaft blendet und fasziniert uns denkende europäische Menschen von heute. Uns ist es nicht genug klar, daß die Früchte des Geistes – die Religion und die schließlich auch irgendwie mit ihr zusammenhängende Kunst – anderen Gesetzen unterliegen als die Entwicklung der Atombombe.

Es muß gesagt werden, daß heute die wahre »Kühnheit« nicht darin besteht, im Sinne einer eingebildeten »Entwicklung« unverständliche Harmonien und Rhythmen zu schreiben, sondern das Gegenteil – sich klar und musikalisch-logisch auszudrücken.

*

Das persönliche Genie, der »Einfall«, was dasselbe ist, soll entthront werden, statt dessen eine Methode, ein Stil, d. h. in irgendeiner Form die »Masse« an dessen Stelle treten. Es ist der tiefste Traum: Eine Methode, die erlaubt, das Komponieren zu lernen. Der Wunschtraum aller Unproduktiven.

*

Die Leute, die glauben, die Geschichte der Musik sei die Geschichte ihrer Mittel, ihrer Harmonik, Rhythmik, Melodik usw. sprechen heute vom »Ende der Musik«. Von ihrem Standpunkt aus mit Recht, denn die Mittel als Mittel sind heute erschöpft. Sie waren es bereits, als der erste Weltkrieg begann. Trotzdem ist es nicht wahr, daß es mit der europäischen Musik zu Ende sei. Sie ist erst dann zu Ende, wenn es mit dem europäischen Menschen zu Ende ist.

*

1951

Ich verlange von der modernen Musik:

1) daß sie für lebendige Menschen aus Fleisch und Blut geschrieben ist, nicht nur für Gehirn-Akrobaten;

2) daß sie deshalb den natürlichen Gesetzen aller organischen Formung, den Gesetzen der Spannung und Entspannung Rechnung trage;

3) daß sie sich an den Menschen von heute, nicht an den von morgen oder übermorgen wende, d. h. an einen wirklichen Menschen, nicht an einen gedachten oder bloß geforderten;

4) daß sie das, was sie zu sagen hat, mit der größtmöglichen Klarheit ausspreche. Wer etwas zu sagen hat, kann es riskieren, sich klar auszusprechen. Die gewerbsmäßige Verschleierungstechnik, ja Camouflage so vieler neuer Musik ist nicht »Tiefe«, sondern Unproduktivität.

*

Die klassische Musik ist die Musik, in der die Form durch den Einfall und der Einfall durch die Form bedingt wird. Wo der Einfall überwiegend ist, also nur ungenügend geformt, ist die Musik romantisch, wo die Form überwiegend ist, also der Einfall in den Hintergrund tritt, ist sie vorklassisch. Vorliebe für alte Niederländer, Barockmusik usw. aus diesem Grunde. Die moderne Musik ist die Musik des Massenmenschen, wo eine Methode den lebendigen Menschen, wo ein System den Einfall ersetzen soll. Der Kampf gegen den Einfall, den man subjektiv, romantisch usw. nennt.

*

Der Kampf Nietzsches gegen Wagner ist zugleich der Kampf des modernen Intellektes gegen den Phantasiemenschen. Der Machtwillen des Intellektes der tiefste Urgrund, wie Nietzsche schließlich selber zugibt. Dazu muß die Phantasie, die Freude des Lebens, verflucht werden – von Wagner in nie genug zu bestaunender Weise in Alberich vorgebildet –. Wagner stellt die Phantasie gleich mit der Göttin der Liebe. Nietzsche, selber ein phantasie- und liebes-empfänglicher Mensch, rebellierte erst gegen *Parsifal.* Für Wagner war es nur natürlich, auch die Religion auf die Bühne zu bringen, denn die Bühne war zugleich die Wirklichkeit. Für Nietzsche war da der Bruch, hat sich da gezeigt, daß Wagner eigentlich ein Komödiant sei. Wenn er auch gegen die Kraft der Wagnerschen Phantasie nicht unempfindlich war, so mußte er doch alle diese ganze Phantasiewelt seinem intellektuellen Machthunger zum Opfer bringen. Der Wille zur Macht, der in dieser intellektualisierten Welt zum autoritären Staat und schließlich zur Atombombe führt. – – –

*

Ich verwende alle Mittel, die ich als natürlich empfinde. Was dies Natürliche ist – die bildenden Künstler reden dann von der Natur – sagt mir allerdings mein eigenes Gefühl besser und deutlicher als die klügsten Verstandesdeduktionen. In diesem, dem wichtigsten Punkt, spricht ein tieferer Instinkt im Künstler, den er in jedem Falle zu achten hat. Es muß mir deshalb gleichgültig sein, ob diese »Natürlichkeit« mit anderen Entwicklungs-Tendenzen, etwa der Neuheit des Materials konform geht. Sie ist das Wichtigere; nur sie gibt die Möglichkeit, den heutigen Menschen anzusprechen. Und nur darauf kommt es an. Die Fachleute, die Musiker – – nun, sie machen ihre Musik unter sich, loben sich auf Gegenseitigkeit, solange es geht. Eines Tages merken sie selber, daß sie ohne den Menschen, will sagen das Publikum, nicht auskommen und daß selbst die »richtigste« Theorie ein schlechter Tausch ist gegenüber dem lebenswarmen, lebendigen Menschen, den sie verloren haben. Ich riskiere sogar die ärgste Beschimpfung, die einem Musiker im heutigen Deutschland entgegengeschleudert werden kann – ich riskiere es, »romantisch« zu sein.

*

[18]Man sieht es heute wieder z. B. am Fall Hindemith. Sobald der einzelne wirklich aufbauend, d. h. begrenzend wirkt, wird er von der zügellos gewordenen Gemeinschaft bekämpft. Nicht der ist »kühn«, der die Exzesse à la mode vorwärtstreibt. Er ist nur der Getriebene. Sondern der, der ihnen in den Arm fällt. Es gibt keine schwerere, keine undankbarere Rolle als die, im Namen der Natur der Gemeinschaft entgegenzutreten, zumal wenn dieselbe organisiert ist und mit völlig amoralischen Methoden kämpft.

*

Wenn eine Gemeinschaft etwas Gültiges leistet, so nur dann, wenn sie nicht will, sondern ist. Zum bewußten Gestalten kommt nur der einzelne, Verantwortliche. Alle Gemeinschaftsgestaltung ist im Wesentlichen unbewußt und hierin liegt ihr Wert. Da heute die Menschen bewußt sind und »wollen«, so sind gerade die Gemeinschaftsleistungen nichts mehr wert. Hier hat die Verantwortlichkeit des einzelnen, die früher z. T. gar nicht nötig war, ihre Mission. Zur bewußten Einschränkung der Freiheit – in der Beschränkung zeigt sich der Meister – ist eine

Gemeinschaft aus sich heraus nicht imstande. Es ist die sittliche Leistung des einzelnen.

*

Vonnöten ist eine Musik, die nicht von seiten der Materie neu, noch nicht dagewesen, d. h. in diesem Sinne »modern« ist, sondern eine, die den modernen Menschen ausdrückt. Daß das zweierlei ist, hat die Geschichte der letzten Musik-Entwicklung oft genug gezeigt.

*

Bei aller großen Kunst ist der Vordergrund, das Blickfeld des »Ganzen« einfach, der Hintergrund dann allerdings unendlich kompliziert, ja irrational. Bei der heutigen Kunst ist umgekehrt der Vordergrund überflüssig kompliziert, der Hintergrund oft unsäglich primitiv. Die heutige Kunst wirkt kompliziert – es ist aber die Komplikation von Rechenkunststücken, und solche sind gegenüber einem Kunstwerk nie kompliziert. Es gibt naive Menschen und Völker – es mag das von der Entwicklungsstufe abhängen –, die die Maschine anbeten. Mir sagt als Künstler die Maschine überhaupt nichts. Die intellektuellen Möglichkeiten der feinsten Maschine sind denen des lebenden Wesens gegenüber – dem wirklichen Kunstwerk – geradezu lächerlich. Nicht zu kompliziert, zu einfach ist diese ganze heutige Kunst.

1952

Die Wiener Philharmoniker sind als Volks-Orchester der Wiener Landschaft zu Weltbedeutung aufgestiegen, längst bevor die hochgezüchteten Orchester der heutigen kapitalistischen Welt entstanden. Als eigentliches Volks-Orchester, ausschließlich bestehend aus Musikern der Wiener Schule, wird es auch für die Zukunft seine Bedeutung behalten.

*

Nebenerscheinungen wie die in jüngster Zeit sich breitmachende Polemik gegen Beethoven und Wagner (bei der Strawinsky Pate steht) sind geeignet, das Musikleben weiter zu reduzieren. Man geht davon aus, daß der Mensch eine Denkmaschine sei. Das ist weder heute der Fall, noch wird es jemals der Fall sein.

*

Der Künstler hat den großen Vorzug – und er allein –, daß er sich unmittelbar aussprechen kann. Er steht der Menschheit – natürlich der Menschheit seiner Zeit und seines Kulturkreises, aber immerhin der Menschheit – unmittelbar gegenüber. Er hat die einzigartige Fähigkeit, das auszusprechen, was diese Menschheit ist und was sie bedrückt. Er hat zugleich eine ungeheure Verantwortung.

Welche Mittel hat er, um diese Aufgabe zu bewältigen? Er braucht vor allem eine Sprache, in der er sprechen, in der er sich verständigen kann.

*

Die Tragödie des Intellektes ist, daß er die Polarität – die Notwendigkeit des Zugleich-Seins von Bindung und Freiheit usw. – von sich selbst aus nicht begreift. Er faßt immer nur eine Seite ins Auge und übertreibt. Dies zeigt die gesamte Musikgeschichte.

*

Ein lebendiges Werk kann nicht durch Gedanken und Theorien vernichtet werden. Es kann aber auch nicht in seinem Lebendigen durch Gedanken und Theorien verteidigt werden. Es ist darauf angewiesen, daß der Funke überspringt, daß lebendige Musik lebendige Hörer findet, jenseits alles Besserwissens unserer so unselig in den festen Begriffen ihres eigenen übermäßigen Intellektes gefangenen Zeit.

Ich möchte aber eines sagen: Soweit ich sehen kann, hat es niemals eine große Kunst gegeben, die nicht natürlich gewesen wäre, d. h. in einem hohen Sinne sich der Kategorie der Natürlichkeit unterstellt hätte. Nicht Originalität an sich, sondern Originalität verbunden mit Natürlichkeit der Aussage ist das Zwingende und All-Verpflichtende des wahren Kunstwerks. Bleibt die Frage, was der einzelne als »natürlich« empfindet, und wie weit dies mit den Menschen und Epochen sich wandelt. Hier nun muß unmißverständlich gesagt werden, daß uns, einem jeden von uns, das Wissen über das natürliche Empfinden eingeboren ist, genauso wie das Wissen um die natürlich-gesunden Funktionen unseres Körpers. Und wenn man heute in der Biologie, in der Lehre vom gesunden Körper, sehr viel weiter ist als in der Lehre vom gesunden Geist, vom gesunden Fühlen, so besagt das nicht, daß nicht auch hier die Erkenntnis einsetzt und im Begriffe ist, sich Bahn zu schaffen.

Über das, was natürlich ist und was nicht, hat in der Musik jeder einzelne einen untrüglichen Maßstab in sich selbst. Er muß nur lernen, ihn wahrzunehmen, er muß die Stimme hören, die in ihm spricht, er muß sich selbst, seinem eigenen Empfinden vertrauen lernen. Befragt er die eigene Stimme in sich, so weiß er auch sofort, was das ist, »natürlich« zu sein. Mit der Kraft zum Kunstwerk bekommt er zugleich den Mut zu sich selbst. Wer sagt: »Wir dürfen, wir müssen, wir dürfen nicht - - -« usw., wird nie zur tieferen Natur in sich selbst, zur »Natur« überhaupt, d. h. zu dem gelangen, was auch in der Musik wie in jeder Kunst das »Natürliche« bedeutet. Das kann nur der, der unbekümmert um alle Theorien sagt: Ich fühle so, für mich ist dies und nichts anderes das Verpflichtende, Überzeugende. Nur der Mensch, der aus sich heraus fühlt, der, unberührt von »Beeinflussungen«, das zu fühlen wagt, was er wirklich fühlt, weiß, was – auch in der Kunst – die Natur, das Natürliche bedeutet. Für ihn haben die Künstler gedichtet, gemeißelt, musiziert.

1953

Das Musikleben – als Ausdruck unserer Beziehung zur Musik überhaupt – verändert sich, entwickelt sich unaufhaltsam. Das bemerken die, die mitten darin stehen und nur das Heute kennen, wenig. Anders, wenn man durch mehrere Jahrzehnte – wie ich – es bewußt miterlebt hat. Die Veränderungen hängen alle miteinander zusammen, es ist ein großer Entwicklungsprozeß – und doch tritt er auf die verschiedenste Art in Erscheinung.

Auffallend ist, wie sehr sich die Tages-Kritik in ihrem Charakter geändert hat. Gewiß hängt auch hier vieles – wie überall – von der einzelnen Persönlichkeit ab. Um so erstaunlicher, daß auch der in sich Ruhende und Selbständige nicht unbeeinflußt bleibt.

Es war früher ungeschriebenes Gesetz, daß es die Aufgabe der Kritik sei, die eigentliche Bedeutung des Kunstereignisses, sei es produktiver oder reproduktiver Art, zu registrieren, diese Bedeutung zu erfassen, auszusprechen. Es ist eine Art › Resümee ‹, ein Gesamteindruck, der gesucht wurde.

Es ist nur zu hoffen, daß der denkende Mensch von heute sich durch sein eigenes Denken so weit entwickelt, daß er auch dem Fühlenden, dem Instinktiven in sich Raum läßt. Erst das ist die wahre Klugheit der Zukunft, im Künstlerischen wie im Politischen, im Persönlichsten wie im Allgemeinsten. Dann wird man begreifen, was es bedeutet, heute, im Besitze aller Mittel der musikalischen Entwicklung des 20. Jahrhunderts, »natürlich« schreiben zu wollen.

Was ich erreichen will, ist die »Seele« des modernen Menschen. Zur Seele kann man nur mit der Sprache der Natur, mit einer »natürlichen«, keiner gekünstelten Sprache sprechen. Die Kunst, die zur Seele spricht, ist still – sie will nichts weiter als da sein, d. h. sie macht keine Politik, weder im Negativen noch im Positiven. Sie ruht in sich selbst, erinnert nur scheinbar an die Vergangenheit. Denn sie ist nicht an ihr orientiert, weder positiv noch – wie die Mode von heute – bewußt negativ, protestierend, mit dem Willen, die Vergangenheit zu überwinden.

*

Wir leben nun in einer Zeit, die dadurch charakterisiert ist, daß die Wertfrage zurücktritt. Organisationen, Machenschaften, Richtungen, kurz alle Dinge, die dem Wollen entspringen, überfremden das Sein, der Maßstab für die eigentlichen Werte wird verloren (Beethoven, Bellini). Es ist die Inflation der Musik, – wenn es so weitergeht, ist das der Beginn des Endes.

*

Dem Unproduktiven wird die Wirklichkeit durch die Ironie erträglich gemacht. Er könnte ohne sie sein eigenes Ebenbild nicht ertragen. Es ist ebenso ein Ausweichen, eine Fälschung, wie die falsche Romantik.

*

Zeichen der Unproduktivität ist, daß sie die Gottesnatur nicht walten läßt. Wenn ich keine Freude daran haben kann, soll sie auch nicht zur Freude da sein. Daher die

Ironie; daher die Umfälschung selbst der göttlichsten Blume wie Mozart.

*

Bruno Walter und R. Strauss, sehr verschiedene Naturen, sagten mir beide, sie möchten einmal *Cosi fan tutte,* so wie es gemeint ist, recht geben.

*

Das Gleichgewicht zwischen Ratio und Irrationalität, Verstand und Gefühl, Bewußtem und Unbewußtem: Dadurch, daß unser Tagleben bewußter geworden ist, ist das Nachtleben nicht etwa verschwunden, sondern nur schwerer faßbar, aber um so wirksamer geworden. Es ist das Thema der Tiefenpsychologie, die heute eine Wissenschaft für sich ist. Eisberg – – –.

*

Die Situation des »Neues-machen-müssen(s)« ist so stark, daß der banale Puzzle-Charakter der 12 Töne gar nicht bemerkt wird.

1954

Aufsatz: IX. Sinfonie.

*

Es hat immer Sinn, sich selbst gegenüber wahrhaftig zu sein, auch wenn nicht nur Angenehmes dabei herauskommt.

*

Bei der Beobachtung unseres heutigen Musiklebens fällt auf, daß es wenige Dinge gibt, über die wir uns so wenig klar sind wie über unsere Beziehung zu unserer eigenen Musik. In allen geistigen Belangen herrscht heute große Verwirrung. Nirgends aber ist diese Verwirrung größer als in der Musik, die noch vor wenigen Menschenaltern das Zentrum, den Stolz des europäischen Menschen darstellte.

Zutiefst eine Verwirrung des Wertgefühls. Das die Verwirrung, die das Zentrum angreift und deshalb nichts unberührt läßt. Dabei wäre die Sache sehr einfach, wenn ein jeder sich auf das besänne, was er in sich selbst fühlt und findet. Es ist das Merkwürdige, daß gerade dies das Allerschwerste zu sein scheint. Es gibt Leute, die das vom moralischen Standpunkt zu betrachten geneigt sind und sich über den Mangel an Mut beklagen. Und es ist wohl wahr: Einen größeren Mangel an Ehrfurcht, an innerer Wahrhaftigkeit, an Mut zu sich selbst scheint es nie gegeben zu haben. Die Feigheit, das Abrücken von sich selbst, das Schauen auf die Meinung des anderen, der Fachleute usw. war nie größer. Dennoch kann der ganze Prozeß nicht rein von der moralischen Seite gesehen werden. Von hier aus gesehen, wäre es geradezu hoffnungslos. Es ist da aber noch etwas anderes: Es ist das Bewußtsein, Tatsachen gegenüberzustehen, denen gegenüber man machtlos ist; das Gefühl, als ob man sich einer Wirklichkeit des Lebens anpassen müßte, die uns terrorisiert und der wir nicht entfliehen können. Diese Wirklichkeit haben wir selbst geschaffen, es ist die Wirklichkeit als Zeitalter der Technik, jener furchtbare Zwang zum Fortschritt, zur Entwicklung, der uns ergriffen hat und dem sich niemand entziehen kann. Wir bilden uns allen Ernstes ein, daß eine Kunst, die bis ins Tiefste unmenschlich und unnatürlich geworden ist, nur wenn sie gewissen primitiven Vorstellungen von Entwicklung entspricht, etwas von uns aussagen könnte. Wir passen uns, wie noch niemals eine Zeit, in ein selbst-gezimmertes Korsett und glauben wirklich, daß eine Kunst Bedeutung für die Zukunft gewinnen könne, die sie nicht für die eigene Gegenwart hat. Für einen Künstler von heute gibt es nur einen Vorwurf, der absolut tödlich ist, ihn und sein Wirken absolut unmöglich macht – der Vorwurf, reaktionär zu sein, etwas mit dem gesunden Menschenverstand der alten Kunst – alte Kunst ist alle Kunst vor 1900 – zu tun zu haben.

Es ist Zeit, uns darüber klarzuwerden, daß nur eine Entwicklung sinnvoll ist, die sich nicht in Gegensatz zu uns selbst befindet, die zutiefst natürlich und nicht zutiefst unnatürlich ist und die die Seele des ganzen Menschen von heute auszusprechen imstande ist, daß mit einem Wort die Unterordnung unter den Fortschritt nicht wichtiger sei als die Ehrlichkeit zu sich selbst.

Wir sind so zu einer Situation gelangt, in der der Zwang zum Fortschritt in Widerspruch tritt zur Ehrlichkeit gegen uns selbst. Der Zwang zum Fortschritt: Das bedeutet das intellektuelle Niveau der Gegenwart, ein Niveau, das durch kunstfremdes technisches Denken auch auf dem Gebiet der Kunst gewonnen wurde, das aber niemand verleugnen möchte. Niemand will heute der Dumme sein. Sieht er aber, daß dadurch die Wahrhaftigkeit gegen sich selbst verlorengeht?

*

Eine solche Idee, – die unseres, das Zeitalter der Masse, recht eigentlich eingeleitet hat – ist die Idee des Fortschritts. Eine andere ist die Idee des »Neuen«, der neuen Kunst, der neuen Musik, die die Verbindung mit der Vergangenheit verloren hat. Die eine überschätzt, die andere unterschätzt die Bedeutung der »Entwicklung«.

*

Es gibt ein Denken vom Menschen ausgehend in die Zustände, Situationen hinein: das europäische Denken bis heute. Und es gibt ein Denken von den Zuständen, den Situationen aus, bei denen der Mensch lediglich Objekt ist: das Denken, wie es heute mehr und mehr überhandnimmt. Dieses Denken geht von der Masse aus, nicht vom Menschen als solchem. Das eine ist durch das andere regelrecht abgelöst worden. Wir werden alle miteinander durch diese Masse, die wir doch selbst sind, terrorisiert. Wir sind Terroristen auf der einen Seite und »Helden« der Anpassung auf der anderen.

*

Wir müssen uns hüten, ins Theoretisieren abzugleiten. Das geht so schnell. Es ist erschreckend, wie leicht man vor allem in Deutschland gelernt hat, pessimistisch zu denken und zu reden. Ist es nicht, als ob plötzlich alle Götter der großen Weltreligionen tot seien? Der Terror der Verzweiflung. Noch vor kurzem war die Welt reich.

In der Musik von Vorteil, daß wir dem »Musikleben« mehr den Puls fühlen können als dem Kunstleben, weil sich die Musik in Produktion und Reproduktion teilt. Zwar hängt beides geheimnisvoll zusammen, dennoch zeichnet sich die Gesamt-Entwicklung bei beiden gleichermaßen ab.

*

Der gemeinsame Nenner, der unsere Vergangenheit mit uns verbindet, ist unser Menschsein. Und was uns mit unserer Zukunft verbindet – ist es nur wirklich unsere Zukunft –, muß auch unser Menschsein sein. Wir sind Menschen, darin liegt unsere Beschränkung und – unsere Stärke. Es ist an der Zeit, daß wir uns – nach dem pessimistischen in den Abgrund Theoretisieren – dessen bewußt werden.

*

Hier redet und redet man; er schweigt. Dort der ganze Schwall der ach so fortschrittlichen und schönklingenden Theorien. Hier handelndes Schweigen, schweigendes Handeln. Dort Gerede von der Zukunft; hier Handeln im Interesse der Erhaltung der Zukunft. (Nichts spricht mehr für die Bedeutung Schönbergs als Kopf, als daß er von Wagner zu Brahms gefunden hat.) Brahms wußte, was schon Goethe wußte: daß es keine Entwicklung ohne den Menschen, über den Menschen hinweg

gäbe. Damit ist er der Erzfeind aller falschen Illusionen
geworden.

*

Tonalität ist nichts anderes als die architektonische Gliederung der Zeit. Darum ist auf sie nicht zu verzichten.
Erschöpft wäre sie erst, wenn wir die Wirklichkeit von
Zeit und Raum, die Wirklichkeit der Architektur nicht
mehr realisieren und nicht sehen und hören, sondern
denken, wenn die architektonische Kunst überhaupt
erschöpft wäre. Erschöpft ist sie, wenn wir nicht
anschauen und nicht hören. Eine gewachsene Melodie
sagt – auch heute noch – mehr als alle Theorien.

*

Einerseits Wille zum Chaos. Andererseits Tendenz des
»Sich-absonderns«, und zwar nicht auf Grund höherer
kosmischer Verbundenheit, tieferen Gemeinschafts-
Erlebens, sondern größeren Hochmuts.

*

Der Mensch im Gefängnis seines Verstandes. Hier spielt
das Massen-Problem seine Rolle. Nicht der Einfache, der
Wirklich-Kluge. Man kann die Sache schlechterdings
umdrehen: Wer die Ehrfurcht verlernt hat, wer nicht
mehr sich hingeben, nicht mehr bewundern kann, ist im
Gefängnis. Die Herrschaft billiger Ironie, die heute so
verbreitet ist – die Manier des Unproduktiven, sich des
Produktiven zu entledigen –, die Besserwisserei der
Kunstwissenschaften usw. –, alles dies gehört zum Gefängnis des eigenen Intellekts. Zuweilen macht es den
Eindruck, als ob die Wissenschaft dazu da wäre, alles

Produktive der eigenen Zeit niederzuhalten, zu vernich-
ten. Hier ist bereits das entscheidende Manko an Freiheit,
Lebensfreude. Diese wird ersetzt durch das Bewußtsein,
daß man am Kulturaufbau mitarbeitet. Eine tiefere
Erkenntnis aber sagt uns, daß die Entsagung von der
Lebensfreude, die Entsagung von uns selbst, unser
Todesurteil bedeutet. Nur ein Kunstwerk, das um seiner
selbst willen geschrieben ist, hat Aussicht, in der Geschichte etwas zu bedeuten. Ein bewußtes Geschichte-
machen wie bei Schönberg hat tiefere Hintergründe. Der
Vordergrund ist trotz aller daran gewandten Klugheit
nicht haltbar; er muß zusammenbrechen.

*

19Ich wollte mit diesem Werk weder eine mystisch-mathe-
matische Konstruktion, noch eine ironisch-skeptische
Zeitbetrachtung geben, sondern nicht mehr und nicht
weniger als eine Tragödie. Ich bin nicht Romantiker und
nicht Klassiker, aber – – – ich meine das, was ich sage. Mir
scheint das auch heute noch der Sinn des Menschen –
wem es »veraltet« erscheint, der braucht nicht zuzuhören.

*

KOMPONIST UND DIRIGENT

Vom Blickpunkt der Musik aus ist die Handhabung alter
Zeiten, für die es eine Trennung zwischen produktivem
und reproduktivem Musiker nicht gab, durchaus richtig.
Wenn ich dirigiert habe, so habe ich es mein Leben lang
als »Komponist« getan. Ich habe immer nur dirigiert, was
mir Freude machte, womit ich mich identifizieren
konnte; das Allerwelts-Referieren der »Handlungs-Rei-
senden in Musik« war nicht meine Sache.

Auch wenn ich mich bemühte, irgendeinen Tatbestand aufzuzeigen und zu formulieren, tat ich das als Komponist, als produktiver Musiker. Das war in jedem Fall der feste Ausgangspunkt.

*

SINFONIE[20]

1) Das Verhängnis.
2) Im Zwang zum Leben.
3) Jenseits.
4) Der Kampf geht weiter.

Wilhelm Furtwängler
* 25. 1. 1886 in Berlin † 30. 11. 1954 in Ebersteinburg

Stationen seines Lebens

Wilhelm Furtwängler erhielt seine musikalische Ausbildung bei Anton Beer-Waldbrunn, Joseph Rheinberg und Max von Schillings.

1908	Korrepititor bei Felix Mottl in München.
1909	Kapellmeister in Straßburg unter Anton Pfitzner.
1911	Kapellmeister in Lübeck.
1915–1920	Als Nachfolger von Artur Bodanzky Operndirektor in Mannheim.
1919–1924	Dirigent des Wiener Tonkünstler-Orchesters.
1920–1922	Nachfolger von Richard Strauss als Dirigent der Symphoniekonzerte der Berliner Staatsoper, gleichzeitig Leiter der Frankfurter Museumskonzerte.
ab 1921	Konzertdirektor der Gesellschaft der Musikfreunde Wien.
1922–1928	Dirigent der Leipziger Gewandhaus-Konzerte und des Berliner Philharmonischen Orchesters. F. ist Nachfolger von Arthur Nikisch.
1925/1926	Konzerte mit dem New York Philharmonic Orchestra in den USA.
1928	Die Stadt Berlin ernennt F. zum »Städtischen Generalmusikdirektor«.
1931	Übernahme der musikalischen Leitung der Bayreuther Festspiele.

1933	Direktor der Berliner Staatsoper, gleichzeitig wird F. Vizepräsident der Reichsmusikkammer und Preußischer Staatsrat.
1934	Am 4. 12. 1934 tritt F. von allen Ämtern zurück. Er sieht sich in seinen künstlerischen und organisatorischen Rechten behindert.
1935	nimmt F. seine öffentliche Tätigkeit wieder auf. Er ist der Meinung, er könne sich von der Politik dieser Zeit fernhalten.
1945	F. reist im Februar auf Einladung Ernest Ansermets in die Schweiz.
1945–1947	Reisen nach Wien und Berlin mit Bemühungen um die Entnazifizierung. Am 25. 5. 1947 dirigiert F. zum ersten Mal nach dem Krieg wieder in Berlin.
1948–1954	Bis zu seinem Tod war F. Dirigent des Berliner Philharmonischen Orchesters. Zahlreiche Reisen führten ihn seit 1948 wieder in das Ausland. Er dirigierte neben den Berliner Philharmonikern die Wiener Philharmoniker, das London Philharmonia Orchestra, die Orchester der Wiener Staatsoper und der Scala in Mailand.
	Gleichzeitig war F. künstlerischer Leiter der Salzburger Festspiele.

Anmerkungen

1 Notiz im Zusammenhang mit F.s Auftreten in New York im März 1927.

2 Bei den erwähnten Publikationen von E. Newman über Wagner und Beethoven handelt es sich bis 1927 um: A Study of Wagner (New York und London 1899); Wagner (London 1904); The Unconscious Beethoven (London 1927).

3 Die Ausführungen beziehen sich auf Toscaninis Auftreten bei den Berliner Kunstwochen 1930, in deren Rahmen F. Beethovens »Fidelio«, die »Missa solemnis« sowie die Neunte Sinfonie leitete.

4 Adressat des hier entworfenen Briefes nicht ermittelt. Es handelt sich um eine Rede im Rahmen der Mitte April 1932 veranstalteten Festlichkeiten in Berlin. – Ein Bericht mit Auszügen aus F.s Ansprache erschien in: Die Musik, 24. Jahrg., 2. Halbjahresband, S. 688 ff.

5 »Germany speaks«, eine von der nationalsozialistischen Führung geplante Propaganda-Veröffentlichung, an der sich zu beteiligen F. ablehnt.

6 Walter Riezler, Beethoven (Berlin und Zürich 1936). F. begleitete bereits die Entstehung dieses von seinem Privatlehrer und Freund verfaßten Werks mit persönlicher Anteilnahme und Zustimmung, die sich auch in dem der Publikation beigegebenen Vorwort F.s ausdrückt.

7 Notizen im Zusammenhang mit der Aufführung von Wagners »Tristan« durch F. in Covent Garden zu London, Frühjahr 1935.

8 Oswald Spengler, Der Untergang des Abendlandes, 2 Bände (München 1918–22). – Christoph Steding, Das Reich und die Krankheit der europäischen Kultur (Hamburg 1938).

9 Aus: Franz Grillparzer, Sämtliche Werke, Erste Abtlg., Zwölfter Band, Textteil (= Gedichte, Dritter Teil) (Wien 1937), S. 192, 219, 230.

10 Edgar Dacqué, Das verlorene Paradies (München 1938).

11 Richard Wagner, Beethoven (Leipzig 1870).

12 Diese Angabe bezieht sich auf eine kurzfristige Inhaftierung F.s durch die französische Besatzungsmacht. F. war noch im Juli 1939 durch die französische Regierung zum »Commandeur de la Légion d'Honneur« ernannt worden.

13 In der Stuttgarter Hölderlin-Ausgabe (Stuttgart 1943 ff.) nicht ermittelt.

14 Entwurf eines Briefes an Eleonore Mendelssohn, die ehemalige Gattin Edwin Fischers.

15 Bezieht sich auf: Wilhelm Furtwängler, Gespräche über Musik (Zürich 1948), S. 118 ff.

16 F.s erneute Auseinandersetzung mit dieser Mozart-Oper, die er – neben Beethovens »Fidelio« – bei den Salzburger Festspielen 1949 dirigierte.

17 Es handelt sich um den von Paul Hindemith am 12. September 1950 beim Bachfest in Hamburg gehaltenen Vortrag, gedruckt unter dem Titel: Johann Sebastian Bach. Ein verpflichtendes Erbe (Mainz 1950).

18 Bezieht sich auf die gegen Hindemith vorgetragenen Angriffe beim Erscheinen der zweiten Fassung des »Marienlebens« (1936–48), in der sich Hindemiths zunehmende Bindung an das tonale Prinzip manifestierte.

19 Gemeint ist F.s Sinfonie Nr. 3 in Cis.

20 Entwurf für die Überschriften der einzelnen Sätze in der Sinfonie Nr. 3 in Cis. Im Manuskript der Partitur nahm F. mit Bleistift die folgenden Eintragungen vor:

      [1. Satz:] Verhängnis
      [2. Satz:] Leben
      [3. Satz:] Jenseits

Beim vollständig ausgeführten 4. Satz, dessen Abschrift im Mai 1954 abgeschlossen wurde, unterließ F. die ursprünglich vorgesehene Eintragung.

Register

356